일러두기

- 본문에 실린 권정생 작가 사진은 권정생어린이문화재단에서 제공했습니다.
- '하느님'과 '하나님' 표기는 해당 글에서 언급하는 권정생 작품과 동일하게 따랐습니다.
- 3장에 실린 화가 인터뷰 중 김용철 화가와 정승각 화가는 서면으로, 김환영 화가는 대면으로 진행했습니다.
- 권정생 작품 발행 시기는 1장과 2장의 경우 독자의 편의를 위해 현재 유통 중인 도서를 기준으로 표기했습니다. 「연보 – 권정생이 걸어온 길」과 「출간 시기별 작품 목록」은 작가의 이력에 초점을 맞추기 위해 각 작품이 처음 발표된 시기, 초판 발행 연도를 기준으로 삼고 원작으로 삼은 작품 표기일이나 개정판 발행일을 함께 적었습니다.

강아지똥 할아버지가 들려주는 더불어 사는 삶

교실에서 권정생 읽기

조월례·엄혜숙·권미숙 지음

학교도서관저널

차례

여는 글 | 많은 아이들이 권정생과 만나길 바라며 —— 8
문학 수업을 이끄는 선생님들께 —— 11

1장 진솔한 아름다움을 담아낸 그림책과 시

내가 쓸모없다고 느껴질 때 『강아지똥』 —— 19
아이는 왜 작은 강냉이를 걱정할까? 『강냉이』 —— 25
아프지만 꼭 기억해야 할 이야기 『곰이와 오푼돌이 아저씨』 —— 29
투닥거려도 금세 다시 뭉치는 동심 『강아지와 염소 새끼』 —— 36
빼떼기는 사람과 계속 함께할 수 있을까? 『빼떼기』 —— 42
누가 진정한 지도자일까? 『장군님과 농부』 —— 48
옛이야기를 재료로 맛깔나게 빚은 작품 『훨훨 간다』 —— 54
혼자서는 존재할 수 없는 영웅 『금강산 호랑이』 —— 60
똘배는 시궁창에서 무얼 봤을까? 『똘배가 보고 온 달나라』 —— 66
세상에는 좋은 것만 있을까? 『밀짚잠자리』 —— 72
가까이 있는 존재의 소중함 『오소리네 집 꽃밭』 —— 78

새롭게 발견한 가족의 의미 「황소아저씨」 ──── 86
든든한 버팀목이 되는 어머니와 아들 「사과나무밭 달님」 ──── 92
작가가 기억하는 '나의 어머니' 「엄마 까투리」 ──── 98
소박하고 아름다운 시 세계 「어머니 사시는 그 나라에는」 ──── 104

2장 사람다운 삶을 이야기하는 동화

신부님은 왜 비나리 마을로 갔을까? 「비나리 달이네 집」 ──── 113
겉모습보다 내면의 아름다움 존중하기 「깜동바가지 아줌마」 ──── 119
왜 사람들은 똬리골댁을 외면했을까? 「똬리골댁 할머니」 ──── 126
조건 없는 애정을 건네는 이웃들 「용구 삼촌」 ──── 133
미워하면서도 사랑하는 이름, 가족 「승규와 만규 형제」 ──── 139
가진 것 없어도 괜찮아! 「중달이 아저씨네」 ──── 145
외로워하는 친구에게 해줄 수 있는 것 「수몰 지구에서 온 아이」 ──── 152
남북 아이들이 친구가 된다면 「바닷가 아이들」 ──── 158
먹구렁이의 꿈이 좌절된 이유 「먹구렁이 기차」 ──── 165

산 너머에 정말 도깨비가 있을까? 「다람쥐 동산」 —— 172

'방귀' 때문에 희생되었다고? 「용원이네 아버지와 순난이네 아버지」 —— 177

도둑에게 맞선 용기 「짱구네 고추밭 소동」 —— 183

자유를 찾으려면 어떻게 해야 할까? 「새들은 날 수 있었습니다」 —— 188

진짜 아름다운 모습은 자기 모습 그대로! 「아름다운 까마귀 나라」 —— 195

겉모습이 달라도 함께 어울릴 수 있어! 「아기 늑대 세 남매」 —— 202

반려동물을 기르고 싶은 아이들에게 「산토끼」 —— 207

부딪히고 괴로워하며 성장하는 아이들 「떠내려간 흙먼지 아이들」 —— 213

남북 어린이가 함께 읽는 동화 「닷 발 늘어져라」 —— 219

나무와 꽃과 물고기를 위한 작은 실천 「또야 너구리가 기운 바지를 입었어요」 —— 226

3장 사람 권정생, 작가 권정생

이야기 | 권정생의 삶과 작품 세계

권정생, 빌뱅이 언덕에 핀 꽃 —— 235

언제나 새롭게 질문하는 문학 —— 254

인터뷰 | 권정생과 함께한 그림 작가

"모든 판타지에는 가슴 아린 리얼리티가 있어요" / 화가 김용철 ——— 270

직접 보고 느낀 곳에서 출발하는 그림 / 화가 김환영 ——— 279

"강아지똥을 대상화한 그림은 다 버렸어요" / 화가 정승각 ——— 288

연보 | 권정생이 걸어온 길 ——— 299

교사를 위한 작품별 권장 연령 안내 ——— 306

출간 시기별 작품 목록 ——— 307

여는 글
많은 아이들이 권정생과 만나길 바라며

'권정생'이라는 이름에서 『강아지똥』이나 『몽실 언니』를 떠올리지 않는 독자가 있을까. 스스로 거름이 되어 민들레에게 스며든 강아지똥, 전쟁의 상처로 인한 불우한 가정사와 혹독한 가난 그리고 불편한 몸으로 6.25전쟁의 한가운데를 담담하게 살아간 몽실 언니는 작가의 삶을 오롯이 보여주는 존재이다.

두 대표작 외에도 '권정생'은 우리나라 아동문학에서 여러 다채로운 말로 일컬어질 수 있는 작가이다. 세계 평화를 염원하며 역사의 아픈 상처를 보듬은 작가, 욕심을 버리고 꼭 필요한 만큼만 두고 살아가자며 공존의 삶을 힘주어 말하는 작가, 그 말을 몸소 실천하며 자발적 가난을 선택하고 소박한 삶을 살아온 작가, 감성적이고 따뜻한 언어로 살아 있는 모든 것은 함께 살아가야 한다고 주장한 작가, 익살과 풍자로 우리 현실을 돌아보게 한 작가……. 누구에게나 공감을 살 만한 '보편적 가치'를 담은 작품으로 한 시대를 풍미한 이가 바로 권정생이다. 이미 말하지 않아도 많은 학교 현장에서 필독서로 읽어온 권정생 동화는 자라나는 아이들과 세대를 넘어 함께 읽어야 하는 작품이기도 하다.

하지만 교육 현장에서 아이들과 마주하는 30~40대 교사들이 80~90년대에 한국 어린이문학을 이끈 권정생 작품을 어려워하는 경우를 많이 보았다. 그들이 어렸을 때 읽은 작품들이기도 하고 사회 분위기가 급격하게 바뀐 오늘날의 초등학생과, 권정생이 작품 활동을 하던 시대가 동떨어졌다고 지레 판단해서일 수도 있다.

『교실에서 권정생 읽기』는 인스턴트 같은 작품에 길들여진 아이들에게 맛있는 토종 음식을 권하듯, 우리의 삶과 문화와 역사를 간직한 동화의 본령을 경험하게 하자는 뜻에서 기획했다. 먼저, 교사가 학교 현장에서 활용할 수 있도록 큰 틀을 짰다. 긴 호흡의 책은 수업 시간에 소화하기 어려울 수 있어 장편동화는 제외했고 그림책, 단편동화 위주로 다루었다. 각 작품 이야기를 시작할 때마다 작품별 권장 학년을 표기했다. 이는 참고 사항이며 충분한 지도를 곁들인다면 저학년 동화를 고학년이 읽어도 좋고, 고학년 동화를 중학년이 읽어도 무방하다.

1장과 2장에서는 권정생 그림책, 동화를 교실에서 함께 읽으며 어떤 이야기를 나눌 수 있는지 안내했다. 책을 읽지 않아도 주제를 파악하기 용이하게 줄거리를 먼저 설명했다. 작품 주제, 작품이 우리 삶과 사회에 주는 메시지, 아이들이 작품을 통해 곰곰 생각할 만한 이야기도 담아냈다. 이 책을 읽고 관심 있는 권정생 작품은 구해서 끝까지 읽어보길 권한다. 요약한 글로 원작의 행간에 담긴 문학의 향기를 모두 느낄 수는 없기 때문이다. 학교 현장에서 권정생 작품을 더 많이 읽길 바라는 마음으로 각 작품 이야기에 '문학 수업'도 덧붙였다. 국어 교과를 염두에 둔 활동으로 구성했으며, 책을 '읽고' 그 내용을 바탕으로 '말하고 들으며' 글을 '쓰는' 순서로 안내했다.

  3장은 권정생을 전체적으로 조명하는 이야기로 구성했다. 「권정생, 빌뱅이 언덕에 핀 꽃」은 권정생과 생전에 교류한 경험을 바탕으로 그의 인간적인 면모를 들여다보는 글이다. 「언제나 새롭게 질문하는 문학」은 권정생 문학의 시원을 종합해 살펴보는 귀한 자료가 될 것이다. 권정생 작품에 멋진 그림을 그린 화가들의 인터뷰에는 각 작품에 얽힌 재미난 일화가 담겨 있다. 인터뷰에 선뜻 응해주고, 보물 같은 이야기를 들려준 김용철, 김환영, 정승각 세 화가에게 감사 드린다.

  권정생 작품은 지금 당장 요령 있게 살며 남보다 앞서는 방법을 가르쳐주지 않는다. 하지만 삶이라는 여행을 시작한 아이들 손에 들려주는 작은 등불 같은 동화이다. 아이들이 권정생 문학을 자주 만나며 그가 꿈꾼 평화로운 세상을 지향했으면 좋겠다. 가족, 이웃과 서로 따뜻한 마음을 나누며 온기를 잃지 않는 사람으로 성장하길, 살아 있는 모든 것은 함께 살아가야 한다는 권정생의 정신을 마음에 품을 수 있기를 바란다. 『교실에서 권정생 읽기』가 그곳으로 나아가는 작은 문이 된다면 더할 나위 없이 기쁘겠다.

2021년 1월
조월례, 엄혜숙, 권미숙

문학 수업을 이끄는 선생님들께

초등학생은 개인에 따라 독서력 차이가 큰 편이다. 어떤 학생은 학년별, 연령별 도서 권장 난이도를 훌쩍 뛰어넘어 읽고 내용 파악은 물론 주제에 대한 이해도 빠르고 정확하다. 나아가 자신의 생활과 연관 지어 주제를 확장하고 정리하는 능력을 보인다. 그러나 어떤 학생은 기초적인 읽기와 쓰기 활동, 작품의 줄거리를 받아들이는 과정뿐 아니라 자주 사용하는 낱말 이해도 어려워한다. 이처럼 다양한 아이들이 함께 공부하는 교실에서, 집필된 지 꽤 시간이 흐른 작품의 배경과 인물, 사건을 온전하게 함께 읽는 일은 교사로서 쉽지 않다.

80~90년대에 공부한 학생들은 대부분 권정생 작품을 즐겁게 읽었다. 책장을 넘기며 눈물을 흘리기도 하고, 까르르 웃기도 하고 안타까워하기도 하며 주인공의 삶에 공감했다. 『몽실 언니』는 드라마로 만들어져 온 국민에게 용기를 주었다. 그 세대가 겪은 시대적 상황과 역사적인 맥락이 작품의 배경과 크게 다르지 않기 때문에 가능한 일이었다.

그러나 요즈음 초등학생에게 권정생 작품을 읽히는 일이 점점 어려워진다는 이야기가 들려온다. 오늘날과 작품의 시간적, 공간적 배경이 다르고 주요 사건 또한 당시 시대상을 반영하고 있어 요즘 아이들이 생소하게 느낀다는 것이다. 전쟁, 가난, 시골의 정취, 지역말(향토어), 사회 문제 등도 이질적으로 다가올 수 있다. 현대 사회가 권정생이 보낸 젊은 시절과는 상황과 가치관이 매우 달라지기도 했다.

"저는 강아지똥처럼 자신을 희생하거나 누군가를 위해 내가 거름이 되는 것은 원하지 않아요."
"자신도 어렵게 살면서 다른 사람에게 모든 것을 베푸는 일은 어리석은 행동 같아요."
"통일을 하면 우리가 북한 때문에 가난해질 수도 있잖아요."

다양하고 재미있는 독후 활동을 겸하면 작가의 의도나 주제를 생각하기보다는, 재미 중심의 활동에 치중하게 되는 경우도 있다. 작품의 주제를 중심으로 깊이를 더하자니 교사의 일방적인 강의가 되기 쉽고 설명이 길어지기도 해 아이들은 다른 나라에서 헤매곤 한다. 권정생의 작품이 주는 '생각거리'들을 깊이 곱씹어 보면서 독서의 즐거움을 함께 느낄 수 있는 길은 없을까? 질문에 대한 답을 찾기 위해 이 책은 시작되었다.

권정생 작품은 시대를 뛰어넘어, 어른 아이 할 것 없이 모두에게 울림을 줄 수 있는 이야기이다. 평화로운 공존, 사회적 약자를 향한 따뜻한 시선, 여성의 역할에 대한 강조, 피를 나누지 않아도 가족이 될 수 있다는 새로운 가족관, 생태주의 관점의 주제, 새로운 학교의 모델 제시, 소외되고 약한 사람들을 위한 사회적 돌봄 등, 오늘날 아이들에게 더욱 의미 있게 가닿아야 할 지점과, 우리 사회의 이슈와 맞닿은 부분이 많다. 권정생 작품은 주제의 시의성과 의미 측면에서도 탁월하지만, 읽기와 듣기 말하기 쓰기를 지도하기 위한 텍스트로서의 가치 또한 효과적이다. 또 이야기의 구술성이 도드라져 재미와 감동을 함께 경험할 수 있도록 이끌어준다. 특징이 분명한 캐릭터가 등장하고, 대부분의 주인공은 우리가 공감을 기울이며 만나야 하는 작고 소외된 존재들이다. 더욱이 아이들이 활동과 함께 동화를 읽는다면 인물의 상황과 감정에 깊이 빠져들며 타인에게 감응하는 능력이 절로 길러진다.

1장과 2장에서는 요즈음 학생들이 권정생 작품을 어떻게 새롭게 읽을 수 있는지, 작품마다 '문학 수업'을 곁들여 활동을 소개하였다. 교육 현장에서 바로 활용할 수 있도록 초등 국어과 교육 과정의 목표에 준하는 활동으로 안내했다. 이야기의 내용 파악하며 정확히 읽기, 사건이 일어난 순서와 과정 이해하며 읽기, 줄거리 이해하고 요약하기, 작가의 의도와 주제 파악하기, 등장인물의 성격과 행동 파악하기, 다양한 방법으로 말하기와 듣기, 주제와 관련지어 자신의 주장 내세우기, 다양한 형식으로 토론하기, 나의 경험과 등장인물이 겪은 사건을 연관 지어 생각하기, 다양한 형식과 창의적인 글쓰기 등 기본에 충실한 문학 수업이 되도록 하였다. 또 원론적인 활동 외에도 비경쟁 토론, 이미지 상상하여 그리기, 에세이 쓰기, 뉴스 원고 쓰기, 신문 만들기, 편지 쓰기, 자유롭게 글쓰기 등을 폭넓게 담았다. 토론 활동의 경우는 따로 분류해야 하지만 큰 틀에서 말하기와 듣기 영역에 포함되므로 함께 엮었다. 그리고 교사가 활용하면 좋은 자료, 수업을 진행할 때 도움받을 수 있는 이야기들도 함께 적어두었다.

읽기 활동

- 소리 내어 큰 소리로 읽기
- 등장인물이 되어 생각 말하기
- 의성어와 의태어 살려 함께 읽기
- 등장하는 곤충과 식물 공부하며 읽기
- 장면과 인물의 마음 담아 낭독하기
- 시 낭송회 열기
- 인물의 성격을 생각하며 읽기
- 낱말의 뜻 이해하며 읽기
- 장면 떠올리며 읽기
- 연극하듯이 읽기
- 기억에 남는 장면 상상하기
- 일이 일어난 순서 알기

- 시 낭송하기
- 등장인물이 되어 읽기
- 제목과 표지 보고 이야기 예측하기
- 독서 퀴즈 만들기
- 인물 탐구하며 읽기
- 생각과 감정이 담긴 문장 찾기
- 사실과 의견 구별하며 읽기
- 주제가 담긴 문장 찾기
- 실감 나게 바르게 읽기
- 비판하며 읽기
- 감정 곡선 그리며 읽기

말하기 듣기 / 토론 활동

- 내 생각 1분 말하기
- 인물이 되어 연설하기
- 상상 문장 만들고 이야기 꾸미기
- 내용 바꾸고 이야기 새롭게 만들기
- 시와 그림책 비교하기
- 북토크
- 빠르게 또는 느리게 말하기
- 주인공 행동에 대한 의견 말하기
- PPT 만들고 발표하기
- 다르게 생각하고 질문하기
- 가상 인터뷰 하기

- 비경쟁 토론
- 옛이야기 들려주기
- 주제 토론 하기
- 제안하는 글 쓰고 이야기하기
- 브레인 라이팅
- 형제나 또래 친구와 다툰 경험 말하기
- 마음인형으로 마음 전하기
- 핫시팅 인터뷰
- 단계별로 토의하기
- 찬반 토론

쓰기 활동
- 평화신문 만들기
- 반려동물 이야기 만들기
- 주인공의 행동에 대한 생각 쓰기
- 상상하는 글쓰기
- 가족에 대한 글쓰기
- 동화를 시로 다시 쓰기
- 뉴스 쓰기
- 편지 쓰기
- 주제글 쓰기
- 자신의 미래에 대한 글쓰기
- 시를 산문으로 다시 쓰기
- 하고 싶은 일 쓰기
- 서사문 쓰기
- 주인공과 비슷하게 경험한 일 쓰기
- 주인공 입장이 되어 글쓰기
- 에세이 쓰기
- 인터뷰 글쓰기
- 주인공이 되어 상상 일기 쓰기
- 주장글 쓰기

기타 활동
- 연관 작품 읽고 비교하기
- 관련 자료 찾기
- 식물 기르기
- 역할극하기
- 그림책 만들기
- 역사적 배경 공부하기
- 십계명 만들기
- 배경 그리기
- 지도 그리기
- 콜라주 기법으로 꾸미기
- 친절한 문장 카드 만들기
- 표정 보고 감정 예측하기
- 삽화 그리기
- 마을 꾸미기

위 표는 이 책에 실린 국어 교과의 기초 활동을 간략하게 안내한 것이다. 각 작품의 주제를 깊이 읽기에 적합한 활동들을 통해, 아이들이 자기만의 주관을 확립해 나가고 표현력을 키울 수 있었으면 좋겠다. 『교실에서 권정생 읽기』가 권정생의 따뜻한 작품들을 아이와 함께 읽고 싶은 교사, 권정생 작품을 오늘날 어떻게 읽혀야 할지 막막한 교사 모두 곁에 두고 오래오래 볼 책으로 남길 바라는 마음이다.

1장

진솔한 아름다움을 담아낸 그림책과 시

내가 쓸모없다고 느껴질 때

『강아지똥』
★ 권장 연령 | 초등 전 학년

(정승각 그림, 길벗어린이, 1996)

강아지 흰둥이의 똥으로 이 세상에 태어난 강아지똥. 그런데 참새도, 흙덩이도, 병아리들을 데리고 다니는 암탉도 강아지똥을 보고 더럽다며, 아무 데도 쓸데없는 개똥이라며 무시하고 놀린다. 겨울이 오고, 강아지똥은 더러운 똥인 자신이 어떻게 착하게 살 수 있을까 하며 쓸쓸히 중얼거린다. 봄이 찾아오자 강아지똥 앞에 민들레 싹이 돋는다. 민들레는 자기가 꽃을 피우려면 비와 햇볕, 그리고 거름이 필요하다고 말한다. 강아지똥이 몸을 녹여 자신의 몸속으로 들어오면 별처럼 고운 꽃을 피울 수 있다는 이야기도 덧붙인다. 그러자 강아지똥은 기뻐서 민들레 싹을 힘껏 안는다. 얼마 후 민들레는 예쁜 꽃봉오리를 맺는다.

아이들에게 자긍심을 심어주는 이야기

이 작품은 쓸데없는 개똥이라고 무시당하고 놀림받던 강아지똥이 사실은 민들레를 피우는 데 꼭 필요한 존재라는 것을 보여준다. 누군가를 꺾고 올라서는 일이 삶의 조건이 된 지금, 과도한 경쟁에 내몰린 아이들이 스스로 자긍심을 갖기가 어려운 현실이다. 이런 아이들에게 누구나 별처럼 고운 꽃을 피울 수 있는 능력이 있다는 사실을 알려줄 수 있겠다. 그 꽃은 자기 자신일 수도 있고, 주위에 있는 다른 사람일 수도 있을 것이다. 권정생 작품 중 가장 많이 알려진 이야기로, 학년 구분 없이 전 세대가 모두 함께 읽기 좋은 수작이다.

별이 되고 싶었던 강아지똥

이 작품은 권정생의 첫 작품인 단편 동화 「강아지똥」을 작가 스스로 다시 써서 만든 그림책이다. 현재 100만 부 이상 팔렸다고 추산되는데, 그만큼 많은 독자가 읽고 감동을 받은 작품이라고 할 수 있겠다. 강아지똥이 거름이 되어 민들레를 피운다는 구성은 얼핏 보면 환경 순환에 관한 이야기로 보인다. 그러나 좀 더 세심하게 살펴보면 이 작품은 그 누구도, 무엇이라도 절대 무가치한 존재가 아니라는 의미, 즉 '세상에 불필요한 존재는 절대 없다'는 선언인 것이다.

아름다운 민들레 꽃은 혼자 필 수 없다. 꽃이 피기 위해서는 바람과 햇볕, 거름이 필요하다. 그러므로 이 작품은 서로 의지하며 살아가는 생물의 생존 조건을 보여주는 이야기라고도 할 수 있다. 아무도 홀로 존재할 수 없다. 우리는 남과의 관계 속에서 존재하며, 절대 혼자서 멋진 결과를 낳을 수 없다. 주변의 관심과 사랑, 도움 속에서 아름다운 꽃과 같은 결과가 생기는 것이다. 이러한 삶의 진실을 권정생은 똥과 꽃이라는 키워드로 말하고 있다.

    이 작품은 그림책이니만큼 시각적인 표현도 중요하다. 의인화 기법을 사용했기 때문에 캐릭터를 어떻게 표현했는지 특히 눈여겨봐야 한다. 강아지똥은 마치 아기처럼 표현되고 있다. 참새나 흙덩이가 자신을 비웃고 무시할 때 그만 울고 만다. 흙덩이와 대화를 나누고, 강아지똥은 착하게 살려는 소망을 품는다. 착한 삶이라는 것은 남에게 도움이 되는 삶이다. 강아지똥은 기꺼이 암탉과 병아리들의 먹이가 되고 싶었으나, 암탉은 강아지똥에 먹을 만한 건 없고 모두 찌꺼기뿐이라며 지나간다. 그러나 민들레 싹은 강아지똥에게 거름이 돼 달라고 부탁한다. 강아지똥이 자신에게 꼭 필요한 존재라고 말하는 것이다. 강아지똥이 민들레에게 양분이 되는 모습을 그림에서는 알록달록한 점으로 표현하고 있다. 민들레를 껴안음으로써 강아지똥은 누렇기만 했던 모습에서 다채로운 빛깔을 가진 존재가 된다.

    『강아지똥』은 그림책으로 큰 사랑을 받았지만 원작 단편 동화를 읽을 때 비로소 주제 의식을 또렷하게 느낄 수 있다. 원작을 보면, 강아지똥은 자신을 희생한다는 생각에서 민들레의 거름이 된 게 아니다. '영원히 꺼지지 않는 불빛', 즉 별의 씨앗을 품고 있다가 스스로 별이 되고 싶어서 민들레를 힘껏 껴안는 것이다. 그런데 그림책에서는 이러한 '별' 모티프가 생략되었다. 일각에서는 그림책의 주제가 '남을 위해 자신을 희생할 줄 알아야 한다.'라는 낡은 가르침이 되었다고 비판하기도 한다. 강아지똥의 죽음은 스스로 하늘의 별과 같은 존재로 승화하는 '자발적인 선택'이었다. 그림책으로 출판되며 그저 '똥이 거름이 되어 민들레 꽃을 피웠다'는 단순한 생태 순환 과정으로 의미가 축소되고 말아 아쉽다.

사랑으로 마음에 품은 꿈을 키우고 남을 꽃피게 하는 강아지똥. 강아지똥처럼 보잘 것 없는 모습으로 살았지만, 민들레 꽃처럼 아름답고 감동적인 이야기를 남긴 권정생의 삶을 압축해서 보여주는 자전적 작품이라고도 할 수 있다.

문학 수업

읽기 활동 등장인물이 되어 감정 담아 읽기

학년 구분 없이 유익하게 해볼 수 있는 활동이다. 작품에는 성격이 각기 다른 여러 캐릭터가 등장한다. 참새나 닭처럼 강아지똥을 비웃고 무시하는 캐릭터, 흙덩이처럼 처음에는 강아지똥을 무시했지만 마음을 열고 대화하는 캐릭터, 민들레처럼 처음부터 마음을 열고 자신의 진정한 필요를 말하는 캐릭터가 눈에 띈다. 책을 소리 내어 읽다 보면 그들의 감정과 생각을 알 수 있는 문장을 만나게 된다. 등장인물의 성격을 파악한 뒤, 아이들이 한 명씩 캐릭터를 맡아 대사를 낭독해도 재미있다. 감정을 담아 읽고 서로 캐릭터를 바꾸어 여러 번 읽어도 좋다.

> **말하기/듣기 활동**   캐릭터에 대한 느낌과 생각 말하기

이 활동은 초등학교 저학년에게 적합하다. 우선 작품을 읽고 여러 캐릭터에 관해 느낀 점을 서로 발표하고 듣는다. 한 명씩 돌아가며 작품을 전반적으로 어떻게 느꼈는지 이야기하고 다른 친구들은 경청하는 분위기를 만들자.

"강아지똥은 왜 자꾸 울기만 할까?"
"참새나 암탉이 강아지똥을 비웃은 걸 어떻게 생각하니?"
"너희는 어떤 친구들을 비웃은 적 없었니?"
"흙덩이가 가뭄에 고추를 살리지 못했다고 괴로워하는데, 너희는 이것을 어떻게 생각하니?"
"강아지똥은 민들레의 거름이 되어 민들레 꽃을 피우게 했어. 너희가 강아지똥이라면 어떻게 하겠니?"

교사가 여러 질문을 던져서 아이들의 말과 반응을 유도할 수도 있다.

> **쓰기 활동**   맘에 드는 작중 인물에게 편지 쓰기

이 활동은 초등 저학년이나 중학년이 하기 좋다. 작품을 읽고 캐릭터를 골라 편지를 쓴다. 강아지똥이나 흙덩이, 참새나 암탉이나 병아리, 민들레, 농부 등 무언가를 이야기하고 싶은 캐릭터에게 책을 읽은 느낌이나 해당 캐릭터에 관한 생각을 편지로 적어 보낸다. 편지 내용을 그림으로 표현해 덧붙여도 재미있다. 그다음에는 아이들이 미안함이나 고마움을 느낀 적이 있는 사람에게 편지를 쓰고 관련 내용을 그림

으로도 그려봐도 의미 있다.

> **기타 활동**   **노래하기, 그리기, 연극으로 만들기**

초등 전 학년과 함께하기 좋은 활동들이다.

- 원작 단편 동화 「강아지똥」을 찾아서 함께 읽는다. 감상을 나누며 그림책과는 어떤 점이 달라졌는지 의견을 나눈다. 특히 '별' 모티프를 함께 이야기해 본다.
- 애니메이션 〈강아지똥〉을 함께 본다. 감상을 이야기하고 그림책, 동화와는 어떤 점이 달라졌는지도 나눈다.
- 이야기를 연극으로 만들어본다. 함께 배경도 그리고, 캐릭터에 맞게 연기도 한다.
- 작품에 등장하는 동식물의 실제 사진을 보고, 생태적 지식을 배우면 유익하다. 『강아지똥』에서 동식물이 어떻게 묘사되는지, 이야기 속 모습은 실제 습성과 어떻게 다른지 알려준다. 아이들이 표나 짧은 글을 만들어 그 차이를 정리할 수 있도록 한다.
- 『노래하는 강아지똥』(백창우 쓰고 만듦, 길벗어린이, 2009)을 보고 노래를 배워 함께 불러본다.

> 아이는 왜
> 작은 강냉이를
> 걱정할까?

『강냉이』

★ 권장 연령 | 초등 전 학년

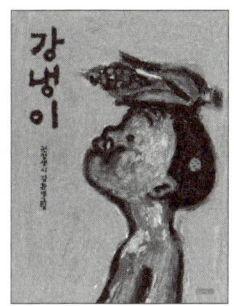

(김환영 그림, 사계절, 2018)

이 그림책은 권정생이 초등학생 때 쓴 시 「강냉이」를 원작으로 삼고 있다. 권정생은 스물여덟 살 때인 1964년, 자신이 쓴 시들을 모으고 여기에 손수 그림을 그려 시집 『동시 삼베 치마』를 만들었다. 「강냉이」는 여기에 실린 시 중 하나이다.

화자인 '나'는 형과 함께 집 모퉁이 토담 밑에 강냉이를 세 알 심었다. 거름도 주고 오줌도 주어 키운다. 강냉이가 꽤 자랐을 무렵 전쟁이 일어나 식구들은 보따리를 싸서 피난을 가게 된다. 나도 강냉이를 그대로 두고 피난길에 오른다.

엄마랑 아빠랑 낯선 동네에서 고향을 생각할 때면, 나는 모퉁이에 두고 온 강냉이 생각을 한다. 별 총총 뜬 밤, 어른의 무릎을 베고 누워 지금쯤 수염이 나고 알이 뱄을 강냉이 걱정을 하는 것이다.

강냉이를 생각하는 순수한 동심

이 작품은 어린아이가 경험한 전쟁의 현실을 보여준다. 갑자기 전쟁이 일어나 피난 온 아이에게 형하고 같이 심은 강냉이 세 알은 가장 애틋한 고향의 기억이다. 직접 심고 키웠기 때문이다. 엄마 아빠가 낯선 동네에서 밤에 별을 보며 고향을 생각할 때, 아이가 남몰래 강냉이 생각을 했다는 것은 이런 상황을 잘 드러낸다. 아이들은 대개 자신의 경험을 통해 세상을 느끼고 이해한다. 어른에게는 먹고사는 문제며 두고 온 살림살이며 생업이 중단된 상황이 큰 문제이지만, 아이에게는 그렇지 않은 것이다. 요즘 같은 팬데믹 시대에도 아이들은 가장 힘든 점으로 학교에 가지 못해서 친구들을 만날 수 없는 것, 친구들과 맘껏 뛰놀지 못하는 것을 꼽는다. 경제나 환경 같은 큰 문제는 미처 실감하지 못한다. 이런 아이다운 천진난만한 마음을 이 작품은 잘 담아냈다.

어린아이가 바라본 전쟁

이 작품은 권정생이 열네 살 때 경험한 6.25전쟁을 소재로 삼았다. 1945년 일본이 전쟁에서 패하자, 권정생의 가족은 일본에서 한국으로 돌아온다. 그러나 한국에서 새로운 생활에 익숙해지기도 전에 1950년 어느 날, 전쟁이 벌어졌다. 동시 「강냉이」는 어린 권정생이 직접 글도 쓰고 그림도 그려서 만든 동시집에 실렸던 작품인데, 어린아이가 전쟁 통에 느꼈던 정서를 고스란히 표현하고 있다.

    그림을 보면 전쟁이 일어나기 전에는 초록 색감이 가득한 평화로운 풍경이 그려진다. 가족이 함께 강냉이 씨앗을 심고, 거름을 주고, 옥수수는 쑥쑥 자란다. 저녁이면 아이들은 평화롭게 놀이를 한다. 반면에 전쟁이 벌어진 이후에는 화면이 불타오르는 노랑과 빨강색으로, 나아가 차가운 청록색으로 바뀐다. 혼자 자라는 옥수수는 더 이상 초록으로 상징되는 평화로운 상태가 아닌 것이다. 그러다가 화면은 회색과 청색으로 바뀐다. 여기에 점점이 핏방울 같은 붉은색도 가미된다. 전쟁으로 인해 모든 게 파괴되고 사람들이 목숨을 잃는 상황을 화가는 색채를 통해 표현하고 있다. 이 그림책은 아이의 마음이 잘 드러난 간결한 시와 함께 그림의 선이나 색채가 주는 느낌을 함께 감상하면 좋은 작품이다.

문학 수업

읽기 활동   **주인공에게 공감하며 읽기**

이 작품에는 갑자기 전쟁을 맞닥뜨리게 되는 어린아이가 나온다. 아이의 심정이 되어 작품을 읽어보자. 만일 내가 이런 일을 당했다면 어떤 기분일까 생각해 보자.

> **말하기/듣기 활동**　**사투리와 표준어 말맛 느껴보기**

이 작품은 경상도 사투리로 쓰였다. 먼저 본문 그대로 소리 내어 읽어 보고, 사투리를 표준말로 바꾸어 읽어보자. 표준말로 읽으면 어떤 점이 달라지는지 이야기를 나누어보자.

　표준어는 한 나라 안에서 국민들이 불편함 없이 소통하는 데 필요하다. 사투리 즉 각 지역말은 지역 고유의 문화와 언어의 다양성을 지킬 수 있는 소중한 자산이다. 이러한 사실을 아이들과 이야기하며 사투리를 촌스럽다고 여기는 선입견을 어떻게 바라볼지 의견을 나눈다.

> **쓰기 활동**　**모르는 단어 찾기, 상상하여 글쓰기**

- 이 작품에 나오는 단어 중에 뜻을 잘 모르는 말이 있다면 사전을 찾아 뜻풀이를 정리해 보자.
- 전쟁이 일어나지 않았더라면, 화자인 '나'는 집에서 어떻게 지냈을까? 상상해 글을 써보자.

> **기타 활동**　**영화 보고 이야기하기**

영화 〈인생은 아름다워〉(로베르토 베니니 감독, 1999)를 보고 전쟁이 평범한 사람들에게 어떤 영향을 주는지 이야기해 보자.

아프지만 꼭 기억해야 할 이야기

『곰이와 오푼돌이 아저씨』
★ 권장 연령 | 초등 고학년

(이담 그림, 보리, 2007)

진달래가 피어난 아름다운 봄밤, 둥근 달이 뜬 치악산에서 아홉 살 곰이와 인민군 청년이 이야기를 나눈다. 곰이는 피난을 가다가, 인민군인 오푼돌이 아저씨는 남쪽 군인들과 전쟁을 하다가 목숨을 잃었다. 두 사람은 6.25전쟁 때 목숨을 잃었고 30년 만에 영혼으로 깨어난 것이다. 곰이와 오푼돌이 아저씨 이야기를 따라가다 보면 6.25전쟁이 일어난 원인과 희생된 사람들과 마주하게 된다.

곰이는 할머니가 들려주었다는 '해와 달이 된 오누이' 이야기를 오푼돌이 아저씨에게도 말해준다. 두 마리 호랑이가 침입했을 때 오누이는 힘을 합치지 않고 서로 싸우다가 결국 호랑이에게 잡혀가고 만다.

이 이야기는 강대국의 틈바구니에서 한 나라를 이루지 못하고 끝내 전쟁을 벌여 분단에 이른 남과 북, 슬픈 우리 역사를 상징한다.

전쟁이 반복되지 않으려면 어떻게 해야 할까?

1951년 1월, 전쟁이 치열하게 벌어진 강원도 치악산에서 많은 인민군과 국군이 목숨을 잃었다. 살아남은 사람들은 전우의 시체를 어떻게 해야 할지 몰라 당황하고 있는데 다행이 눈이 펑펑 쏟아져 전사자들을 따듯하게 덮어주었다고 한다. 그곳에서 30년 만에 눈을 뜬 곰이와 오푼돌이 아저씨의 이야기는 6.25전쟁의 원인을, 그로 인한 상처와 고통을, 전쟁이 다시 일어나지 않으려면 어떻게 해야 하는지를 담담하게 그려 보인다.

　전쟁을 남의 일처럼 여길 수 있는 아이들에게 들려주는 오누이 이야기, 즉 액자식 구성은 전쟁이라는 비극의 원인과 실체를 상징적으로 보여주며 우리가 어떻게 해야 이 비극을 되풀이하지 않을 수 있는지 이야기한다. 주제가 다소 무겁고 글 양도 많아서 고학년에게 권장하지만 교사가 읽어주면서 수업한다면 중학년도 의미 있는 독서를 할 수 있다.

세상 모든 아이들이 평화롭게 자라기를 꿈꾸며

권정생은 생전에 두 번이나 큰 전쟁을 겪었다. 권정생이 쓴 많은 동화가 반전을 주제로 하는 중요한 이유이기도 하다. 『곰이와 오푼돌이 아저씨』는 가슴에 커다랗게 남아 있는 전쟁의 상처를 작가 스스로 치유하기 위한 방편이자 전쟁터에서 이유도 모른 채 목숨을 잃은 수많은 영혼들을 위로하고 어루만지는 진혼곡이기도 하다.

그림을 그린 이담 작가는 황토색을 기본색으로 삼고 왁스를 화면에 녹여 발라 긁고 닦으면서 그림을 그리는 '왁스페인팅' 기법을 사용했다. 억울하게 희생된 아이와 청년의 고통은 사실성이 돋보이는 장면으로 완성되었다. 장면을 하나하나 넘기면 글과 그림이 서로 호흡하면서 주제를 효과적으로 전달함을 느낄 수 있다.

권정생은 이야기 속 또 다른 이야기, '해와 달이 된 오누이'를 배치한 액자식 구성을 통해 끔찍한 전쟁의 원인을 적확하게 짚어냈다. 외세를 상징하는 두 마리 호랑이에게 남북을 상징하는 오누이가 힘을 합해 맞섰다면 어땠을까? 하지만 오누이는 어리석게도 서로 다른 문으로 나가겠다고 주장하다가 각각 다른 문에서 기다리던 두 마리 호랑이에게 먹이가 되었다. 전래동화를 역사적 사실에 꼭 들어맞게끔 각색한 액자 속 이야기는 강대국의 이권 싸움에 휩쓸려 전쟁을 치른 슬프고도 어리석은 우리 역사를 돌아보게 한다.

끌려간 오누이는 다시 돌아오지 못한다. 치악산 골짜기에 몇십 년째 꼼짝 못 하고 누워 있는 곰이와 오푼돌이 아저씨가 얼마나 억울하게 죽어갔는지, 남과 북이 치른 전쟁이 얼마나 비극적이고 비참한 일인지 다시금 되새겨 볼 수 있다.

특히 이 작품에서는 등장인물 이름도 꼭 눈여겨봐야 한다. '오푼돌이'라는 이름은 '절반'이라는 의미로, 남과 북이 갈라져 있는 한 양쪽 모두 반쪽 신세에 불과하다는 의미를 담고 있다. '곰이'라는 이름은 웅녀의 자손인 우리 민족을 상징한다. 동시에 통일로 나아가기 위해 약삭빠른 여우처럼 잇속을 차려서는 안 되고, 곰처럼 우직하고 순박한 심성으로 행동해야 한다는 생각에서 나왔다.

권정생은 온 생애 동안 전 세계에서 일어나는 전쟁을 안타까워했다. 숨지는 순간까지도 중동, 아프리카 아이들을 걱정할 만큼 내전으로 고통받는 나라의 아이들을 걱정했다. 이 작품을 6.25전쟁에 국한해 읽기보다, 지구상의 모든 전쟁이 사라지길 바랐던 권정생의 바람에 조금이라도 가까이 가닿는 통로로 만났으면 하는 마음이다.

문학 수업

읽기 활동 대화를 소리 내어 읽으며 주제 파악하기

동화를 읽기 전에 '평화'를 주제로 아이들과 잠시 이야기를 나누자. 전쟁이 전부 사라진 나라일 수도 있고, 남과 북이 통일된 세상일 수도 있다.

교사가 지문을 읽고 아이들은 대화를 큰 소리로 읽는다. 읽은 후 전쟁, 통일 등 주제와 관련된 낱말을 쓰고 오늘날 우리에게 어떤 의미가 있는지 이야기 나누자. 전쟁이 없었다면 곰이는, 오푼돌이 아저씨는 어떤 모습으로 살아가고 있을까도 상상해 본다.

말하기/듣기 활동　전쟁에 대한 내 생각 1분 말하기

책에서 읽은 내용을 기억하며 전쟁에 대한 생각 1분 말하기를 한다. 전쟁과 관련된 아래 키워드를 교사가 먼저 제시하고 그 단어로 문장을 만들어도 좋겠다. 다른 사람이 썼던 단어를 다시 사용해도 된다.

활용할 수 있는 키워드

어머니, 남쪽, 중공군, 무서움, 총알, 고향, 할머니, 북쪽, 인민군, 추위, 피, 인민, 폭격, 주검, 국군, 무명솜, 전쟁, 핏자국, 총, 배고픔, 피난민

쓰기 활동　평화신문 만들기

평화신문 만들기의 큰 주제는 '우리가 살아갈 평화로운 세상'이다. 모둠별로 신문을 만들 수도 있고 개별로 만들 수도 있다. 다양한 기사를 직접 써야 하므로 초등 중학년 아이들에게 수월하다.

신문 만드는 과정

① 신문의 크기를 자유롭게 정한다.
② 어떤 기사들을 담을지 정한다. 모둠별로 만들 때는 편집 회의를 통해 함께 결정하고 누가 어떤 기사를 쓸지 정한다.
- 주장글, 평화를 위한 시, 각국 지도자에게 보내는 편지, 동화 속 주인공에게 보내는 편지, 등장인물 인터뷰, 평화 관련 책이나 노래 소개 등 여러 기사를 실을 수 있다.
- 1컷 만평 등 다양한 형식으로 그림을 그려 넣을 수도 있다. 모둠원 중 그리

기를 좋아하는 친구가 맡아도 좋다.
• 평화 선언문 10개 조항을 만들어 실을 수도 있다.
　'우리는 어떤 경우에도 싸우지 않는다.' '의견이 다를 때는 끝까지 대화를 통해서 해결한다.' '생각이 달라도 상대방을 인정하고 존중한다.' 등 일상에서 서로 평화롭게 지낼 수 있는 방안까지 함께 생각해 본다.
③ 신문 제목을 정하고 참여한 사람들, 발행일 등을 쓴다. 모둠이 함께하는 경우 회의를 통해 제목을 정한다.

기타 활동　**우리 역사 이해하기**

역사를 배우기 시작하는 초등 고학년에게 적합한 활동이다. 6.25전쟁이 일어난 까닭을 아이들이 직접 조사해서 발표한 다음 이 동화를 읽으면 감동이 배가 된다. 발표문을 직접 준비하고 친구의 말을 경청하는 과정에서 배경 지식을 더 깊이 이해할 수 있다. 모둠별로 조사해도 용이하다. 참고할 만한 책을 소개해도 좋겠다. 교실에서 책을 함께 읽기 전에 교사가 아래 내용을 참조하여 아이들에게 6.25전쟁을 개괄하는 간단한 이야기를 들려줄 수도 있다.

6.25전쟁은 왜 일어났을까?

우리나라를 빼앗았던 일본이 연합군에 무조건 항복하면서 1945년 8월 15일, 우리는 해방을 맞았다. 스스로 독립정부를 꾸리고자 했지만 미국과 소련이 38도선을 경계로 남과 북을 나누었다. 그리고 남쪽은 자본주의 체제인 미국이, 북쪽은 사회주의 체제인 소련이 다스리기 시작한다. 하나의 국가가 두 나라로 나뉘고 만

것이다. 우리 민족 지도자들은 통일된 나라를 만들고자 다양한 단체를 꾸려 실질적인 노력을 기울였지만 미국은 이를 인정하지 않았다. 한반도에서 각자의 이권을 차지하기 위해서였다. 남한과 북한은 38선 주변에서 군사적 충돌을 벌이며 서로 적대감을 키우다가 1950년 6월 25일 결국 전쟁을 치르게 되었다.

함께 볼 만한 자료

- 『왜 6.25전쟁이 일어났을까?』(김광일, 박지현 지음, 남기현 그림, 자음과모음, 2012)
- 『초가집이 있던 마을』(권정생 지음, 홍성담 그림, 분도출판사, 2007)
- 『몽실 언니』(권정생 소년소설, 이철수 그림, 창비, 2012)
- 『점득이네』(권정생 소년소설, 이철수 그림, 창비, 2012)
- 『어느 소년병 이야기』(이영 글, 백명식 그림, 좋은꿈, 2016)

투닥거려도 금세 다시 뭉치는 동심

『강아지와 염소 새끼』
★ 권장 연령 | 초등 저학년

(김병하 그림, 창비, 2014)

권정생이 6.25전쟁이 끝났을 무렵에 쓴 시로 만든 그림책이다. 시에서는 강아지와 염소 새끼가 마치 장난꾸러기 아이들처럼 그려진다. 강아지가 염소 새끼에게 집적대자 염소 새끼는 골이 나서 강아지하고 다툰다. 그러다 갑자기 제트기가 나타나자 그 소리에 놀라 강아지는 달아나고 염소 새끼는 놀라 하늘을 쳐다보며 골낸 것마저 잊는다는 내용이다. 강아지와 염소 새끼는 둘 다 어린 존재다. 언뜻 보면, 이들의 모습은 평화롭기 그지없다. 하지만 둘의 의지와는 상관없이 하늘에서 불쑥 나타나 평화를 깨트리는 존재가 있다. 그게 바로 제트기이다.

아이들을 보면 사이좋게 놀다가도 금방 싸우고, 싸우다가도 언제 그랬냐는 듯 곧 사이좋게 논다. 작품에 나오는 강아지나 염소 새끼는 그런 점에서 아이들과 참 닮아 있다.

평화를 방해하는 '제트기'

이 작품은 제트기를 통해 우리의 평화로운 일상을 어지럽히는 존재를 상기시킴과 동시에, 그럴 때 서로 의지가 되는 존재가 바로 '강아지'에게는 '염소'이며 '염소'에게는 '강아지'임을 알려준다. 그림책에서 제트기는 전쟁 이후의 불안한 상태를 드러낸다. 이 작품은 일반적으로 초등 저학년에게 권장하지만 초등 중학년 이상 아이들은 대개 우리나라에 전쟁이 있었다는 사실을 알고 있으므로 함께 읽어도 좋겠다. 일상 속에서 아이들의 평화를 깨는 일들 즉 어른의 언어폭력이나 고압적인 태도 등으로 주제를 확장하면 더 다채로운 이야기를 할 수 있다.

문장을 더해 새로운 장면 보여주기

그림책에서도 글은 원문과 크게 다르지 않다. 그러나 그림은 등장인물과 시공간을 변화시켜 표현하고 있다. 본문이 시작되기 전에, 염소 새끼가 어미 염소와 따로 떨어지는 장면이 나온다. 그래서인지 새끼 염소는 강아지가 함께 놀자고 신호를 보내도 전혀 반응을 보이지 않는다. 강아지가 자꾸 집적거리자 화를 내듯이 반응하기도 한다.

    글을 계속 살펴보자, 시에 "누가 이기나아?"를 두 번 반복하는 구절이 나온다. 그림을 보면 한 화면에서는 염소 새끼가 화가 나 강아지를 쫓아가지만, 그다음 화면에서는 둘이 웃으면서 쫓기고 쫓는다. 배경을 보면, 앞 화면과 뒤 화면의 색채가 다르다. 시간이 꽤 흐른 것이다. 처음에는 염소 새끼가 일방적으로 강아지를 쫓지만, 시간이 흐르자 어느덧 즐거운 놀이가 되었다는 변화를 보여주는 것이다. 그러다가 갑자기 제트기 소리가 난다. 제트기가 강아지와 염소 새끼에게 호통치며 등장하는 장면이 압권이다. '쐬―ㅇ 우르르릉/요놈들아―'는 그림 글자로 표현되었는데 마치 철없는 아이를 혼내는 어른의 목소리처럼 위협적으로 느껴지기도 한다. 시각 언어의 역할까지 하는 것이다.

그러자 강아지는 염소 새끼한테 가서 숨고 염소 새끼는 하늘을 쳐다본다. 그림책은 "골대가리 다 잊어버렸다."라는 문장이 반복되며 마무리되는데 이는 본래 시에서 두 행 늘어난 부분이다. 글이 두 행 더 생겨나면서 새로운 장면이 들어갈 여지도 생겼다. 이때까지는 강아지와 염소 새끼만 나왔는데 사람이 등장하고, 사람 사는 집 풍경도 나온다. 새로운 인물이 등장하고 시공간이 확장된 것이다. 이러한 이미지 표현을 통해, 우리는 강아지와 염소 새끼가 낮에는 밖에서 놀다가 저녁이면 집으로 돌아가는 아이들과 닮았다고 느끼게 된다. 짧은 글을 첨가함으로써 그림 작가는 화면에서 자신이 강조하고 싶은 부분을 강조할 수 있다. 독자로 하여금 그림책의 세계에 공감하고 몰입할 수 있도록 첨가된 짧은 글이 징검다리를 만들어주는 것이다.

문학 수업

읽기 활동 시를 멋지게 읽는 방법 알기

쉬는 시간에 초등학교 아이들의 움직임을 보고 있으면 아이들의 빠른 몸짓과 리듬이 놀랍고 또 부러울 정도다. 그러나 아이들이 글을 읽을 때는 그 빠른 속도 때문에 아쉬운 점이 생긴다. 많은 아이들이 내용을 생각하며 읽기보다 글자를 빠르게 읽는 데 집중하기 때문이다.

시 읽는 방법을 배울 때에는 글이 지니고 있는 내용을 음미하며 천천히 또 정확히 읽는 훈련이 꼭 필요하다. 아이들이 좋아하는 강아지와 염소 이야기로 올바른 시 읽기 태도를 배워보도록 한다. 초등 전 학년과 함께할 수 있는 활동이다.

말하기/듣기 활동 비경쟁 토론

찬성과 반대로 나뉘어 상대의 입장을 반박하는 토론과 달리, 비경쟁 토론은 자유롭게 대화하고 질문하며 생각을 확장하는 토론 방식이다. 독서토론이라고도 하는데 토론이라는 말에 대한 거부감이 있다면 '동화 읽고 이야기 나누기'나 '책 대화'로 일컬어도 좋겠다. '전쟁을 겪고 난 뒤에는 어떤 변화가 생길까?' 같은 주제로 이야기를 나누면 어떨까? 이런 활동은 초등 중학년 이상의 아이들에게 적절하다. 40쪽 자료를 참고해 토론 매너를 먼저 짚어보면 좋다.

토론 매너 알아보기

말하는 방법
- 사회자의 동의를 먼저 받는다.
- 이야기할 내용을 미리 정리한다.
- 적당한 크기로 천천히 말한다. 내용에 따라 구절별로 끊어서 말한다.
- 정해진 발표 시간을 지킨다.

듣는 방법
- 다른 사람의 의견을 경청하려는 마음으로 듣는다.
- 필요한 내용은 요약해서 메모한다.
- 다른 사람이 이야기할 때 중간에 끼어들지 않고 끝까지 듣는다.

권정생은 많은 작품에서 전쟁으로 겪은 고통과 상처를 이야기한다. 이 작품도 평화에 대한 소중함과 더불어 사람들이 폭력을 마주했을 때 느낀 두려움을 표현하고 있다. 우리나라에서는 6.25 전쟁에 관련된 교육을 할 때 대부분 북한이 남한을 침략했다는 사실을 강조할 뿐, 남북의 피해와 고통스러웠던 현실을 깊이 알려주지 않는다. 이 작품을 계기로 전쟁의 적나라한 모습을 이해하고 평화의 소중함을 생각하는 기회를 마련하면 좋겠다.

쓰기 활동 시를 산문으로 바꿔 쓰기

『강아지와 염소 새끼』를 산문으로 바꿔 써보자. 이 활동은 초등 고학년과 함께하기 적절하다. 아이들은 운문과 산문의 차이를 단순하게 생각한다. 문장이 길고 글자가 많으면 산문, 문장이 짧고 리듬이 느껴지거나 반복되는 낱말, 구절이 있으면 운문으로 이해한다. 좀 더 심화해서 바라본다면 산문은 자유롭고 직접적인 표현이 많이 등장할 수 있지만 운문은 언어나 글자 배열에 규칙을 두어 표현이 자유롭지 않다는 차이가 있다. 이러한 규칙이 언어의 아름다움과 즐거움을 낳는다. 중요한 점은 자신의 경험이나 생각 중에서 어떤 것을 산문으로 표현해야 적절한지, 어떤 것을 시로 표현해야 적절한지 이해하는 것이다. 기존 시를 산문으로 풀어 써 보면 그 차이를 직접 경험하는 과정을 통해 산문과 운문의 특징을 좀 더 쉽게 이해할 수 있다.

기타 활동 **시 낭송회 하기**

수업 시간 내내 아이들이 돌아가면서 한 사람씩 앞에 나와 멋지게 시를 읽는 시 낭송회를 해보자. 어느 학년이든 관계없이 아이들이 함께 어울릴 수 있다. 굳이 다양한 해석을 곁들이지 않아도, 듣는 것만으로도 감흥을 느낄 수 있는 활동이 시낭송이다. 다만 시가 어렵거나 아이들이 공감하기 힘들면 곤란하다. 교사가 시를 고르기보다는 아이들이 선정하는 편이 좋은데, 한 권의 시집을 천천히 읽고 좋아하는 시를 한 편씩 뽑는 것이 좋겠다. 같은 시인의 시가 아니어도 된다. 아이들이 공감할 만한 시나 시집을 다양하게 준비해 선택의 폭을 넓혀주면 풍부한 시 낭송회가 될 것이다.

빼떼기는 사람과 계속 함께할 수 있을까?

『빼떼기』
★ 권장 연령 | 초등 고학년

(김환영 그림, 창비, 2017)

빼떼기는 순진이네 암탉 깜둥이가 낳은 병아리 열다섯 마리 중 하나다. 어느 날, 병아리 중 하나가 불씨가 있는 아궁이에 들어갔다가 그만 큰 화상을 입고 만다. 병아리는 부리도 타고 발가락도 타고, 거의 죽을 뻔했으나 순진이 어머니가 정성껏 돌보아 살아난다. 그러나 불에 타 겉모습이 흉측해져서 어미닭인 깜둥이조차도 자기 새끼인 줄 모르고 쪼아댄다. 얼마 뒤, 이 병아리는 빼딱빼딱 걷기 시작해서 '빼떼기'라고 불린다. 어미닭도 함께 태어난 형제들도 빼떼기와 어울리지 않자 빼떼기는 순진이 어머니만 따라다닌다. 어느 날, 빼떼기는 개에 물려 날개 한쪽조차 못 쓰게 된다. 흉한 몰골이지만 힘겹게 살아남은 빼떼기를 순진이네 식구들은 장하게 여긴다. 시간이 지나 빼떼기는 깃털도 나고 벼슬도 생겨 순진이네 식구들은 빼떼기가 수탉이란 걸 뒤늦게 알게 된다. 늦깎이 수탉이었던 것이다. 다른 병아리는 자라면 시장에 내다 팔았지만, 빼떼기는 소중하게 여겨 팔지 않는다. 그러나 1950년 6월, 전쟁이 일어나자 순진이네 가족들은 피난 가기 전에 하는 수 없이 빼떼기를 잡아먹기로 한다.

소중한 가족이었던 빼떼기

처음 이 작품을 읽는 아이들은 집에서 기른 동물을 '잡아먹는다.'라는 사실에 놀란다. 순진이네 가족은 전쟁이 일어나자 자신들이 살아남기 위해 여태 아끼며 돌보던 빼떼기를 잡아먹을 수밖에 없다. 닭은 농촌에서 사람이 키워 알을 낳게 하거나 잡아먹는 가축이다. 그런데 빼떼기가 험난한 과정을 거쳐 겨우 살아났기 때문에 인간과 가축의 경계가 허물어질 수 있었다. 순진이 엄마가 빼떼기란 이름을 붙이고, 옷을 만들어 입힌 일이 바로 그런 증거이다. 하지만 전쟁이 일어나자 인간과 가축의 경계를 다시 세울 수밖에 없었다. 인간도 살기가 어렵기 때문에 빼떼기를 돌볼 여력이 없는 것이다.

약한 존재부터 희생되는 비정한 현실

이 작품은 병아리를 직접 키웠던 적이 있는 권정생의 체험이 바탕이 된 이야기다. 그 당시 농가에서 병아리를 사서 키우고, 병아리가 자라 암탉이 되고, 그 암탉이 알을 낳고, 알을 품어 병아리가 부화하는 과정을 소상하게 그렸다. 순진이네 집에서는 깜둥이와 턱주배기라는 암탉 두 마리와 수탉 한 마리를 키운다. 유정란인 알들은 품으면 병아리가 되고, 병아리들은 자라 커다란 암탉이나 수탉이 되곤 하는 것이다. 그런데 이러한 성장 과정에서 벗어난 병아리가 있다. 바로 빼떼기이다. 빼떼기는 불에 탄 바람에 어미 닭에게도 버림받고 형제인 병아리들에게도 외면받는다. 어쩌면 권정생은 난치병에 걸린 자신과 빼떼기를 동일시했는지도 모른다.

화가 김환영은 제대로 그림을 그리기 위해 몸소 닭장을 짓고 닭을 키웠다고 한다. 닭의 생태와 성장을 충분히 숙지한 뒤에 그림을 그렸던 것이다. 생생하게 표현되어 더 깊은 아름다움을 주는 그림을 함께 보며, 우리는 장애에도 불구하고 씩씩하게 살아가는 빼떼기에게 공감하고 박수를 보내게 된다. 그런 모습 때문에 순진이네 식구들도 빼떼기라는 이름까지 지어주고, 옷까지 만들어 입혔을 것이다.

평화로운 시기에는 사회적 약자도 주변 사람들의 도움을 받으며 살아갈 수 있다. 그러나 전쟁과 같은 비상 시기에는 아무래도 사회적 도움이 취약한 지대에 있게 된다. 팬데믹 시대에도 사회적 약자, 기저질환이 있는 노인들이 가장 크게 피해를 입었다. 또, 평소 같으면 얼마든지 살 수 있었던 환자들이 제대로 치료를 받지 못해 죽는 일도 생겼다. 이 작품에서 알 수 있듯이, 전쟁은 그 어떤 상황보다도 심각한 비상 사태이다. 전쟁이 일어나면 사회적 약자부터 희생된다는 문제의식이 이 작품에는 담겨 있는 것이다. 반전 의식과 더불어 평화를 향한 간절한 염원이 담긴 이야기라고 할 수 있다.

문학 수업

읽기 활동　**인물의 감정 변화를 생각하며 소리 내어 읽기**

이 작품은 그림책이지만 글은 원작 그대로 실렸다. 작품의 길이나 내용을 보면 초등 중학년 이상은 되어야 읽을 수 있다. 문학 작품을 읽을 때는 아이들이 작품 내용이나 인물에 공감하는 능력이 대단히 중요하다. '만약 내가 빼떼기라면?' '만약 내가 순진이라면?' 이렇게 등장하는 인물의 상황이나 마음이 되어 작품을 읽으면 더욱 내용을 잘 이해할 수 있다. 또 전쟁이 일어나기 전의 평화로움, 계절 변화, 전쟁이 일어난 다음의 긴박한 상황을 염두에 두고 소리 내어 읽어보도록 한다.

말하기/듣기 활동　**등장인물이 되어 생각 말하기**

작품을 다 읽은 다음에 주인공 빼떼기를 중심으로 서로 다른 생각을 나누어본다. 추운 겨울 빼떼기에게 솜옷을 만들어 입힌 순진이 어머니의 마음과 그때 빼떼기의 기분을 아이들은 어떻게 상상하고 있을까? 또, 전쟁이 일어나자 빼떼기를 잡아먹기로 결정한 순진이 아버지의 마음과 그때 순진이네 가족은 기분이 어땠을까? 이러한 활동은 극단적인 상황에 놓인 가족의 고민과 갈등을 이해하며 동시에 일상적인 평화가 얼마나 소중한지 깨닫고 생각하는 계기가 된다.

쓰기 활동 　**내가 기른 반려동물 이야기 쓰기**

초등학교에 다니는 아이들의 소망 가운데 하나가 반려동물을 기르는 것이다. 많은 아이들이 햄스터, 사슴벌레, 강아지, 고양이, 물고기, 개구리 등 하나쯤은 기른 경험이 있을 것이다. 또, 반려동물을 잘 돌보지 못해 가족에게 꾸중을 듣거나 기르던 동물이나 곤충이 죽어 괴로웠던 적도 있을 것이다. 한 번쯤 이런 경험을 하고 나면 생명을 돌보고 키우는 일이 쉽지만은 않다는 사실을 알게 된다. 이 작품을 읽고 그동안 아이들이 겪은 반려동물 관련 일화, 생명의 소중함에 관해 글 쓰는 시간을 마련해 보자.

함께 볼 만한 자료

- 『깃털 없는 기러기 보르카』(존 버닝햄 지음, 엄혜숙 옮김, 비룡소, 1996)
- 『그해 가을』(권정생 원작, 유은실 글, 김재홍 그림, 창비, 2018)

권정생과 함께한 풍경

"나의 동화는 슬프지만
절망적인 것은 없다"

권정생은 가끔 젊은 엄마 독자들이 보내오는 편지 이야기를 하며 쓸쓸하게 웃곤 했다. 무거운 이야기 대신 밝은 이야기를 써달라는 내용이었다. 자신의 동화는 자신이 겪은 일이라고, 스스로 겪지 않은 일을 쓰는 것은 거짓말인데 그럴 수야 없지 않느냐고 덧붙였다. 권정생 동화는 유독 어두운 이야기가 많다. 강아지똥처럼 세상 가장 낮은 자리에서 고난을 겪는 인물들이 주인공인 경우도 많다. 하지만 고통을 겪는 인물이 우리에게 전하고자 하는 가치는 결국 '희망'이다. 강아지똥은 다채로운 빛깔을 가진 존재가 되고, 빼떼기, 강냉이를 생각하는 아이, 곰이와 오푼돌이 아저씨는 우리 아이들에게 평화의 씨앗을 심어주는 이야기가 된다.
권정생은 그토록 처절한 삶을 살면서도 고통을 이겨내고 우뚝 섰다.
삶에서 직접 겪은 '진실'을 녹여내느라 어두운 이야기를 하고 있지만 절망보다는 희망, 눈물보다는 웃음과 해학을 담아내는 것이 권정생의 작품 세계라고 할 수 있다.

누가 진정한 지도자일까?

『장군님과 농부』
★ 권장 연령 | 초등 고학년

(이성표 그림, 창비, 2018)

전쟁이 일어나자 장군님은 싸우다가 도망쳐서 혼자 살아남는다. 그리고 마을로 들어와 농부 할아버지 집에 들어가서 농부의 보살핌을 받는다. 적이 가까이 다가오자 장군님은 또 도망가는데, 이때에도 농부 할아버지는 장군님을 극진하게 모신다. 두 사람이 바닷가에 이르자 농부 할아버지는 나무를 베고 돌도끼와 돌칼로 작은 배를 만든다. 그 배가 도착한 곳은 무인도. 여기서도 농부 할아버지는 장군님을 모시며 산다. 오두막을 짓고 농사를 지으며 장군님을 보살피는 것이다. 어느 날 드디어 배 한 척이 나타난다. 장군님을 찾으러 사람들이 타고 온 배였다. 그런데 놀랍게도 사람들은 농부 할아버지에게 절을 하며 장군님이라고 하는 게 아닌가. 장군님이 낡은 계급장을 보여주며 자신이 진짜 장군이라고 하자 사람들은 퉁명스럽게 대꾸한다. 병사들과 백성들을 남겨두고 혼자 도망친 당신이야말로 '가짜'라고 말이다. 그러면서 농부 할아버지 같은 분이야말로 진정한 장군이라고 한다. 결국 장군님은 무인도에 혼자 남겨지고, 사람들은 농부 할아버지와 함께 간다.

'장군'과 '농부' 중 훌륭한 인물은 누구일까?

아이들은 초등 고학년이 되면 직업이나 인물에 고정관념을 갖기 쉽다. 이 작품은 장군과 농부라는 두 인물을 통해 과연 누가 훌륭한 인물인지 생각해 보게 한다. 위험한 일이 생겼을 때 피하지 않고 함께 해결하는 인물이야말로 진정한 장군, 곧 진정한 지도자라는 사실을 이 작품은 보여준다.

농부 할아버지는 열심히 일해서 장군님을 보필한다. 그러나 장군님은 전쟁이 일어났을 때, 백성들을 버리고 자신의 안위만 생각하며 도망친 사람이다. 이런 장군을 보필하는 게 진정으로 잘하는 일일까? 시민들에게 위기가 닥쳤을 때 진정한 지도자라면 어떻게 행동해야 할까? 역사적 인물 중 '장군님' 같은 사람은 누구였을까? 또 '농부' 같은 지도자는 누구였을까? 교육 과정에서 역사를 배우기 시작하는 초등 고학년들과 다양한 자료를 찾아보며 생각을 뻗어볼 수 있는 작품이다.

농부와 백성에게 배울 수 있는 것

권정생은 농사짓고 사는 삶을 가장 바람직하게 여겼고 농부야말로 가장 훌륭한 직업이라고 생각했다. 이 작품에서는 '손으로 일하는 농부'와 '남을 부리는 장군님'이라는 두 인물을 등장시켜 과연 누가 이 세상에 필요한 인물인지, 누가 정말로 소중한 인물인지 묻는다. 농부 할아버지는 장군님에게 자기 음식을 나누어 주고, 자기 집에서 묵게 하고, 나무를 베고, 농사를 지어 살아간다. 하지만 장군님은 남을 부리기만 할 뿐 상대방을 위해 그 어떤 일도 하지 않는다. 전쟁터에서 자기만 살려고 도망친 인물로, 6.25전쟁 때 서울을 떠나며 다리를 끊고 자기 혼자 남쪽으로 도망친 어떤 대통령도 떠올리게 한다.

백성들이 무인도까지 장군님을 찾아왔다는 점은 나라가 위기에 빠졌을 때 시민들이 나서서 적극적으로 해결책을 모색하고 직접 행동하는 모습을 상징한다. 이를 통해 바람직한 시민 의식이 무엇인지도 생각해볼 수 있겠다. 우리 현대사에는 굴곡진 순간마다 평범한 민중들이 힘을 모아 위기를 극복한 순간이 많다. 독재자에게 저항하며 평화로운 나라를 만들기 위해 깃발을 들었고, 광장에서 촛불을 밝혀 국민을 보살피지 않은 정부에게 일침을 가하기도 했다. 한 명의 당당한 어른으로 성장할 아이들에게 나라의 진정한 주인은 국민임을 알려주고 올바른 시민 의식이 무엇인지도 생각하게 하는, 본보기 같은 작품이다.

한편, 다른 작가의 문학 작품에도 두 중심인물과 비슷한 인물이 나온다. 톨스토이의 「바보 이반」을 함께 읽으면 더 의미 있는 독서 경험이 되겠다. 이반은 농부이고 큰형 셰몬은 군인, 즉 장군으로 나온다. 셰몬은 전쟁에서 크게 패해 빈털터리가 되고, 이반에게 자신과 자신의 처를 부양하라고 한다. 이반은 아무런 불평 없이 셰몬의 가족을 돌본다. 장사를 하는 작은형 타라스까지 폭삭 망해 이반에게로 오자 이반은 이번에도 아무런 불평 없이 그를 거둔다. 집이 좁아지자 이반은 나무를 베어 두 형에게 집을 지어주는데 이 장면이 「장군님과 농부」에서는 나무를 베어 배를 만들고 무인도에서 오두막을 짓는 모습으로 그려진다고 할 수 있다. 농부 아저씨가 새로운 지도자로 추대되었듯, 「바보 이반」에서 이반은 왕이 된다. 그러나 옥좌에 앉아서 다스리는 왕이 아니라 백성들과 함께 농사지으며 사는 '농부-왕'이다.

권정생과 톨스토이는 장군이나 장사꾼처럼 머리를 써서 일하거나 남을 부리기만 하는 사람이 아니라 농부처럼 손을 써서 스스로 일하는 사람을 소중하게 여겼다. 삶의 바탕을 어디에 두고 있는가를 묻는 작품이라고도 할 수 있겠다.

문학 수업

읽기 활동 **등장인물이 되어 읽기**

해설자, 장군님, 농부, 사람들의 말을 구분하고 아이들이 각각 역할을 맡아 읽어본다. 그 사람이라면 어떤 어조로 어떻게 말했을지 각자 성우가 되었다고 상상해 감정을 살려 낭독한다. 인물의 마음이 생생하게 전달되도록 조금 과장해 읽어도 재미있다.

말하기/듣기 활동 장군님과 농부가 되어 연설하기

장군님과 농부는 성격이 많이 다르다. 각자 장군님이라고 생각하고 그 입장에서 연설을 해보자. 역할을 바꾸어 농부 할아버지가 되어서도 연설을 해보자. 그다음 저마다 느끼고 생각한 바를 자유롭게 이야기한다. '내가 리더가 된다면' 어떤 지도자가 되고 싶은지도 자유롭게 말해본다. 연설의 기초부터 차근차근 배워나갈 때에 다음 자료를 활용하면 유용하다.

연설을 잘하려면 꼭 기억할 이야기

연설을 효과적으로 하려면 "'말할 것'을 말한다. '말'을 한다. '말한 것'을 말한다." 라는 문장을 기억하자.

먼저, 자신이 무엇을 말할지 이야기를 본격적으로 풀기 전에 도입 내용을 말한다. 본론에서 하고 싶은 이야기를 충분히 한다. 그리고 모든 내용을 정리하여 다시 한 번 마무리 발언을 한다. 처음부터 능숙하게 말하기 어려우니 아이들이 이야기할 내용을 미리 정리하게 한다. 연설을 할 때에는 어깨너비로 바르게 서고, 허리를 곧게 펴고 발표한다. 적당한 크기의 목소리로, 천천히, 정확하게, 문장을 끊어 말하도록 한다. 정해진 발표 시간을 지키는 일도 중요하다.

쓰기 활동 내가 하고 싶은 일 글로 쓰기

장군님, 즉 군인과 농부는 '직업'이기도 하다. 두 직업은 어떤 자질이 필요한지 정리해보고 내가 어른이 되면 어떤 직업을 갖고 싶은지, 그 이유는 무엇인지 써본다. 글을 완성하면 모둠원끼리 돌려 읽는다. 친

구의 글에 관한 감상을 자유롭게 말하는 시간도 짧게 마련해보자. 장래 희망에 관한 이야기를 담은 글이므로 비판적인 의견을 주기보다는 서로의 꿈을 격려하는 시간이 되도록 교사가 먼저 북돋는 과정도 필요하다.

기타 활동 ‒ 연관 작품 함께 읽고 비교하기

「바보 이반」을 함께 읽어본다. 원작은 길고 어렵기 때문에 아동용으로 개작된 작품을 읽어도 좋다. 다만 어떤 방향으로 다듬어졌든, 손으로 하는 노동에 의미를 부여한 판본이면 좋겠다. 손을 직접 움직여 만들어내는 노동이 가치 있고, 남을 위해 베푸는 삶이 절대 바보 같은 것이 아니라는 사실을 깨닫게 하는 작품이어야 할 것이다.

함께 볼 만한 자료

- 『바보 이반의 이야기』(레프 니콜라예비치 톨스토이 글, 이상권 그림, 이종진 옮김, 창비, 2015)

옛이야기를 재료로 맛깔나게 빚은 작품

『훨훨 간다』
★ 권장 연령 | 초등 저학년

(김용철 그림, 국민서관, 2003)

옛날옛날 어느 마을에 할아버지와 할머니가 살았다. 할아버지는 밭에 나가 일하고 할머니는 집에서 길쌈을 했다. 할머니는 이야기를 몹시 좋아해서 할아버지한테 이야기를 해달라고 했는데, 할아버지가 이야기를 자주 하다 보니 이야기 밑천이 뚝 떨어졌다. 어느 날 할머니는 무명 한 필을 주며 장에 가서 '이야기 한 자리'와 바꿔 오라고 했다. 장터에 나와 할아버지는 할머니 말대로 무명을 이야기와 교환하려 하지만 잘되지 않았다. 걱정스럽게 집으로 돌아가던 할아버지는 빨간코 농부 아저씨에게 무명 한 필을 주고 이야기 한 자리를 얻는데, 그 이야기는 바로 논에 있는 황새가 하는 모양을 흉내 낸 내용이다. 훨훨 오고, 성큼성큼 걷고, 기웃기웃 살핀 다음, 콕 집어먹는 황새! 할아버지는 빨간 코 아저씨가 하는 대로 따라 하고, 기뻐하며 집으로 돌아간다.

할아버지는 논에 앉아 있는 황새 이야기를 할머니에게 해주고 그때마다 할머니도 할아버지 이야기를 따라 한다. 때마침 도둑이 집에 들어왔다가 두 사람이 자기가 하는 행동을 보고 하는 이야기인 줄 알고 깜짝 놀라 도망간다. 물론 할아버지와 할머니는 도둑이 온 일을 전혀 모르고 재미있게 이야기를 주고받았는데 말이다.

스토리텔링의 재미와 말맛이 살아 있는 작품

아이들에게 소리 내어 읽어주다 보면 노래의 후렴구처럼 어느새 같이 따라 읽게 되는, 말의 재미가 두드러진 작품이다. 상황은 전혀 달라도 똑같은 문장으로 표현할 수 있다는 게 이 작품의 재미난 점이다. 빨간코 농부 아저씨는 황새가 하는 모양을 말로 표현하여 이야기를 만들고, 할아버지는 그 이야기를 할머니에게 들려준다. 이야기를 이루는 표현이 마침 도둑이 집에 들어와 하는 행동과 흡사해 도둑이 그걸 듣고 깜짝 놀라 도망갔다는 대목에서 읽는 사람의 웃음을 자아낸다. 이야기 만드는 법, 이야기의 힘에 관해서도 생각할 수 있다. 초등 저학년부터 무리없이 읽을 수 있는 작품이며 고학년 아이들 또한 흥미롭게 읽는 그림책이다.

원작보다 다채로운 '권정생표 옛이야기'

권정생은 많은 옛이야기를 수집하고 재화했다. 『휠휠 간다』는 그중에서 그림책으로 다시 쓴 것이다. 임석재의 한국구전설화집을 보면 같은 옛이야기가 「도둑 쫓는 이야기」라는 제목으로 몇 편 채록된 적이 있다. 「도둑 쫓는 이야기」도 이 작품처럼 '이야기 만드는 법'이라든가 '이야기의 힘'을 보여주는 해학적인 내용이다. 권정생은 이 옛이야기를 그림책의 글로 쓰기 전에 「휠휠 온다 이야기」라는 제목으로 『민들레교회이야기』에 실은 적이 있다. 임석재가 채록한 옛이야기 「도둑 쫓는 이야기」와 권정생의 「휠휠 온다 이야기」를 비교해보자.

「도둑 쫓는 이야기」에도 할머니의 청을 듣고 이야기를 사러 나선 할아버지가 나온다. 「휠휠 온다 이야기」는 「도둑 쫓는 이야기」와 줄거리는 같지만 상황을 훨씬 더 구체적으로 그린다. 더구나 「휠휠 온다 이야기」는 권정생 옛이야기 재화의 특징인 '여성의 역할을 강조하고 있다'는 점이 두드러진다. 할머니가 베를 한 필 짜주며 그걸 팔아 이야기를 사 오라고 할아버지에게 청한다는 점에서 할머니는 「도둑 쫓는 이야기」보다 훨씬 적극적인 역할을 맡는다.

임석재가 채록한 「도둑 쫓는 이야기」에서는 할아버지가 이야기를 사러 가다가 논두렁에서 농부를 만난다. 장에 가는 내용이 없다. 이에 반해 권정생이 다시 쓴 「휠휠 온다 이야기」에서는 할아버지가 장에 가서 베를 팔아 이야기를 사려고 하나 베도 못 팔고 이야기도 못 사는 모습으로 그려진다. 그러고는 장에서 돌아오는 길에 농부를 만나 이야기를 얻는다. 할아버지가 이야기를 사러 장에 간다는 구체적인 상황을 첨가하여 사건의 개연성을 높인 점도 작품에 재미를 더한다. 그림책 『훨훨 간다』는 어린이를 대상 독자로 삼으면서 글이 사투리에서 표준말로 바뀌었다. 또 이야기를 판 농부 아저씨를 '빨간코 농부 아저씨'라고 이름 붙여서, 시각적 요소를 강조하는 동시에 술 좋아하고 장난기 있는 성격을 부여한 점도 주목할 만하다.

「도둑 쫓는 이야기」나 「훨훨 온다 이야기」는 모두 반복되는 황새 이야기의 재미를 세 차례에 걸쳐 보여주고 있다. 그림책 『훨훨 간다』는 여기에 그림이 함께하여 즐거움이 더 커진다. 맨 처음에는 논에서 할아버지와 빨간코 농부 아저씨가 그 이야기를 주고받는다. 그다음에는 방 안에서 할아버지와 할머니가 이야기를 주고받는데, 이때 부엌에 있던 도둑이 할아버지와 할머니의 소리를 듣고 자기 행동을 보고 하는 말인 줄 알고 놀라 도망간다. 하나의 이야기가 서로 다른 세 공간에서 펼쳐지는 특별한 구성, 도둑이 말소리만 듣고 제 발 저리는 '이해와 오해'에 관한 재미난 상황을 잘 버무린 작품이라 할 수 있다.

문학 수업

읽기 활동 의성어와 의태어를 살려 함께 읽기

이 작품은 다음에 나올 장면을 기대하게 하고 그 장면을 표현하는 구절을 궁금하게 만드는 '말 재미'가 가득하다. 아이들과 소리 내어 읽다 보면 어느새 리듬감 있는 운율이 절로 생겨난다. 이야기와 음악이 만난 듯 즐겁고 유쾌하게 함께 읽을 수 있어 옛이야기가 주는 해학, 진정한 삶의 여유, 말의 재미를 배울 수 있는 작품이다. 의성어와 의태어, 인물들의 감성이 살아 있는 작품이므로 그 상황에 맞게 소리 내어 읽어본다.

말하기/듣기 활동 역할극하기

이 이야기에는 개성이 뚜렷한 인물이 등장한다. 그리고 황새의 행동을 차례차례 표현하는 재미있고 다채로운 말의 향연이 펼쳐진다. 훨훨 오고, 성큼성큼 걷고, 기웃기웃 살피고, 콕 집어먹는 모습이 반복되는 구절을 아이들은 특히 좋아한다.

둘씩 짝을 지어 한 사람이 말을 하면, 상대편은 그 말을 듣고 몸으로 흉내 내는 활동을 통해 유쾌한 수업을 만들 수 있다. 황새가 되었다고 상상하며 말을 몸짓으로 바꿔보고, 도둑이 되었다고 상상하며 흉내를 내본다. 교실 여기저기서 자신이 역할을 맡겠다고 손을 드는 아이들의 모습을 볼 수 있을 것이다. 다양한 내용으로 역할극을 반복하게 되어 아주 흥미로운 활동이 된다.

기타 활동 작품 배경을 그림으로 표현하기

『훨훨 간다』는 이야기 흐름에 따라 장소와 배경이 바뀌어, 상상하며 읽는 재미가 있다. 노부부가 사는 옛날 시골집, 길을 가는 아저씨에게 무명천으로 이야기를 사는 할아버지, 옛이야기를 신명나게 들려주는 빨간코 아저씨, 논에 앉아 있는 황새의 멋진 모습 등 요즘 아이들에게 생소한 장면도 등장한다. 아이에 따라 글로 읽을 때는 논이나 밭에 황새가 앉아 있는 모습을 쉽게 떠올리지 못하는 경우도 있다. 따라서 먼저 기억에 남는 장면을 그림으로 표현하고 상상하면 더 많은 재미를 느낄 수 있을 것이다.

함께 볼 만한 자료

- 권정생이 옛이야기를 재화한 이야기를 담은 그림책 『길 아저씨 손 아저씨』(김용철 그림, 국민서관, 2006)

혼자서는 존재할 수 없는 영웅

『금강산 호랑이』
★ 권장 연령 | 초등 중학년

(정승각 그림, 길벗어린이, 2017)

옛날에 어머니와 단둘이 사는 유복이란 아이가 있었다. 유복이가 일곱 살쯤 되어 글방에 가자 아이들이 애비 없는 자식이라며 놀렸다. 유복이는 집에 돌아와 왜 자기는 아버지가 없냐고 묻는다. 그러자 어머니는 이름난 사냥꾼이었던 아버지가 사람 잡아먹는 금강산 호랑이를 없애려다 죽고 말았다고 알려준다. 유복이는 아버지 원수를 갚겠다고 결심하고 십 년 동안 몸을 단련한다. 어머니는 활쏘기, 대나무 밭에서 구르기, 커다란 바위 들어올리기로 유복이를 시험한다. 유복이가 세 가지를 거뜬하게 해치우자, 어머니는 수수팥떡 한 보자기를 만들어주며 아버지 원수를 갚고 오라고 한다.

유복이는 금강산 들머리에서 오두막에 사는 꼬부랑 할머니를 만난다. 할머니가 유복이에게 불을 끄고 바늘을 활로 쏘아보라고 하자, 유복이는 바늘을 활로 쏘아 맞춘다. 또 유복이는 스님, 감자 캐는 할머니, 예쁜 새댁으로 변신한 호랑이를 모두 활로 쏘아 죽였는데, 이건 모두 할머니가 헛것을 통해 유복이를 시험한 것이었다.

드디어 유복이는 진짜 금강산 호랑이를 만난다. 이 호랑이는 유복이를 한입에 삼켜버린다. 유복이는 호랑이가 먼저 삼켜 배 속에 있던 아가씨가 준 장도칼로 호랑이를 찢고 밖으로 나와 함께 탈출한다. 그리고 호랑이 굴로 가서 아버지 해골들을 모아 가슴에 안고 다른 해골을 양지에 묻어준다. 유복이가 아가씨를 데리고 돌아오는데, 금강산 들머리에는 오두막도 할머니도 없다. 꼬부랑 할머니는 산신령이었던 것이다. 유복이는 아가씨와 혼인하여 어머니를 모시고 행복하게 산다.

흥미로운 캐릭터와 꼭 필요한 교훈을 만나는 작품

『훨훨 간다』가 옛이야기를 모티프로 삼았듯, 이 작품도 「금강산 포수의 아들」로 널리 알려진 전래동화를 권정생이 재화한 이야기이다. 권정생이 재료로 삼은 옛이야기는 포수 아버지를 죽인 금강산 호랑이를 물리쳐 아버지의 원수를 갚는 소년이 주인공이다. 소년 유복이가 금강산에 들어가 호랑이 일족을 깡그리 죽이고 마지막에 아버지의 원수인 호랑이에게 복수하는 내용으로 마무리된다.

많은 전래동화가 '옛날 옛적 호랑이가 담배 피우던 시절에'로 시작한다. 이처럼 호랑이는 우리 이야기에 자주 등장하는 주요 캐릭터이다. 작품을 통해 금강산 호랑이를 만난 뒤, 다른 이야기에 등장하는 수많은 호랑이를 불러내도 재미있다. 팥죽 할머니에게 혼쭐이 난 호랑이(팥죽 할멈과 호랑이 설화)도 있고, 은혜를 갚기 위해 매일 아침 마을에 내려와 산짐승을 잡아다 바치는 호랑이(은혜 갚은 호랑이 설화)도 있다. 곶감이 호랑이보다 무서운 줄 아는 호랑이(호랑이와 곶감 설화)도 있고, 꾀보 토끼한테 계속 속는 어수룩한 호랑이(토끼와 호랑이 설화)도 있다.

한편 교사 입장에서 초등학생 아이들에게 '효' 사상을 진지하게 설명하려면 무척 난감한 경우가 있다. 이야기하는 어른에게도 듣는 아이에게도 '부모님께 효도해야 한다.'라는 형식적인 내용에서 그칠 때가 많다. 이때 이 작품을 활용하면 이야기의 맛도 느낄 수 있고 교훈적인 이야기도 불편하지 않게 꺼낼 수 있다.

영웅에게 꼭 필요한 존재, 조력자

사람으로 변신한 호랑이를 죽이는 일은 어둠 속에서 바늘을 쏘는 일과 마찬가지로, 산신령인 오두막 할머니가 헛것을 통해 유복이 능력을 시험하는 관문이라 할 수 있다. 즉 유복이는 어머니의 시험과 오두막 할머니의 시험을 통과한 뒤에 비로소 아버지를 죽인 금강산 호랑이와 대면할 수 있는 것이다.

그런데 금강산 호랑이는 만만치 않은 상대다. 그렇게 위력적인 활솜씨로도 유복이는 금강산 호랑이를 물리치지 못한다. 유복이보다 먼저 잡아먹혀 호랑이 배 속에 들어와 있던 아가씨를 만나, 그 아가씨가 준 장도칼을 갖고서야 비로소 물리칠 수 있는 존재다. 활이 아니라 작은 장도칼이 유복이의 목적을 이룰 수 있는 도구 역할을 한다. 유복이는 아버지 해골을 찾고 호랑이 굴속에 있던 다른 해골들을 양지 바른 곳에 묻어준다. 아버지뿐 아니라 억울하게 죽은 사람들 모두의 원수를 갚은 이야기이다.

원전에서 유복이가 호랑이에게 잡아먹혔을 때 만난 아가씨는 신분이 높거나 부잣집 아가씨인 경우가 많고, 유복이가 일방적으로 구해줄 뿐 두드러진 역할을 하지 않는다. 그러나 권정생은 아가씨를 가족이 없는 데다가 유복이를 도와 호랑이를 물리치는 인물로 바꾸었다. 이 작품은 옛이야기를 재화한 것이지만, 원래 이야기와 달리 아가씨가 유복이를 돕는 분명한 역할을 한다는 점에서 권정생의 진취적인 여성관을 살펴볼 수 있는 작품이다.

이 작품은 호랑이에게 아버지를 잃은 유복이가 아버지 원수이자 여러 사람들의 원수인 금강산 호랑이를 죽이고 평화로운 세상을 가져오는 이야기다. 유복이는 호랑이를 잡기 위해 십 년 동안 스스로 몸을 단련했다. 호랑이를 잡을 만한 힘을 기른 것이다. 여기에 어머니와 오두막 할머니, 아가씨가 유복이를 도왔다. 영웅은 혼자 우뚝 서 있는 존재가 아니라 그를 돕는 사람들과 함께 있는 존재라는 사실을 알려주는 이야기이기도 하다.

문학 수업

읽기 활동 제목, 표지 살펴보고 이야기 예측하기

금강산은 우리나라에서 가장 아름다운 산이라고 알려져 있지만 지금은 쉽게 갈 수 없는 곳이다. 금강산에 사는 호랑이는 과연 어떤 모습을 하고 어떤 이야기를 간직하고 있을까? 아이들과 책을 읽기 전에, 제목과 표지를 살펴보며 가보지 못한 금강산을 상상하면 재미있다. 아이들이 저마다 알고 있는 호랑이 이야기에서 시작해도 좋고, 금강산에 대한 지식을 친구들에게 들려주며 이야기를 추측해봐도 좋겠다. 옛이야기는 본래 누군가에 의해 시작되어 입에서 입으로 전해 내려온 것이다. 오늘 우리가 표지만 보고 만든 이야기라도 훗날 멋진 이야기로 기록될 수 있다.

말하기/듣기 활동 호랑이가 등장하는 옛이야기 들려주기

이 활동은 초등 전 학년 아이들과 함께할 수 있다. 팥죽 할머니와 호랑이, 호랑이와 곶감, 해님달님, 꾀보 토끼와 어리숙한 호랑이 이야기 등 알고 있는 모든 호랑이를 불러 아이들과 이야기 마당을 즐겨보자. 만약에 평화를 깨뜨리는 호랑이 같은 존재가 우리 일상생활에 있다면 무엇인지, 혹은 누구인지도 떠올려보고 이야기 나누자.

쓰기 활동 유복이의 행동에 대한 생각 쓰기

유복이는 태어날 때부터 아버지의 빈자리를 느끼며 자라야 했다. 얼굴

도 모르는 아버지이지만 원수를 갚기 위해 기꺼이 금강산으로 떠난다. 이러한 유복이를 아이들은 어떻게 느끼고 생각할지 궁금하다. 효심 깊은 아들이라며 긍정적으로 생각할 수도 있고, 아버지의 사랑을 모르고 자랐는데도 원수를 갚는다는 일이 무모했다고 생각할 수도 있다. 유복이의 행동을 어떻게 바라보는지 의견을 내세워 글로 써보자. 내가 유복이었으면 금강산으로 향했을지도 생각해보자.

기타 활동 　**자료 찾아보기**

- 금강산은 지금 우리가 자유롭게 방문하지 못하는 곳이다. 금강산에 대한 정보, 사진, 그림들을 찾아본다.
- 원래 이야기인 「금강산 포수의 아들」을 찾아 읽어보자. 어떻게 내용이 바뀌었는지 이야기 나누어보자.

함께 볼 만한 자료

- 『얘들아, 금강산 가자』(김용택 글, 김명호 그림, 스콜라, 2006)
- 『금강산 이야기』(권정생·이현주 엮음, 사계절, 2001)

똘배는 시궁창에서 무얼 봤을까?

『똘배가 보고 온 달나라』
★ 권장 연령 | 초등 고학년

(김용철 그림, 창비, 2015)

똘배나무에 똘배가 잔뜩 열렸다. 똘배들은 저마다 신나게 멋진 삶을 꿈꾸며 살아간다. 그러던 어느 날, 개구쟁이 돌이가 똘배 하나를 따서 먹으려다가 맛이 없어 그만 내던진다. 똘배는 날아가다가 시궁창에 처박히고 만다. 시궁창에 사는 것은 실거머리 정도이고, 콩나물 동아리나 배추 쪽 같은 것들만 썩어가고 있다. 똘배는 시궁창에서 누군지 알아볼 수조차 없는 거무튀튀한 덩어리 하나를 만나는데, 그건 바로 똘배나무 옆 또아리 감나무에 달려 있던 땡감이다. 땡감도 보름 전에 돌이가 먹다 내던지는 바람에 시궁창에 들어와서 죽는 날만 기다리고 있던 것이다. 아무런 희망 없이 시궁창에서 퉁퉁 불어 죽을 수밖에 없는 현실을 깨닫고 똘배는 그만 울음을 터뜨린다.

울다 지쳐 잠이 든 똘배에게 반짝반짝 귀여운 아기별이 찾아온다. 아기별의 안내로 하늘나라 구경을 하게 된 똘배는 은하수에서 직녀별님이 오작교를 건너 견우 별님을 만나러 가는 것을 본다. 그리고 아기별을 따라 달나라를 가는데, 달나라에는 토끼들이 평화롭게 사는 마을이 있다. 엄마 토끼, 누나 토끼 들은 목화를 따고 아빠 토끼, 오빠 토끼 들은 햇벼를 거두고 있는 곳, 아기 토끼들이 까툴복숭아를 먹으며 온갖 놀이를 하며 뛰노는 곳이다. 똘배가 아폴로 지구인이 달에 왔던 일은 어떻게 된 거냐며 깜짝 놀라 묻자, 아기별은 똘배에게 한쪽 눈을 가리라고 한다. 그러자 삭막한 달 표면이 나타난다. 똘배가 가린 눈을 떼자, 달나라는 다시 평화로운 마을로 변한다. 날이 밝자 아기별을 따라 다시 시궁창으로 돌아온 똘배, 이제 똘배는 슬퍼하지만은 않는다. 똘배는 푸른 하늘을 처다본다.

고단한 현실을 살아가는 힘, 상상력

이 작품은 현재 처한 현실이 전부가 아니며, 현실에 바탕을 두면서도 거기에 얽매이지 않는 상상력을 발휘하는 일이야말로 우리에게 꼭 필요한 삶의 자세라는 것을 보여준다. 이 작품에는 은하수를 사이에 두고 헤어져 있다가 칠월 칠석에야 잠시 만나는 견우직녀 설화가 등장한다. 친숙한 설화를 녹여냄으로써 아기별의 등장과 함께 이야기 세계로 빠져 들어가는 똘배의 모습을 생생하게 그린다. 감나무나 똘배나무, 시궁창을 본 적이 없는 요즘 아이들에게는 예전의 농촌 모습을 잘 알려주는 작품일 수도 있겠다.

시궁창에서도 좋은 향기를 간직한 똘배

주인공 똘배는 권정생 자신의 모습이 투영된 캐릭터이다. 난치병에 걸려 죽는 날만 기다리던 그와 똘배는 상당히 닮아 있다. 똘배는 시궁창에 떨어져 아무런 희망 없이 죽는 날만 기다리는 존재이다. 그러나 아기별을 따라 달나라에 갔다 온 똘배에게 시궁창은 이제 또 다른 의미를 갖게 된다. 땡감도, 똘배 자신도 죽기 전까지 시궁창에서 좋은 냄새를 풍기며 거기 살고 있는 장구벌레 같은 생물에게 기쁨과 즐거움을 주는 존재인 것을 깨달았기 때문이다. 권정생은 똘배를 통해 죽을 수밖에 없는 자기 모습을 직시한다. 동시에 여기에 머무르지 않고 죽기 전까지 자기만의 '좋은 냄새'를 풍기며 살겠다는 염원을 담아내기도 한다.

이 작품은 이야기의 힘, 상상력의 힘을 보여준다. 아기별을 따라 달나라에 가던 길에 똘배는 은하수를 사이에 놓고 떨어져 있던 직녀 별님을 본다. 똘배는 아기별에게 왜 직녀 별님과 견우 별님을 영원히 만나게 하지 않느냐고 묻는다. 아기별은 그러면 얘기가 없어지지 않냐며 반문한다. 인간은 현실을 바탕으로 살아가면서도 충족되지 않는 꿈을 꾸기 위해 이야기를 만든다는 의미인데, 이 지점은 권정생의 문학관을 나타내는 발언이다.

또 하나, 아기별을 따라 달나라에 간 똘배는 여자 토끼들이 목화를 따고, 남자 토끼들이 햇벼를 추수하고, 아기 토끼들이 즐겁게 뛰노는 마을을 본다. 그렇지만 한 눈을 가리고 보자 달은 삭막한 사막으로 변한다. 여기서 두 눈으로 본다는 것은 '상상력의 눈으로 본다'는 것을 의미하는 바, 상상력 없이 세상을 보고 이해하는 것은 한 눈으로 보는 것과 진배없다는 것을 역설하는 부분이다.

이 작품은 권정생의 여러 대표작에 비해 많이 알려져 있지 않으나 상상력의 힘, 이야기의 의미, 권정생이 생각하던 이상향 즉 농사짓고 사는 삶을 잘 담아냈다는 점에서 주목할 만하다. 또, 견우직녀 구전 설화가 등장하는 부분에서도 알 수 있듯이 '말로 하는 이야기'와 '글로 쓰는 이야기'의 세계를 함께 지녔던 권정생의 문학세계, 즉 '구술성'이 바탕에 깔린 문학 세계를 잘 보여준다 하겠다. 권정생은 어렸을 때 어머니에게서 많은 이야기를 들으며 자랐다고 한다. 글을 모르는 동네 노인들의 사정을 속속들이 글로 받아쓰며 '편지 대필'을 하기도 했다. 이런 경험들이 쌓인 덕분인지 그의 문학에서는 이야기를 귀로 듣는 듯 자연스러운 입말체가 돋보인다. 『똘배가 보고 온 달나라』는 권정생 문학의 구술성이 집약된 수작이라 할 수 있다.

문학 수업

읽기 활동 의성어 의태어를 살려서 소리 내어 읽기

초등 중학년이 이상 아이들과 활동하기 적절하다. 이 작품에는 다양한 대화체 문장과 의성어, 의태어가 풍부하게 사용된다. 단어들을 소리

내 유의하여 읽다 보면 말의 재미를 느낄 수 있다. 또 요즈음 아이들이 잘 사용하지 않아 모르는 단어는 그 뜻을 찾아보고 읽는 과정도 필요하다. 분량이 짧은 편은 아니기 때문에 단숨에 읽기 쉽지 않으므로 일정한 기간을 두고 나누어 읽으면 좋겠다. 똘배, 돌이, 아기별 등 등장인물별로 나누어 낭독을 함께해도 좋다.

말하기/듣기 활동   재미있는 상상 문장 만들고 이야기 꾸미기

이 활동은 전 학년 아이들과 할 수 있다. 똘배는 아기별과 상상의 나라인 달나라로 여행을 떠난다. 우리도 재미있는 질문을 던져 상상의 나라로 가보자. 만약 내게 마법의 능력이 생긴다면? 만약 내가 대통령이 된다면? 만약 내게 날개가 생긴다면? 생각만 해도 신나고 즐거운 일이다.

나에게 일어날 수 있는 일을 자유롭게 상상해보고 질문으로 만들어 카드에 각각 적는다. 다 적은 후에는 카드들을 모두 뒤집어 놓고 한 명씩 돌아가며 한 장을 뽑는다. 뽑힌 질문에 관한 답을 자유롭게 상상해 발표한다. 이야기를 잘하고 글을 잘 쓰려면 우선 상상력이 자유롭고 풍부해야 한다. 닫혀 있던 마음의 창을 활짝 열고 나만의 세계로 상상 여행을 떠나보자.

쓰기 활동   나의 경험을 서사문으로 쓰기

이 활동은 초등 고학년에게 적절하다. 시궁창에 던져진 똘배는 아기별의 도움으로 또 다른 세상을 구경하며 세상 모든 일은 '어떻게 생각하고 보느냐'에 따라 다르다는 걸 깨닫게 된다. 아이들에게도 똘배처럼 좌절과 희망의 경험이 있다. 부모님과의 갈등으로, 친구와의 갈등으로, 아니면 성적 때문에 자신의 삶이 슬프게만 느껴지는 경우가 있다. 이런 경험을 글로 표현해보자. 되도록 의성어 의태어를 사용해서 다양한 문장을 만들어도 좋겠다.

함께 볼 만한 자료

- 『견우 직녀』(김향이 글, 최정인 그림, 비룡소, 2009)

세상에는 좋은 것만 있을까?

『밀짚잠자리』
★ 권장 연령 | 초등 전 학년

(최석운 그림, 길벗어린이, 2019)

이 작품은 아기 밀짚잠자리가 물 밖으로 나온 첫날 겪은 일을 그리고 있다. 아기 밀짚잠자리는 파란 하늘에 떠 가는 구름을 보다가 조금씩 날아다닌다. 그러면서 아기 무종달이, 아기 방아깨비, 무당벌레를 만난다. 아기 방아깨비가 어디서 왔냐고 묻자, 밀짚잠자리는 먼 데서 왔고, 하나님 나라를 찾고 있다고 말한다. 그러자 무당벌레는 밀짚잠자리에게 하나님 나라는 미루나무 꼭대기에 있다고 알려준다. 밀짚잠자리는 하나님 나라를 잠시 쳐다보고, 날아서 시골 마을 어느 집 담장까지 간다. 그 담장 안에는 커다란 황소, 강아지, 닭, 토끼, 고양이가 있다. 밀짚잠자리는 다시 날다가 골목길에서 아장아장 걷는 아기, 아기를 따라가는 조금 큰 아이, 시끄러운 소리를 내며 달려가는 경운기, 개미들이 양식 나르는 모습도 본다.

날아다니느라 하루 종일 아무것도 먹지 못한 밀짚잠자리는 배가 고파 잠이 든다. 깨어 보니 해 질 녘이다. 밀짚잠자리가 하루살이들을 잡아먹자 하루살이들은 무서워하며 달아난다. 그날 밤, 밀짚잠자리는 자기가 앉아 있는 시냇물까지 찾아온 달님에게 하루살이들이 자기를 무서워하며 도깨비라고 했다는 걸 들려준다. 달님은 밀짚잠자리에게 하루 동안 무얼 했느냐고 묻자, 밀짚잠자리는 자기가 본 것을 이야기한다. 그러자 달님은 세상에는 예쁜 것, 미운 것, 무서운 것이 모두 있다고 이야기한다. 밀짚잠자리는 달님의 말을 한참 동안 생각하다가 잠이 든다.

서로에게 기대어 살아가는 작은 생물들

이 작품에는 작지만 온 힘을 다해 힘껏 살아가는 다양한 생물들이 등장한다. 이 캐릭터들을 만나며 아이들은 자기 주변에서 살아가는 작은 생명에 관심을 가질 수 있을 것이다. 또, 먹고 먹히는 관계가 기본적으로 서로의 생명을 이어주는 활동이라는 점도 깨달을 수 있다. 모든 생물은 다른 생명을 취해야 살아갈 수 있는데, 이 또한 서로가 서로에게 기대고 살아가는 생명의 원리인 것이다. 생태적 관점에서 보면 이 이야기는 먹이사슬을 다루고 있다. 그러나 세상에는 '예쁜 것, 미운 것, 무서운 것'도 있다는 달님의 말을 생각하면 단순한 먹이사슬 이야기는 아니다. 생명을 유지하려면, 원하지 않아도 다른 생명에게 해를 입히게 되며 어쩌면 그것이 우리가 살아가는 세상이라는 엄중한 사실을 전하는 메시지이자 공존과 상호 의존성을 알려주는 이야기일 수 있다.

아이의 순수한 마음으로 본 세상살이

이 작품은 아기의 눈에 비친 세상을 보여준다. 아기 밀짚잠자리뿐 아니라 아기 무종달이, 아기 방아깨비, 골목길을 아장아장 걸어가는 어린아이 등 다양한 아기가 등장한다. 아기 무종달이는 아기 밀짚잠자리에게 관심을 보이고, 아기 방아깨비는 아기 밀짚잠자리에게 어디서 왔냐고 묻는다. 모두 호기심이 많고 주변 세상에 관심을 표현하며 탐구하는 존재이다.

반면에 경운기를 몰아 무서운 소리를 내며 달려가는 어른도 있고 헐떡이며 양식을 구하는 개미도 있다. 이들은 주변 일에 무관심하다. 개미들은 아기 밀짚잠자리가 배고파해도 열심히 일해야 양식을 얻을 수 있다고만 알려준다.

밀짚잠자리는 하나님 나라를 찾지만 그곳은 도달하기 어려운 높다란 곳에 있다. 하루살이를 잡아먹던 밀짚잠자리는 하루살이들이 자기를 무서워하자 슬퍼하고, 달님은 엄마처럼 세상에 대해 차근차근 알려준다.

이 작품은 남을 먹어야 살아갈 수 있는 생명의 문제를 다룬다. 과학에서 '먹이사슬'이라고 지칭하는 그런 상황이다. 아기 밀짚잠자리에게는 단순한 문제가 아니다. 배가 고파서 누군가를 먹었는데, 상대방은 나를 무서워한다는 사실, 내가 다른 존재에게 해를 입혀야 한다는 사실이 견딜 수 없는 것이다.

모든 생명체는 혼자 살아가지 못한다. 생명은 모두 소중하고, 서로 연결되어 공존하고 있다. 인간적인 관점에서 보면 먹는 자는 강하고 먹히는 자는 약자처럼 보일지도 모른다. 그러나 세상은 그렇게 단순하지가 않다. 달님의 말처럼 이 세상에는 온갖 것이 섞여 있으며, 그러기에 밀짚잠자리처럼 가만히 생각해 보는 시간이 필요하다. 어쩌면 이 작품은 우리에게 세상 모든 것에 대해 생각하기를 요구하는지도 모르겠다.

문학 수업

읽기 활동 등장하는 곤충과 동물 공부하며 읽기

이 작품에는 밀짚잠자리, 무종다리, 방아깨비, 무당벌레, 닭, 소, 강아지, 개미, 하루살이가 등장한다. 아이들이 좋아하지만 도시에서는 쉽게 만나기 어려운 다양한 곤충과 생명체이다. 애벌레에서 껍질을 벗고 세상에 나온 밀짚잠자리는 세상을 구경하면서 다양한 이들을 만난다. 그림책을 함께 읽기 전에 작품에 나오는 곤충이나 동물에 관해 알아보고 학습한 뒤 읽기를 권한다. 밀짚잠자리의 이웃에 살고 있는 다양한 생명체에 관심을 갖고 책을 읽으면 더욱 풍부하게 작품을 감상할 수 있다.

말하기/듣기 활동 **먹이사슬을 주제로 도덕적 관점에서 토론하기**

이 활동은 초등 고학년과 함께하기 적절하다. 아기 밀짚잠자리는 온종일 세상을 구경하고 시냇가로 돌아와서는 배가 몹시 고파서 잠이 든다. 잠에서 깬 뒤, 날아다니는 하루살이를 배가 부를 때까지 잡아먹는다. 하루살이들은 밀짚잠자리를 도깨비라 부르며 두려워한다. 밀짚잠자리는 자신을 두려운 존재로 여기는 하루살이를 보며 괴로워한다. 하지만, 모든 생물체는 다른 생명을 통해 존재하는 것이 자연의 순환이다. 밀짚잠자리의 부끄러워하는 마음과, 살기 위해서 하루살이를 잡아먹을 수밖에 없는 현실을 두루 살펴보자. 나의 생명을 이어가기 위해 다른 생명을 잡아먹는 일이 옳은 것일까? 정답은 없다. 자유롭게 토론하며 우리가 서로 지나치게 욕심 부리지 않고 공존할 수 있는 방법을 함께 이야기해도 좋겠다.

쓰기 활동 **'하나님 나라는 어떤 곳일까' 상상하여 글쓰기**

이 활동은 초등 중학년 이상 학생들과 무리 없이 할 수 있다. 밀짚잠자리는 어머니 같은 달님을 통해 세상에는 예쁜 것도 있고 미운 것도 있고 재미있는 것도 있고 무서운 것도 있다는 것을 이해한다. 가고 싶은 곳, 꿈꾸는 이상향인, 미루나무 꼭대기에 있는 하나님 나라를 동경하기도 한다. 만약에 밀짚잠자리가 하나님 나라에 갔다면 그곳은 어떤 곳일까. 과연 슬픔도 미움도 그리움도 두려움도 없을까? 저마다 맘껏 '하나님 나라'를 상상해서 글을 써보자.

| 기타 활동 | **그림 그리기**

이 작품은 시냇가에서 태어난 아기 밀짚잠자리가 마을을 빙 돌아서 다시 시냇가로 돌아오는 하루를 그리고 있다. 작품의 주요 전개 과정을 여러 장면으로 표현하거나, 멋진 장면을 한 가지 정해서 맘껏 그림으로 표현해 보자. 그림과 그림책이 주는 매력을 만끽할 수 있으며 초등 저학년과 함께하기 좋은 활동이다. 아름다운 들판을 배경으로 삼아 그 경로를 줄기처럼 그려도 좋고 가장 아름답다고 생각하는 한 장면을 표현해도 좋다. 특히 밀짚잠자리가 세상에 처음 나와서 만난 파란 하늘은, 깨끗한 하늘을 볼 수 있는 날이 줄어드는 현실을 생각하면 매우 귀중한 장면이기도 하다.

함께 볼 만한 자료

- 권정생 단편 동화 「하느님의 눈물」(권정생 동화집, 『하느님의 눈물』 수록, 신혜원 그림, 산하, 2017)
- 『세밀화로 그린 보리 어린이 곤충 도감』(권혁도 그림, 김진일 감수, 2008)

가까이 있는 존재의 소중함

『오소리네 집 꽃밭』
★ 권장 연령 | 초등 전 학년

(정승각 그림, 길벗어린이, 1997)

잿골마을 오소리 아줌마는 회오리바람이 불던 날 40리 밖 장터까지 날아간다. 장터에서 온갖 물건과 사람을 구경하고 집으로 돌아오는 길, 오소리 아줌마는 길가 옆 학교 운동장을 살펴보다 잘 꾸며진 예쁜 꽃밭에 마음을 빼앗긴다. 봉숭아, 채송화, 접시꽃, 나리꽃이 예쁘게 피어 있다. 집으로 돌아온 오소리 아줌마는 남편에게 꽃밭을 만들자고 조른다. 꽃밭을 새로 가꾸기 위해 집 옆 들판에 가보니 온통 산꽃으로 가득하다. 괭이질을 하려고 보니 이미 그 자리마다 패랭이꽃, 잔대꽃, 초롱담꽃 들이 피어 있어 땅을 갈아낼 수가 없다. 오소리 아줌마는 꽃밭을 따로 만들 필요가 없을 만큼 집 둘레엔 온갖 꽃이 계절마다 지천으로 피어 있었다는 것을 깨닫는다.

소박한 자연을 만나는 작품

『오소리네 집 꽃밭』은 고학년의 경우 동화로 읽지만, 유아부터 초등 중학년까지는 정승각 작가가 그림을 그린 그림책으로 읽는다. 내용이 유쾌하고 흥미로우며 등장인물의 성격도 재미있어 대부분의 아이가 즐겨 볼 수 있다. 그렇기 때문에 전 학년 아이들과 독후 활동이 가능하다. 초등 저학년과 함께 읽을 때에는 우리나라 들판에 핀 들꽃을 주제로 생태 관련 지식을 알아가면 유익하다. 중학년의 경우는 자연과 인간의 조화로운 생활에 관한 주제로 이야기를 나눌 수 있다. 고학년은 늘 가까이 있어 미처 소중함을 느끼지 못하는 것이 무엇인지 생각해 볼 수 있다. 개발과 발전이라는 명목으로 부수고 짓고 부수고 짓는 일을 반복하며 자연을 훼손하는 세태에 대해서도 고민해보자.

누구나 편하게 읽을 수 있는 이야기

권정생이 쓴 많은 동화는 전쟁과 가난을 배경으로 하고 토박이말은 물론 요즘은 잘 쓰지 않는 의성어, 의태어가 많기 때문에 어린이에게는 생소한 부분이 있다. 그래서 아이들과 충분히 공감하며 읽는 데 교사로서 어려움을 느낄 수 있다. 특히 배경과 사건을 아이들이 어떻게 공감하고 이해할 수 있을지 고민이 많아 주저리주저리 설명이 길어진다.

　문학 작품은 독자가 읽으면서 스스로 공감과 재미와 감동을 느껴야 한다. 그러나 교사 입장에서는 설명과 지식이 부족해 아이가 재미와 감동을 깊이 있게 느끼지 못할까 봐 늘 염려된다.

　『오소리네 집 꽃밭』만큼은 그런 걱정 없이 읽힐 수 있는 작품이다. 먼저 아이들이 좋아하는 동물이자 흥미로운 캐릭터인 오소리 아줌마가 나온다. 그리고 첫 문장부터 독자의 상상력을 자극한다. 오소리 아줌마가 회오리바람에 40리 길을 날아가다니! 거센 바람에 실려 온몸이 '둥둥' 공중에 떠올라 마치 풍선처럼 날아가는 모습이 눈에 선하다. 또 사람들에게 들키지 않으려 조심조심 장터를 구경하는 장면은 함께 마음 졸이며 읽게 된다. 역동적으로 시작한 것과 달리, 이야기가 끝나는 장면에서는 아름다운 들판에 온갖 산꽃이 흐드러지게 피어 있는 전경이 대단히 서정적으로 다가온다. 주제나 인물, 사건 모두 유쾌하고 재미있어 대부분의 아이가 즐겁게 읽는다.

　아이들은 전원 풍경을 생생하고 정감 있게 표현한 그림도 무척 좋아한다. 정승각 화가는 『오소리네 집 꽃밭』을 그리며 농촌 생활을 시작했다고 한다. 들꽃 도감에서 보는 것과 달랐던 자연 풍경을 더 생생하게 그리기 위해서였다. 특히 그림책 면지에는 상징적인 이미지가 들어가기도 하는데 이 작품 면지에는 오소리의 습성을 적은 글, 들에서 볼 수 있는 여러 식물 스케치가 담겨 있다. 그림책 작업 과정을 엿보는 듯한 느낌을 주며 이야기에 호기심을 불러일으킨다.

　우리가 사는 마을과 도시는 어떤 빛깔과 모양을 간직하고 있는지 느끼고 기억하지도 못할 만큼 빠르게 변화한다. 많은 사람이 오래되고 낡은 것을 촌스럽다고 여기며 인위적인 작업으로 주변이 변해야 세련되고 멋있는 환경이라고는 착각하는 것 같다. 우리는 더 좋은 환경과 편리함을 누리기 위해 끝없이 부수고 새로 짓는다. 오소리 남편이 그 자리에 피어 있던 꽃을 무시하고 괭이질을 하려던 모습은 우리와 닮아 있다. 하지만 잘못한 괭이질은 귀한 생명인 꽃과 사람들의 터전까지 허물어버린다.

작가는 더 좋은 것, 더 발전하는 것은 어떤 의미냐고 묻는다. 오소리 아주머니 이야기는 그 대답을 들려준다. 하늘로 치솟는 빌딩과 아파트에서 잠시 시선을 돌려 나무와 숲, 숨 쉬기조차 힘든 도시의 한편에서 자연의 힘으로만 자라고 있는 들꽃을 살펴보라고, 여전히 우리 곁에는 향기로운 꽃들이 흐드러지게 피어 있다고 이야기한다.

행복의 파랑새를 찾아 온 세상을 헤매었지만 결국 파랑새는 자기 집 안에 있었다는 옛이야기가 있다. 오소리 아줌마 집 주위에는 힘들여 키우지 않았지만 아름다운 꽃이 가득하다. 늘 가까이 있어서 무엇이 피어 있는지 알지 못했지만, 마음을 열고 다가서니 들판은 갖가지 꽃으로 아름답게 보인다.

문학 수업

읽기 활동 전체 내용을 생각하면서 독서 퀴즈 만들기

동화를 읽을 때 저학년이나 중학년의 경우 중심 내용을 기억하며 읽

기보다 자신이 공감하거나 흥미를 느끼는 내용 위주로 읽는 경우가 있다. 이를 보완하려면 등장인물과, 인물의 성격, 주변 인물과의 관계, 시간과 공간 배경, 사건에 대한 이해를 잘 하고 있는지 꾸준히 확인해야 한다. 그 과정의 하나로 학생들이 스스로 독서 퀴즈를 만들어보면 도움이 된다. 교사가 출제하고 학생들은 풀기만 하기보다, 학생 스스로 문제를 만들면 내용을 더욱 정확히 파악할 수 있다. 다음 예시를 들어 주면 더욱 수월하다.

독서 퀴즈에 활용 가능한 질문

- 오소리 아줌마가 졸다가 장터까지 날아간 이유는 무엇 때문인가요?
- 오소리 아줌마가 집으로 돌아가는 길을 찾을 수 있던 이유는 무엇인가요?
- 오소리 아줌마가 집으로 가던 길에 울타리 너머로 들여다본 곳은 어디인가요?
- 오소리 아줌마는 왜 오소리 아저씨에게 읍내장에 직접 걸어갔다 왔다고 말했을까요?
- 집으로 돌아온 오소리 아줌마는 오소리 아저씨에게 무엇을, 왜, 만들자고 했나요?
- 오소리 아저씨는 왜 괭이질을 할 수 없었을까요?
- 오소리 아줌마와 오소리 아저씨는 왜 함께 즐겁게 웃었을까요?

말하기/듣기 활동 인상적인 장면이나 내용을 바꾸고 새로운 이야기 만들어 들려주기

이 동화는 구성이 뚜렷하고 단순하기 때문에 내용 파악이 쉬운 편이다. 아이들과 가장 기억에 남는 인상적인 장면을 이야기하고, 그 장면

의 순서와 내용을 바꿔서 새로운 이야기를 만들어보자. 초등 3, 4학년에게 권장하는 활동이다. 작품 전개도 이해하고, 상상력을 발휘한 창의적인 이야기를 친구들에게 들려주는 기회도 얻을 수 있다. '오소리 아줌마가 장터에서 사람들에게 들켰다면 그 뒤는 어떤 이야기가 펼쳐질까?', '오소리 아줌마가 집 근처에서 꽃을 발견하지 못했다면 어떻게 했을까?', '오소리네 꽃밭에는 또 어떤 꽃들이 있을까?' 등을 가정해서 새로운 이야기를 써볼 수 있겠다.

쓰기 활동 우리 곁에 늘 있지만 소중함을 느끼지 못하는 것에 대해 글로 쓰기

오소리 아줌마는 집 근처에 예쁜 꽃들이 피어 있는 걸 모르고 땅을 갈아 새로운 꽃밭을 만들려고 했다. 이 꽃들처럼 우리 곁에 늘 있지만 소중함을 느끼지 못하는 것은 무엇이 있을까? 그저 자유롭게 쓰라고 하면 아이들은 평소 다른 글을 쓸 때보다 힘들어한다. 그동안 어른들의 요구에 맞춰 글을 써왔기 때문이다. 그래서 글을 쓰기 전에 주제를 놓고 이야기를 나눌 필요가 있다. 저마다 생각하는 소중한 것들의 목록을 먼저 생각해보고 그중에서 '너무 당연하게 여겨 고마움을 느끼지 못했던 것' 혹은 '평소에는 소중하다고 생각하지 못했던 것'을 차례차례 적는다. 그 과정에서 새로운 생각이 떠오르기도 하고 막연한 내용에 대하여 구체적인 예시가 생각나기도 할 것이다.

기타 활동 지도 그리기, 식물 기르기

- 오소리 아줌마는 회오리바람에 날려 장터까지 간다. 그 과정을 상

상해서 큰 전지에 모둠별로 지도를 그려보자. 산과 들과 논과 밭을 지나고 큰 신작로를 지나 한참을 날아서 장터에 도착했을 수도 있고, 고갯길을 몇 고개나 넘어서 장터로 날아갔을 수도 있다. 모둠별로 자유롭게 상상해 의견을 모으도록 안내한다. 초등 고학년에게 적당한 활동이다.

- 초등 중·저학년에게는 화분을 준비하여 꽃씨를 뿌리고 이름을 지어주며 길러보는 활동도 좋다. 우리 주변에 있는 들꽃을 관찰해서 특징을 적은 들꽃 카드도 만들 수 있다.

권정생과 함께한 풍경

할머니의 프러포즈

"요 아랫마을 사는 할머니가 와서 이래요. '그만 나랑 살면 안되겠니껴?' 해서, '하이고 할매요. 내가 이래 봬도 총각인데 처녀한테 장개가야지요.' 했더니 할머니가 '그렇지, 총각인데 처녀한테 장개가야지요.' 하며 웃습니다." 짓궂은 청을 유머러스하게 거절한 권정생. 그는 전쟁이 없어져야 한다고 목소리를 높이고, 가난하고 소외된 사람들을 주인공으로 내세웠지만 재치와 익살 넘치는 작품도 많이 썼다.

『훨훨 간다』야말로 옛이야기 특유의 해학이 빛나는 작품이라 할 수 있다. 『장군님과 농부』도 풍자적인 상황이 웃음을 불러일으키고 『오소리네 집 꽃밭』에서도 오소리 아줌마가 꽃밭을 발견하기까지의 과정이 유쾌하게 그려져 있다. 특히 중기와 후기 작품 중에는 유머러스한 작품이 많다. 『도토리예배당 종지기 아저씨』, 『랑랑별 때때롱』, 『밥데기 죽데기』 등의 작품에서 해학의 아름다움을 느낄 수 있다. 사람들은 그가 슬프고 우울한 이야기를 많이 쓴다고 생각하기 쉽지만 권정생은 기본적으로 유머 감각이 탁월한 사람이기도 했다. 권정생 작품이 요즘 아이들에게도 재미있고 편하게 다가갈 수 있는 이유가 여기에 있다.

새롭게 발견한 가족의 의미

『황소 아저씨』
★ 권장 연령 | 초등 전 학년

(정승각 그림, 길벗어린이, 2001)

겨울밤, 황소 아저씨가 외양간에서 잠을 자고 있는데, 새앙쥐 한 마리가 나타난다. 새앙쥐는 황소 아저씨 등을 타고 구유 쪽으로 달려가다가 황소 아저씨가 휘두르는 꼬리에 맞아 나동그라진다. 새앙쥐는 황소 아저씨에게 자기가 동생들 먹을 것을 찾아 나왔다고, 엄마가 갑자기 돌아가셨다고 이야기한다. 건넛집 할머니가 구유에 밥찌꺼기가 있다고 알려준 일도 덧붙인다. 그러자 황소 아저씨는 구유 안에 있는 것을 배부를 때까지 몇 번이고 가져가라고 한다. 새앙쥐는 동생 넷이 있는 자기네 집으로 열네 번이나 왔다 갔다 하며 먹을 것을 나른다. 이틀 뒤, 아기 새앙쥐들도 볼볼 기어 다닐 수 있게 된다. 황소 아저씨는 새앙쥐에게 내일부터는 동생들을 모두 데리고 와서 함께 먹으라고 한다. 이제 새앙쥐 형제들은 구유 안에 있는 찌꺼기를 실컷 먹는다. 사이좋은 식구가 된 황소 아저씨와 새앙쥐 형제들. 황소 아저씨는 외양간에서 함께 자자고 말한다. 겨울이 다 가도록 새앙쥐 형제들과 황소 아저씨는 따뜻하게 살아간다.

가족의 정의를 되새기다

이 작품은 엄마가 없는 아기 새앙쥐들이 혼자 사는 황소 아저씨와 식구가 되는 모습을 그리고 있다. 황소 아저씨는 가족 없이 홀로 살아가는데, 아기 새앙쥐들에게 자기 음식을 먹게 하고 집을 나누어 쓰게 한다. 서로 사랑하며 함께 행복하게 지내는 가족이 된 것이다.

    전통적인 개념으로 볼 때 가족은 부모와 형제자매로 구성된다. 그러나 요즘은 꼭 그렇지 않다. 엄마 혹은 아빠가 혼자 아이를 키우는 가정, 할머니 할아버지와 사는 아이, 부모가 아이를 입양한 경우 등 여러 형태의 가족이 있다. 또한 친구들끼리 함께 보금자리를 마련하고 가족처럼 모여 사는 경우도 있다. 새앙쥐와 황소 아저씨처럼 서로 보살피고 돌보는 마음만 있다면 피를 나누지 않아도 얼마든지 가족이 될 수 있는 것이다.

    이 그림책은 작품집 『벙어리 동찬이』(웅진출판, 1985)에 실린 「황소 아저씨」를 권정생이 그림책에 맞게 다시 써서 만든 작품이다. 원작이 1980년대에 쓰였다는 점을 생각하면 작가가 가족을 바라보는 시선이 시대를 상당히 앞서 있었음을 짐작해볼 수 있다.

서로 어려운 처지를 보살피는 인물들

황소 아저씨는 부모 형제와 뿔뿔이 헤어져 살아가는 존재다. 아기 생쥐들은 황소 아저씨의 처지를 듣고 아저씨를 불쌍하게 생각한다. 즉 황소 아저씨만 아기 새앙쥐들의 처지를 이해하고 가엾게 여기는 게 아니라 아기 새앙쥐들도 황소 아저씨와 함께 추운 겨울을 나면서 서로의 어려운 처지를 공감하는 것이다. 원래 이 작품은 『기독교교육』(1979.2)에 처음 발표되었는데, 그때 제목은 '아기 새앙쥐와 황소 아저씨'였다. 그만큼 새앙쥐들의 역할도 컸던 것이다. '같은 처지에 있는 이들의 공감과 연대'는 권정생 작품에 거듭 등장하는 주제인데 그림책에서는 이러한 부분이 생략되어 있다. 아마도 어린 새앙쥐들이 어른인 황소 아저씨를 불쌍하게 바라본다는 게 적절하지 않다고 여겨서일 것이다. 그러나 황소 아저씨와 아기 새앙쥐들이 한 가족이 되어 살아가는 모습은 그것만으로도 어린 독자들이 충분히 공감하고 응원할 수 있는 내용이다.

그림책 장면을 살펴보면, 처음에는 파란색과 흰색이 주조가 되어 추운 겨울밤이 실감된다. 황소 아저씨만 노란색으로 일부 채색되어 있다. 그러다가 새앙쥐들이 구유에서 음식 찌꺼기를 먹는 장면, 황소 아저씨와 새앙쥐 형제들이 함께 놀고 살아가는 장면에서는 화면이 따뜻한 노란색으로 가득 찬다. 차가운 계절이지만, 함께 정을 주고받으면서 살아가는 모습을 노란색으로 표현하고 있는 것이다. 이런 점을 유의해서 보면 그림책에서는 화가의 그림이 얼마나 주제를 심화하고 확장하는지 알 수 있을 것이다.

문학 수업

읽기 활동 장면과 인물의 마음을 담아 낭독하기

이 그림책은 추운 겨울밤 분위기, 인물의 따뜻한 마음이 간결하고 명확한 문장으로 표현되어 있다. 그렇기 때문에 아이들이 평소처럼 후루룩 그림책을 읽으면 느낌이 잘 살지 않는다. 한 장면 한 장면, 한 문장 한 문장 '배경과 인물의 마음을 생각하며 천천히 감정을 실어' 읽어야 작품에서 나타내고자 하는 주제에 가까이 다가갈 수 있다. 산문이 아니라 시를 읽는다는 생각으로 교사가 먼저 읽어주자. 그다음 아이들이 직접 한 문장 한 문장 소리 내어 읽도록 한다.

쓰기 활동 경험과 생각 글로 쓰기

이 작품은 어렵고 힘든 상황에서 '서로 돕고 나누며 함께 사는 삶'이야말로 소중하다는 사실을 보여준다. 요즘 아이들에게 나눈다는 일은 말처럼 쉽지 않다. 물질적인 풍요를 누리며 사는 데 익숙해서인지 '왜 내 것을 나눠야 하지? 저 아이도 집에 가면 있을 텐데.' 하고 생각한다. 친구가 어려워 보이지 않는데, 굳이 내 것을 내줄 이유가 없는 것이다. 특히 도시 아이들은 가난하고 힘든 아이들이 대개 아프리카에 있거나

텔레비전 화면 속에만 존재한다고 생각한다. 그래서 아이들에게는 일상생활에서 소소한 나눔의 기쁨을 경험하고 공유해보는 일이 더더욱 필요하다. 초등 고학년이면 자신의 물건이나 시간을 다른 친구나 이웃을 배려하기 위해서 기꺼이 내준 경험을 글로 써보자. 완성한 글을 친구들과 공유하고 칭찬하는 시간을 보내도 좋겠다.

기타 활동 콜라주 기법으로 황소 아저씨 외양간 꾸미기

이 활동은 초등 저학년에게 적절하다. 『황소 아저씨』 첫 화면을 보면, 하늘에 하얀 달이 둥그렇게 뜨고 흰 눈이 소복소복 내리는 겨울밤 정취가 고스란히 느껴진다. 황소 아저씨는 이렇게 허름하고 추운 곳에 살지만 전혀 외롭지 않다. 새앙쥐 형제들과 함께 살게 된 외양간을 멋지고 따뜻하게 꾸미면 어떨까? A4용지 위에 간단히 그리고 색칠해도 좋고 박스의 네 면 중 한 면을 걷어내고 작은 인형극 극장을 만들어도 좋다. 종이와 헝겊, 짚, 솜 등 다양한 재료로 외양간을 구성해보자. 헝겊으로 이불을 만들 수도 있고 짚으로 황소 아저씨가 편안하게 누울 자리를 만들 수도 있다. 황소 아저씨와 생쥐의 보금자리를 꾸미며 새롭게 탄생한 가족을 응원해 보자.

기타 활동 역할극 하기

초등 중학년부터 고학년 아이들이 수월하게 참여하는 활동이다. 먼저 역할극 준비를 해보자. 책을 함께 읽고 전체 내용을 파악해 흐름을 정리한 다음 중요한 장면을 네다섯 개 정도 추린다. 각 장면에 따른 내용

과 대사를 기록하고 분단별로 다섯 마리 생쥐와 황소 역할을 할 사람을 선택한다. 역할극 장면을 영상으로 찍어 공유하는 활동도 즐겁다. 고학년 아이들이라면 각 장면에 지문과 대사를 모두 넣어 연극 대본을 만드는 것까지 할 수 있다.

함께 볼 만한 자료

- 그림책의 원작인 동화 「황소 아저씨」(『짱구네 고추밭 소동』 수록, 웅진출판, 1991)

든든한 버팀목이 되는 어머니와 아들

『사과나무밭 달님』
★ 권장 연령 | 초등 고학년

(윤미숙 그림, 창비, 2017)

필준이는 시골 마을에 사는 가난한 노총각이다. 그는 실성한 늙은 어머니를 홀로 모시고 과수원지기를 하며 산다. 마을 사람들은 필준이를 안쓰러워하지만, 필준이는 어머니가 곁에 있는 것만으로도 행복하다고 생각한다. 어머니가 소꿉놀이를 하자고 하면 함께하고 고기를 먹고 싶다고 하면 먼 곳이라도 가서 사 오는 효성스러운 아들이다. 아버지는 필준이가 첫돌이 될 무렵 어디론가 사라져 소식이 없다. 소문에는 일본 순사에게 잡혀가 옥살이를 했다고도 하고, 깡패들에게 맞아 죽었다고도 한다. 이 충격으로 필준이 어머니 안강댁은 실성을 하고, 평생 남편을 그리워하며 산다. 가난하고 서러운 삶이지만 필준이와 어머니는 서로를 위로하고 보살피며 하루하루 살아간다.

어머니와 아들이 보여주는 인간애

초등학생부터 청소년까지, 아이와 어른 구별 없이 누구나 읽어도 감동적인 작품이다. 물론 고학년이 되기 전 아이들은 이 이야기에 충분히 공감하기 쉽지 않다. 하지만 어려운 주제와 장면은 그림과 함께 보면 그 정서가 가깝게 와닿는다. 풍부한 질감, 절제된 색조, 담백하고 순수한 사람들의 모습과 풍경이 모두 이야기와 잘 어우러진다. 한 편의 아름다운 영상을 보듯, 그림이 글의 서정성을 극대화하고 있다.

 어릴 때부터 필준이는 실성한 어머니의 보호자가 되어, 주위 사람들의 시선에 아랑곳하지 않고 어머니를 깊이 사랑하며 묵묵히 보살핀다. 그의 모습에서 인간적인 따뜻함과 부모에 대한 공경심이 묻어나온다. 이 작품을 통해 가족의 소중함, 나아가 친구의 소중함을 생각하며 서로 위로하며 돕고 살아가는 아름다움을 느낄 수 있다. 주제를 확장해서 '노인 세대의 사회적 돌봄'에 관해 이야기를 해봐도 좋다.

어머니의 상처를 보듬는 자식의 극진한 사랑

「사과나무밭 달님」은 1978년 출간된 동화이다. 석판화와 콜라주 기법으로 표현한 윤미숙 화가의 그림을 더해, 그림책으로 새로이 출간하였다. 오래전 시간의 흔적과 역사적 감흥이 살아 있는 동화로, 현대적인 회화 기법과 담백한 색의 조화를 감상할 수 있는 따뜻한 그림책이다.

일제 강점기와 전쟁을 겪으며 원인도 이유도 알 수 없는 사연으로 남편을 잃은 여인과 아버지를 잃은 아들이 있다. 충격으로 실성한 어머니와 그런 어머니를 지극정성으로 모시고 힘겨운 나날을 사는 가난한 노총각 필준이는 민족의 아픔이면서 오늘날 우리 모습이기도 하다. 전쟁 중에 남편을 잃은 아내, 북녘에 두고 온 남편을 그리워하는 아내와 아들이 아직도 우리 곁에 있다.

이 작품은 권정생이 아프게 가족을 잃거나 헤어진 이들에게 보내는 작은 위로이다. 개인의 삶이 어떻게 역사의 무기력으로 파괴되는지, 그 몫이 어떻게 온전하게 개인의 고통으로 남아 있는지…… 그 가운데 안강댁은 가장 슬프게 다가오는 여인이다. 60살이 넘은 나이에도 남편과 헤어지던 때를 어제 일처럼 아파하고, 남편의 죽음을 잊은 듯 남편에게 어린 아들 꽃신을 사 오라고 말하기도 하는 가엾은 여인. 휘어지고 굽은 어머니의 노란색 등은, 너무 밝아서 슬프다.

'효'에 대한 가치관은 시대마다 사람마다 다르다. 자식이 가난한 부모를 외면한다는 뉴스가 심심찮게 들리고, 노인 세대의 부양 의무를 정부 차원에서 담당해야 한다는 목소리도 크다. 필준이처럼 사회적 돌봄을 기대할 수 없는 상황에서도 서로에게 힘이 되는 가족의 모습은 많은 것을 생각하게 한다. 효의 정서, 가족의 소중함, 위로하며 돕고 살아가는 아름다움뿐만 아니라, 아프고 병들어 아무 일을 할 수 없는 사람일지라도 그들 또한 존귀한 존재이며 소외되어서는 안 된다는 점까지. 이 작품으로 효의 정서와 노인문제뿐 아니라 시대의 변화에 따른 가족의 의미에 대해서도 이야기 나누길 권한다.

필준이와 그의 어머니 안강댁의 삶은 하루하루가 힘겹다. 그러나 안강댁에게는 언제나 곁에서 자신을 따뜻하게 돌봐주는 필준이가 있고, 필준이에게는 자신을 무한히 사랑하는 가엾은 어머니가 있다. 그리고 둥근 달이 뜨는 밤이면 사과나무밭 하늘 위로 사과꽃처럼 하얗고 둥그런 달님으로 돌아오는, 환한 웃음의 아버지가 있다. 세 식구의 행복한 미소가 영원하기를 꿈꾸게 하는 작품이다.

문학 수업

읽기 활동 **인물 탐구하며 읽기**

인물 탐구란 주인공의 인생을 깊이 파고들어 언제 어디서 무슨 일이 있었고, 그 일로 어떤 영향을 받았는지 자료나 추론을 통해 연구하고 정리하는 작업이다. 동화를 읽을 때 저학년 아이들은 자신이 흥미롭게 느끼는 인물에 집중한다. 그러나 중학년 이후가 되면 객관적으로 인물을 이해하고 공감하는 능력이 형성된다. 중·고학년 아이들과 작품을 볼 때에는 주인공과 주변 인물의 특징, 인물의 관계, 인물의 성격 형성 과정에 영향을 준 사건 등을 탐구하며 읽을 수 있다.

안강댁은 일제 강점기에 이유도 모른 채 남편을 잃고 그 충격에 실성한 여인이다. 역사적인 사건과 그 사건의 영향으로 평생을 힘겹게 산다. 안강댁이 어떤 사건에서 어떤 영향을 받았는지 삶을 자세히 살피며 읽어보자.

| 말하기 / 듣기 활동 | 가족에게 제안하는 글 쓰고 이야기하기

가족은 즐거움을 나누고 힘들 때 서로 위로한다. 그러나 같은 공간에서 오랜 시간 함께 지내다 보면 감사한 마음보다 서운하거나 불편한 감정도 생기기 마련이다. 작고 사소한 일이 갈등의 원인이 되기도 한다. 특히 형제나 남매가 있는 초등학생에게 형제자매를 어떻게 생각하는지 물으면 많은 아이가 '형이 자꾸 꿀밤을 줘요.', '오빠가 심부름을 시켜요.', '여동생이 제 물건을 자꾸 가져가요.' 등의 불만을 이야기한다. 동화를 읽고 가족에게 하고 싶은 이야기를 편지 형식으로 써보자. 왜 편지를 쓰게 되었는지, 무엇을 제안할지, 제안하게 된 이유, 구체적인 실행 목표, 이루어졌을 때의 긍정적인 전망 등을 담으면 완성도 높게 완성할 수 있다. 그리고 편지를 쓴 사람에게 그 내용을 직접 들려주자.

| 쓰기 활동 | 뒷이야기 만들기

책을 읽고 나면 인물들의 애처로운 모습에 슬퍼진다. 동화에서는 볼 수 없지만, 필준이나 안강댁에게 희망적인 상황이 생긴다면 어떤 이야기가 펼쳐질까? 상상 놀이를 하다 보면 자기도 모르게 뛰어난 이야기꾼의 재능을 발견할 수 있고, 그 과정에서 상상력도 부쩍 늘 것이다.

아이들과 함께 슬펐던 마음을 활짝 열고 작품의 뒷이야기를 이어서 만들어보자. 먼저 필준이와 안강댁에게 새로운 희망이 생긴다면 무엇일지 가정해본다. 교사가 아래 질문을 먼저 예로 들어도 좋겠다. 아이들은 한 질문을 놓고 다양한 관점에서 자유롭게 생각하며 짧은 뒷

이야기를 써본다.

뒷이야기 상상의 물꼬를 터주는 질문

어느 날 한밤중에 필준이 아버지가 돌아온다면?

실성한 안강댁의 정신이 돌아왔다면?

나라를 일본에 빼앗기지 않았다면?

필준이를 사랑하는 여인이 생겨 결혼을 하고 함께 어머니를 돌본다면?

작가가 기억하는 '나의 어머니'

『엄마 까투리』
★ 권장 연령 | 초등 저학년

(김세현 그림, 낮은산, 2008)

따뜻한 봄날 산불이 났다. 동물들은 모두 불을 피해 먼 곳으로 달아나기 바쁘다. 산에 사는 엄마 까투리에게는 새끼인 꿩병아리 아홉 마리가 있다. 엄마 까투리는 새끼들을 데리고 어떻게든 불을 피하려고 하지만 온 산이 타오르고 있어 쉽지 않다. 불길이 너무나도 뜨거워서 엄마 까투리는 저도 모르게 푸드득 날아오른다. 날아가다 보니 새끼들을 두고 온 게 생각나 황급히 몸을 되돌려 불 속으로 돌아간다. 그사이 꿩병아리들은 이리저리 흩어져 엄마를 찾고 있다. 엄마 까투리가 돌아오자 흩어졌던 꿩병아리 아홉 마리는 얼른 엄마 품에 모여든다. 하지만 불길이 다시 덮치자 엄마 까투리는 또 푸드득 날아올랐다 다시 내려

오기를 반복한다.

결국 엄마는 새끼들을 두고 혼자 달아나지 못한다. 엄마 까투리는 새끼들을 불러 모아 날개 밑으로 숨기고 꼭 보듬어 안는다. 사나운 불길이 덮쳐도 꼼짝하지 않는다. 사흘쯤 뒤 나무꾼 박서방 아저씨가 산에 올라가 보니 새까맣게 탄 엄마 까투리가 있다. 박서방 아저씨의 발소리에 놀랐는지 바싹 타버린 엄마 품속에서 꿩병아리 아홉 마리가 쏟아져 나온다. 새끼들은 먹을 것을 찾아 흩어졌다가 다시 엄마 품으로 돌아오곤 했다. 며칠이 지나자 엄마 까투리는 온몸이 바스러졌지만 새끼들은 여전히 엄마 품을 찾는다. 엄마 까투리는 죽어서도 그렇게 새끼들을 지켜주었다.

죽어서도 아이를 보듬은 엄마 까투리

동화로 먼저 알려진 다음에 그림책이 된 권정생의 다른 작품들과는 달리 그림책 『엄마 까투리』의 글은 처음부터 그림책을 염두에 두고 쓰였다.

겨울 동안 마를 대로 마른 산에 불이 나면 불길이 무척이나 세다. 아마 삽시간에 온 산을 태우고 말 것이다. 길짐승 날짐승 할 거 없이 불을 피해 멀리멀리 달아나지만 훨훨 하늘을 날 수 있음에도 도망가지 못하는 짐승이 있다. 바로 엄마 까투리다.

엄마 까투리는 얼마든지 불을 피할 수 있었지만 날지 못하는 꿩병아리 아홉 마리를 두고 혼자 날아가서 살 수가 없었다. 엄마 까투리는 죽어서도 까맣게 탄 몸으로 아이들을 품는다. 이 그림책은 무엇과도 비교할 수 없는 엄마의 사랑을 생각해보게 한다.

어머니를 향한 권정생의 애틋함

자식을 한없는 사랑으로 키우는 어른의 모습을 까투리로 의인화해 그렸다고 할 수 있다. 요즘은 피를 나눈 엄마만 양육자가 되는 건 아니다. 예전과 달리 부모가 함께 힘을 모아 자식을 양육하거나 부모 중 한 명이 홀로 아이를 키우는 경우도 있고, 조손 가정도 많으며, 아이를 입양하는 가정도 있다. 엄마 까투리를 아이를 낳아 기르는 엄마로 한정하기보다는 어린아이를 사랑으로 키우는 모든 사람으로 넓혀서 보면 더 좋겠다.

그림은 상황을 세세하게 보여주고 있지는 않다. 압축적인 형상과 색채를 통해 전체 분위기를 느끼게 하는 장면으로 이루어졌다고 할 수 있다. 산이 온통 불길에 휩싸여 동물들이 도망가는 장면, 불길에 못 이겨 엄마 까투리가 눈물을 흘리며 날고 새끼들은 날갯짓을 해보지만 날지 못하는 장면, 엄마 까투리가 새끼들을 품고 꼼짝 않는 장면, 불이 다 꺼진 후의 산, 바스러져 가는 엄마 품속을 파고들며 살아가는 아기 꿩병아리 모습은 안타까움과 함께 깊은 울림을 준다.

권정생은 병든 자신을 돌보던 어머니의 모습에서 하느님과 같은 깊고 넓은 사랑을 느꼈다고 한다. 벌레 한 마리도 죽이지 못하던 어머니가 자기를 살리려고 뱀이며 개구리를 잡던 모습을 떠올리며 쓴 글도 있다. 자신을 돌보지 않고 남을 위해 한없는 사랑을 베푸는 모습을 권정생은 어머니를 통해 실제로 체험한 것이다. 이러한 체험이 『엄마 까투리』 같은 글을 낳은 바탕이 되었을 것이다.

문학 수업

읽기 활동　제목과 그림만 보고 이야기 예측하기

아이들은 제목을 보면 "까투리가 뭐예요?" 하고 별 생각 없이 질문한다. 제목을 먼저 함께 읽고, 첫 페이지부터 마지막 페이지까지 넘기며 그림만 함께 본다. 그리고 어떤 내용인지 각자가 생각하여 말하게 한다. 아이들은 그림만 보면 학년에 따라 전혀 다른 이야기를 하곤 한다. 고학년 정도가 되어야 "꿩들이 살았는데 산불이 나서 엄마는 죽고, 아이들만 살았어요."라고 이야기한다. 이야기를 마치고 처음부터 다시 천천히 읽으면 더 집중하고 감동하는 효과가 있다.

말하기/듣기 활동　엄마의 사랑을 깊이 느낀 경험 이야기하기

아이들에게는 공기처럼 늘 곁에서 자신을 돌봐주는 사람이 엄마이고 아빠이다. 그래서 부모님의 보살핌과 사랑을 당연한 것처럼 여기기도 한다. 아이들에게는 양육자나 가족들에게 감사하는 마음을 생각해 볼 기회가 많지 않다.

　이 책을 읽어줄 때 아이들은 앞부분에서 아기 꿩의 모습, 꿩들이 우는 소리를 표현한 부분을 들으며 장난을 치기도 한다. 그러나 엄마

까투리가 불 속에서 아이들을 품는 장면부터는 쥐 죽은 듯 몰입하여 듣는다. 교사가 별다른 말을 하지 않아도 아이들은 부모의 존재를 생각하게 되는 것이다. 그림책을 읽고 나서 저마다 나의 가족에게 감사함을 느낀 경험을 말해보자. 서로 아끼고 사랑한다는 것이 어떤 의미인지 생각하고 공유하는 시간이 된다.

> **쓰기 활동** **엄마 까투리와 꿩병아리 입장이 되어 글쓰기**

이 활동은 초등 중학년 이상 아이들 눈높이에 잘 맞다. 자신의 몸을 불태우며 자식을 살린 엄마 까투리의 마음을 상상해보자. 또 죽은 엄마 까투리 곁에 있는 아기 까투리의 마음이 되어보자. 엄마는 아기에게, 아기는 엄마에게 어떤 말을 하고 싶은지, 이야기 속에서 어떤 마음이었을지 글을 써보자.

또 글의 주제를 이야기 밖으로 넓혀 가족이나 친구의 입장도 생각하고 써보자. '내가 만약 엄마라면!' '내가 만약 누나라면!' 등 다른 사람의 마음을 헤아릴 수 있는 질문을 생각한 후 그들은 어떤 생각을 하며 살아갈지, 혹은 나에게 어떤 말을 하고 싶을지 정리해보자.

> **기타 활동** **친절한 문장 카드 만들기**

모든 학년이 즐겁게 할 수 있는 활동이다. 우리 주위에는 고마운 사람들이 많다. 가족, 친구, 선생님, 이웃 등 그들이 우리에게 어떤 도움과 사랑을 주는지 생각해보자. 말로 전하기 쑥스럽다면 '멋지고 친절한 문장 카드'를 만들고 자유롭게 꾸며 전해보자. 작은 카드지만 함께 행복한 시간을 만들 수 있다. 다음 문장 중에서 골라 카드를 꾸며볼 수도 있다.

친절한 문장 카드에 쓸 수 있는 말

"오늘 많이 힘드셨죠? 제가 안마해 드릴게요!"

"좋은 친구가 되어줘서 고마워."

"저희를 따뜻하게 이끌어주셔서 감사합니다. 선생님."

소박하고 아름다운 시 세계

『어머니 사시는 그 나라에는』
★ 권장 연령 | 초등 고학년

(정승각 그림, 지식산업사, 2000)

권정생이 초등학생 때 시골 마을에서 보고 느낀 것을 쓴 「강냉이」부터 1980년대까지 쓴 시 64편이 담겨 있다. 사람들이 미물이라 여기는 작은 생명과 커다란 소, 들판에 피고 지는 작은 꽃도 꿈이 있으며 슬픔과 기쁨을 느끼는 생명이라고 이야기한다.

분단의 아픔과 통일을 향한 염원을 노래한 시도 만날 수 있다. 특히 온 생애 동안 가슴에 품어온 어머니 이야기가 담긴 시에는 절절한 그리움도 묻어난다. 50~60년대 농촌 풍경을 담은 따뜻하고 소박한 시, 평생 자신의 온몸을 갉아먹는 결핵균과 싸우며 고난에 찬 삶을 담은 시가 저마다 깊은 여운으로 남는 시집이다.

권정생 시문학의 아름다움

이 시집은 1985년에 처음 발간되었다. 권정생은 그전에 이오덕 작가에게 여러 번 출간 권유를 받았지만 선뜻 수락하지 못했다. 알려진 바로는 자기 작품에도 엄격한 잣대를 적용하여 스스로 완성도를 확신하기까지 선뜻 세상에 내놓지 못했다고 한다.

어떤 시는 시대적인 분위기나 사용하는 언어가 지금 아이들에게 낯설 수 있다. 그럼에도 '살아 있는 것은 모두 함께 살아야 한다.'라는 가치가 소박하고 감성적인 언어로 오롯이 와닿는다. 이 시집에 실린 작품들은 자연, 생명, 어머니, 그리고 통일에 대한 이야기까지 폭넓은 주제에 걸쳐 있지만 그 모든 것을 아우르는 큰 메시지는 '사랑'이다.

아이들이 자신이 선택한 시를 낭송하며 함께 권정생 시 세계를 감상할 수 있으면 좋겠다. 각 작품의 이미지를 그린 정승각 작가의 판화도 권정생 시의 아름다움을 묵직하게 그려내 보인다.

세상을 향한 소박하고 올곧은 시선

권정생은 소설, 산문, 동화, 동시 등 여러 형태의 작품을 남겼다. 대부분 세계에 대한 날카로운 인식을 기반에 둔 사회 비평적 성격을 띠거나, 자연과 공존해야 한다는 생태주의 세계관을 보여준다. 무거운 주제도 해학과 풍자로 웃으면서 접근할 수 있게 한다. 누구도 흉내 낼 수 없을 만큼 풍부한 감성은 많은 사람들이 그의 사상과 철학과 신념에 공감하는 이유이기도 하다.

'시'는 권정생의 세계관을 나타낸 또 다른 형식이기도 하다. 권정생 작품 중 시가 차지하는 비율은 얼마 되지 않는다. 이야기글과 달리 압축되고 절제된 텍스트 안에서 말의 리듬을 살려 작은 생명들을 향한 절실한 마음을 전한다. 인간 중심의 세계관에 갇힌 우리의 시선을 살아 있는 모든 것을 향한 관심과 사랑으로 나아가게 한다.

연작 「소」의 소재 '소'는 온 생애 동안 사람을 위해 묵묵히 농사일을 돕다가 마지막에는 사람을 위한 식량이 되는 존재이다. 도시 아이들은 소에게도 '생각'이 있다는 것조차 알지 못한다. 하지만 권정생은 우리에 갇힌 토끼, 코뚜레에 코를 꿰인 소, 심지어 하루밖에 살지 못하는 미물인 하루살이조차 사랑하고 꿈을 꾸고 가족을 생각하고 평화를 사랑하는 살아 있는 존재로 그린다. 이러한 주제를 만난 아이들은 '그럼 소고기 먹으면 안 돼요?'라고 말하기도 한다. 이 질문을 아이들 눈높이에서 대답하기 위해서는 소고기를 먹고 안 먹고의 문제 즉 육식을 둘러싼 논점에서 벗어나야 한다. 대신 살아 있는 존재들을 인간 중심으로 바라보는 관점에서 전환하자는 주제에 초점을 싣는다. 인간 중심 사고에서 벗어나는 경험은 우리 아이들이 사람다운 사람으로 살아갈 수 있는 정신을 키워준다. 나아가 우리 주위에 있는 소외되고 외로운 사람들, 경제적으로 어려운 사람들, 새터민이나 난민 들을 좀 더 따뜻한 시선으로 바라보게 한다. 그러한 경험을 한 아이들은 우리 사회의 수많은 갈등 고리를 푸는 열쇠가 될 수 있다. 필요하다면 함께 실린 「밀짚잠자리」를 들어 아기 밀짚잠자리가 하루살이를 먹듯 사람도 동물도 생태 순환 고리 안에서 서로 연결되어 있다는 얘기를 곁들여도 좋겠다.

　권정생은 일찍부터 찾아온 병마에 시달리며 살았다. 6.25전쟁 후 병원도 약도 귀하던 시절, 그의 어머니는 아들의 병을 고쳐보려고 남보다 몇 배나 고생을 하다가 세상을 떠났다. 권정생은 그 일로 늘 마음 아파했다. 이 시집의 표제작이기도 한 「어머니 사시는 그 나라에는」은 어머니에 대한 깊은 그리움과 사랑을 담은 사모곡이기도 하다.

　전쟁의 비극을 알리고 통일을 염원하는 절절한 마음을 담은 시 「애들아 우리는」, 「쌀」, 「우리 동무들」, 「할아버지 금강산 구경가요」 등을 비롯한 일련의 작품에서 권정생은 어떤 '주장'을 펼치고 있지 않다. 누가 옳다거나 그르다고 하지도 않는다. 다만 남과 북은 어차피 하나였으니 이웃처럼 어울려 함께 살아가자는 뜻을 전한다. 아이들과 꼭 소리 내어 함께 읽었으면 하는 작품들이다.

　1950~1960년대에 쓴 시를 모은 3부는 중학년 아이들이 읽기에 좋다. 시대가 달라 낯선 낱말이 나오기도 하지만 「달님」, 「산딸기」, 「싸리비」, 「보리매미」, 「소낙비」 등 자연물과 그 시대 사람들의 삶을 새롭게 알아가는 재미가 있다. 그중에 앞서 살펴본 「밀짚잠자리」와 권정생이 초등학교 때 썼다는 「강냉이」는 그림책으로도 나와 있으니 함께 보면 좋겠다.

　권정생 시는 우리 땅에서 살아가는 사람들, 우리 땅에서 비와 바람을 맞으며 살아가는 자연물들, 모든 살아 있는 생명들을 소박하고 따뜻한 마음으로 보게 한다. 우리의 삶터에서 일어나는 경쟁심, 욕심, 이기심, 폭력 등 불편한 감정들을 밀어내고 더불어 살아가는 평화로운 세상을 꿈꾸게 하는 시집이다.

문학 수업

읽기 활동 **시 낭송회 열기**

시 낭송회는 모든 학년에서 무리없이 할 수 있는 활동이다. 여러 편의 시를 함께 읽고 느껴보는 시간을 마련하면 이 시집의 정서가 깊이 와 닿는다. 초등 전 학년 모두 재미있게 할 수 있다. 반 아이들이 힘을 합쳐 시 낭송회를 열면 보람도 있고 권정생 시문학의 아름다움을 깊이 느끼는 시간이 될 것이다.

낭송회 날짜가 정해지면 짬을 내어 작은 현수막도 만들고 게시판에 장식도 해본다. 아이들 중 사회자를 뽑아 오프닝 멘트와 마무리 멘트가 담긴 진행 원고를 준비하도록 한다. 낭송회 때 배경 음악처럼 틀 수 있는 음악도 미리 선정하면 좋다.

먼저, 책에 있는 시를 A4용지에 한 편씩 복사한다. 시는 아이들 인원수보다 1.5배 정도 많게 고른다. 시가 적힌 종이를 돌돌 말아서 한 군데에 모아 담는다. 한 명씩 나와 말린 종이를 하나씩 뽑고 적힌 시를 낭송한다. 짧은 문장으로 가벼운 감상을 곁들여도 좋다. 모두가 한 편씩 시를 읽으면 낭송회를 마친다.

말하기/듣기 활동 **시와 그림책 비교해서 이야기하기**

이 책에 실린 시 중 「강냉이」는 권정생이 초등학교 때 쓴 시이다. 김환영 화백이 그림을 그려 그림책 『강냉이』로도 나와 있다. 시 「강냉이」와 그림책 『강냉이』를 함께 읽고 두 작품의 차이와 그 차이를 알고 어떤 점을 느꼈는지 정리한 다음 자유롭게 이야기하자.

쓰기 활동 **그림책 만들기**

시 「강냉이」가 그림책이 되었듯 각자 시 한 편을 뽑아 그림책을 만들어 본다. 먼저 A3용지를 접어 8쪽짜리 형태의 책을 만든다. 8쪽으로 모자라면 같은 형식으로 8쪽을 더 만들어서 붙여도 좋다. 자신이 좋아하는 시를 한 편 뽑는다. 그림책의 앞표지와 뒤표지, 머리말, 감상을 적을 두 쪽 정도를 남겨두고 나머지 면에 이야기를 적절히 배치한다. 각 페이지마다 이야기에 어울리는 자신만의 그림을 그리고 그림책을 완성한다. 책 제목, 지은이, 그린이, 만든 날 등 책의 형식을 갖추면 더욱 재미있다. 다 만든 책은 교실에 전시해 두고 함께 볼 수 있도록 한다.

함께 볼 만한 자료

다음 책은 권정생 시 세계를 엿볼 수 있는 작품이다. 진실하고 담백한 아름다움이 느껴지는 그의 운문 문학을 음미해 보자.

- 『동시 삼베 치마』(권정생 동시집, 문학동네, 2011)
- 『바보처럼 착하게 서 있는 우리 집』(권정생·백창우 지음, 보리, 2010)
- 『나만 알래』(권정생 시, 김동수 그림, 문학동네, 2012)
- 『산비둘기』(권정생 동시집, 창비, 2020)
- 『권정생 동시 읽기』(권정생 동시를 사랑하는 안도현과 열아홉 사람 엮음. 헌북스, 2015)

2장
사람다운 삶을 이야기하는 동화

신부님은 왜 비나리 마을로 갔을까?

『비나리 달이네 집』
★ 권장 연령 | 초등 중학년

(김동성 그림, 낮은산, 2001)

경상도 산골 비나리 마을에 강아지 달이와 아빠라고 부르는 신부님이 '서로 이야기 나누며' 다정하게 살아간다. 어느 날, 놀러 나간 달이가 노루를 잡기 위해 놓은 덫에 걸려 한쪽 다리를 잃는다. 그러나 달이는 가끔 달을 보며 혼자 눈물을 흘릴 뿐 씩씩하게 지낸다.

 몇 해 전 신부님과 달이는 도시 한복판 성당에서 살았다. 그러나 오래진에 예수를 죽인 사람들처럼 이기적으로 하느님을 믿는 사람들에게 실망하여 비나리 마을로 와 농사를 지으며 살게 되었다. 평화로운 시골에 살면서도 신부님은 때때로 슬퍼한다. 어린 시절 겪은 전쟁으로 상처 입은 시린 마음, 다리를 잃은 달이의 모습 때문이다. 서로 사랑하며 살고 싶지만 탐욕과 이기심으로만 가득한 사람을 보면 상처 받고 고통스러워한다. 동물들은 총칼도 핵폭탄도 만들지 않고 거짓말도 하지 않는데 왜 달이가 고통받아야 하는 걸까? 달님이 환하게 밝은 밤이면 달이는 네 다리로 신부님과 푸르고 아름다운 들판을 맘껏 뛰노는 꿈을 꾸곤 한다.

폭력으로 생긴 상처를 위로하는 동화

『비나리 달이네 집』에서 아저씨와 달이는 거대하고 무자비한 폭력을 감당하기에는 한없이 나약한 존재라는 공통점이 있다. 이 작품을 통해 전쟁이나 일상에서 마주할 수 있는 학교 폭력 등의 문제를 어떻게 바라봐야 하는지, 평화로운 세상을 만들기 위해 어떤 노력이 필요한지 고민해 보자.

    이 작품은 본래 초등 저학년을 대상으로 출판되었지만 주요 내용을 파악하고 작가의 생각을 이해하는 데는 초등 중학년 이상은 되어야 가능하다. 편집과 멋진 그림을 생각하면 저학년도 읽을 수는 있겠으나 작품 전반에 걸친 이야기에 공감하기는 쉽지 않다. 연령에 따라 이해 정도나 활동의 차이를 생각하며 읽는 것이 좋겠다.

평화롭고 안전한 삶을 향한 바람

권정생은 일제 강점기인 1937년 일본 도쿄에서 태어났다. 초등학교

1학년 때는 살고 있던 도쿄에 밤마다 비행기가 날아와 폭격을 했다고 한다. 1945년 한국이 해방되고 가족이 고국으로 돌아오지만 그가 열네 살이던 1950년, 남과 북은 3년이라는 긴 시간 동안 전쟁을 벌인다. 권정생은 일제 강점기, 전쟁, 가난의 공포를 온몸으로 겪으며 어린 시절과 청소년기를 보낸 셈이다.

세월이 흐르고 다양한 경험이 쌓이면 상처는 아물기도 하고 그 자리에 희망이라는 새살이 돋기도 한다. 그러나 아동기와 청소년기를 가난과 전쟁 속에서 살아야 했던 세대의 상처는 쉬 아물지 않는다. 평화로운 삶, 안전한 삶을 향한 간절함이 작품 대부분에 표현된 건 당연한 일이라고 할 수 있다.

『비나리 달이네 집』은 권정생이 유언장에 '잔소리는 많지만 신부이고 믿을 만한 사람'으로 소개한 정호경 신부를 바탕으로 한 이야기이다. 정 신부는 실제로 '달이'라는 개를 키웠다. 달이가 낳은 반달이도 덫에 걸려 세 다리로 살았다고 한다. 민주화운동을 했고, 생태주의 삶을 추구했다는 점에서 정호경 신부와 권정생의 여정은 닮아 있다.

도시 문명과 멀리 떨어져 있어 평화로울 것 같은 숲속 마을도 안전하지 않다. 노루잡이 덫에 걸린 달이는 목숨을 구하지만 다리 세 개로 하루하루 살아가야 한다. 평화와 안전을 누리는 일은 꿈에서나 존재한다. 달이와 신부님을 보며 우리는 아이들과 어떤 이야기를 할 수 있을까? 어떤 이야기를 해야만 할까? 달이가 덫에 걸렸듯, 아이들의 일상 속에서도 폭력적인 상황은 쉽게 만날 수 있다.

아이들에게 '폭력'이라는 단어에 관해 물으면 제일 먼저 학교 폭력

이야기를 한다. 친구들이 누군가를 괴롭히거나 따돌리면 자신은 하고 싶지 않지만 어쩔 수 없이 동참한단다. 싫다고 하면 함께 왕따를 당할 수 있기 때문이다. 많은 아이가 친구를 따돌리고 괴롭히는 것이 잘못이라고 말한다. 그 사실을 알면서도 나의 생각과 의견을 당당하게 말하고, 자신의 판단으로 용기 있게 행동하고, 다른 친구의 선택과 행동을 존중하기는 쉽지 않다. 누구나 쉽게 할 수 있는 일이었다면 신부님이 성당을 떠나 산골로 들어가지는 않았을 것이다.

문학 수업

읽기 활동 인물의 생각과 감정이 담긴 문장 찾기

문장의 성격을 구분할 수 있는 중·고학년에게 유용한 활동이다. 『비 나리 달이네 집』은 신부님과 달이의 감정이 드러나는 문장이 유독 많다. 사실을 있는 그대로 보여주는 문장, 생각과 감정이 담겨 있는 문장을 구분해 보자. 먼저 문장들을 추려내고 그 문장에 대한 의견을 나눈다. 교사가 문장을 정리해 아래 예시처럼 아이들에게 제시해도 좋다.

다음 내용으로 문장의 성격 구분해보기

- 달이가 '깨갱! 깨갱!' 하고 짖었다.
- 짐승들은 사람들이 벌이는 전쟁 같은 건 하지 않는다.
- 달이는 달을 보며 눈물을 흘린다.
- 달이가 한쪽 다리를 잃었다.

| 말하기/듣기 활동 | **일상 속 폭력을 주제로 브레인 라이팅 하기**

브레인 라이팅이란 독일의 홀리거가 개발한 '침묵의 집단 발상법'이다. 말없이 깊이 생각하며 자신의 발상을 정리하고 다른 사람의 아이디어를 함께 보면서 결론을 이끌어내는 방법이다. 교실에서는 모둠별로 하기 적합하다.

먼저 5분 동안 침묵하며 아이들이 일상 속에서 폭력이라고 느끼는 것은 무엇이 있는지 각자 3개씩 쓰도록 한다. 범위가 너무 넓다면 가정에서, 학교에서, 그 외의 상황으로 분류하고 각각의 상황에 해당하는 내용을 하나씩 적도록 한다.

모두가 함께 아이디어를 기입할 수 있는 용지를 준비해 아래 표를 그린다. 용지를 돌려가며 각자의 기록지에 적힌 내용을 기입한다. 모두 다 썼으면 표를 함께 보면서 모두가 공감하는 내용 1~3개를 뽑는다. 뽑은 내용으로 우리가 어떤 상황을 폭력이라고 느끼는지 자유롭게 이야기해본다.

주제: 우리가 폭력이라고 느끼는 일은

	가정에서	학교에서	기타
1	부모님이 소리 지를 때	친구들이 따돌릴 때	버스 기사님이 무섭게 운전할 때
2	숙제 안 했다고 야단치는 거	선생님한테 혼날 때	놀이터에서 형이나 언니가 못 놀게 할 때
3			
4			
5			

쓰기 활동 　**동화를 시로 다시 써 보기**

앞서 『강아지와 염소 새끼』 이야기에서 시를 산문으로 바꿔 쓰는 활동을 했다면 『비나리 달이네 집』을 읽고 반대로 '산문을 시로 바꿔 쓰는 활동'을 해보자. 이 활동은 초등 중학년 이상 학생에게 알맞다. 경험에서 우러나오는 감상과 의견을 산문으로, 또는 떨리는 감흥의 순간을 리듬감을 살려 압축된 운문으로 표현하는 일은 누구에게나 어렵다. 이 활동을 하기 전에 운문과 산문의 차이, 운문을 산문으로 바꾼 경우의 예시, 또는 산문을 운문으로 바꿔 쓴 예시를 공부하길 권한다. 그 뒤 동화를 시로 바꿔보자. 동화 전체 내용을 시로 재구성해도 좋고, 동화에서 가장 기억에 남거나 감동적인 부분을 살려 바꿔도 좋다.

겉모습보다 내면의 아름다움 존중하기

「깜둥바가지 아줌마」
★ 권장 연령 | 초등 중학년

수록 동화집 「깜둥바가지 아줌마」
(권문희 그림, 우리교육, 1998)

부엌을 무대로 다양한 살림살이들을 의인화한 이야기이다. 상 위에서 맛난 음식을 담는다고 뻐기는 사기접시, 김치나 깍두기를 담아 가장자리에 주로 놓이지만 밥상 아래보다 괜찮다고 위안하는 오목탕끼, 음식을 골고루 맛보는 수저, 그리고 간장종지 등이 등장한다. 이들은 상 위에 오르지 못하고 부엌에서 그을음으로 까맣게 된 채 보리밥을 담아 내면서 묵묵하게 일하는 깜둥바가지 아줌마를 업신여기고 놀린다.

그래도 깜둥바가지 아줌마는 어린 그릇들을 꾸짖지 않는다. 된장 뚝배기는 그런 깜둥바가지 아줌마가 불만이다. 아줌마는 장난꾸러기인 그릇들을 꾸짖는 대신 사랑으로 대하면 그들도 언젠가 스스로 깨

닳게 된다며 뚝배기를 타이른다.

　그러던 어느 날, 사기접시는 상 위에서 장난을 치다가 깨져버리고, '닿지도 보지도 못하는 나라'로 간다. 깜둥바가지 아줌마도 너무 낡아서 강에 버려진다. 아줌마는 자신이 못생겼지만 쓸모 있게 태어나 다행이라 여기며 그릇들과 마지막 인사를 나눈다. 그리고 밤하늘의 별을 올려다보며 사기접시가 간 곳을 찾아 낯선 강물 위를 떠내려간다.

겉모습보다 중요한 내면의 아름다움

깜둥바가지 아줌마를 업신여긴 그릇들은 겉모습만으로 남을 판단하면서 내면의 아름다움은 볼 줄 모르는 인물을 비유한다. 하지만 깜둥바가지 아줌마는 생김새나 위치에 따라 높고 낮음으로 서로를 평가하거나 천시하지 말고 다른 점을 받아들이며 상대의 역할을 존중하자고 말한다. 이 작품을 고학년 아이들과 함께 읽을 때는 중요한 사회적 이슈인 '혐오 표현'을 주제로 연결 지어 생각해도 좋겠다. 성별, 피부색, 직업, 사는 곳 등으로 상대를 재단하고 까닭 없이 깎아내리는 정서에 관해 경계심을 심어줄 수 있다.

　아이들과 함께 볼 때는 오늘날 보기 드문 전통 부엌의 모습과 지금은 잘 사용하지 않는 여러 도구들 즉 하얀 사기접시, 오목탕끼, 자배기, 부지깽이 등을 그림으로 살펴본다. 요즘 많이 사용하는 그릇, 부엌 도구와 어떤 차이가 있는지 함께 알아보자.

슬픔과 희망을 동시에 담아낸 결말

이 작품은 권정생의 첫 동화집 『강아지똥』에 실려 있다. 이 무렵은 어린이들을 해님이나 별같이 착하고 선한 존재라고 여기던 '동심 천사주의'가 주류이던 때였다. 권정생은 이런 시대에 사기접시처럼 어린이도 다른 이를, 깜둥바가지 같은 어른을 무시하고 놀리며 까불 수 있는 현실적인 존재로 그려낸 것이다.

오늘날 아이들 세계에서도 못생겼다고, 키가 작다고, 공부를 못한다고, 다른 나라에서 왔다고 차별하며 무시하는 일들이 생겨난다. 누군가는 심각한 상처를 입지만 차별은 쉽게 없어지지 않는다. 밥상 위에 올라가니 부엌 도구들보다 처지가 낫다고 생각하는 간장종지, 사기접시만큼은 아니지만 자기 정도면 괜찮은 위치라고 스스로를 달래는 오목탕끼, 이들을 부러워하는 쇠붙이 밥주걱도 넓은 의미로 차별을 부당하다 여기지 않고 그저 순응하는 부류이다. 이 지점을 통해 사람다운 사람이란 어떤 모습이어야 하는지, 우리가 다른 사람을 어떤 마음과 태도로 대해야 하는지 생각해볼 수 있다.

우리가 살아가는 세상은 저마다 자기 자리에서 제 역할을 하는 사람들로 이루어져 있다. 이야기에 등장하는 인물들도 밥상 위아래 여부에 상관없이 모두 자신의 자리에서 꼭 필요한 역할을 한다. 저마다 하는 일이 다르고 생김새가 다르기 때문에 부엌일과 인간의 식생활이 유지될 수 있는 것이다. 알고 보면 서로 사랑하고 존중하고 도우며 살아가야 할 관계이다. 깜둥바가지 아줌마처럼 자기 일을 묵묵히 하면서 어린 그릇들을 이해하고 감싸는 사람을 깔보는 일은 어리석은 행동이다. 지위나 외모라는 겉모습보다 착하고 진실된 마음, 즉 드러나지 않은 아름다움을 중요하게 여겼던 작가의 마음이 고스란히 담긴 동화라고 할 수 있다.

여기서 잠시 관점을 전환해 보자. 아줌마는 세상을 오래 산 어른이다. 어린 그릇들이 분명 잘못하는데도 무조건적으로 사랑하고 이해하기만 한다. 그것이 옳은 일일까? 만일 사기접시에게 미리부터 옳고 그름을 가르쳐주었다면 까불다가 깨지는 일을 막을 수는 있지 않았을까? 때로는 쓴소리도 하며 옳은 길을 알려주는 것이 어른의 역할이라면 깜둥바가지는 그저 사랑이라는 감정에만 앞서지 않았는지도 생각해볼 수 있겠다.

사기접시와 깜둥바가지 아줌마는 쓸모를 다하고 버려진다. 둘 모두에게 비극적이기도 하고 특히 모두를 사랑으로 대한 깜둥바가지 아줌마를 생각하면 더욱 마음 아픈 결말이기도 하다. 하지만 권정생은 깜둥바가지 아줌마 이야기가 이대로 끝나게 두지 않았다. 어두운 강물 위를 떠내려가는 순간을, 하늘에서 어둠을 빛내는 작은 별이 되어 있을 사기접시가 간 곳을 찾아가는 것이라고 생각한다. 즉 깜둥바가지 아줌마는 반짝이는 별이 되어 세상을 빛내는 별로 새로 태어나기 위해 버려진 것이다. 권정생의 중요한 작가 의식인, 세상을 향한 희망적인 시선, 기독교적 세계관을 엿볼 수 있는 장면이기도 하다.

여기에 더해 작품을 이루는 문장들, 캐릭터를 표현하는 따듯하고 살가운 느낌을 주는 언어들은 아이들의 감성을 자극하며 책읽기에 몰입하게 하는 요소가 될 것이다.

문학 수업

읽기 활동 **등장인물 주의 깊게 살피며 읽기**

사기그릇과 간장종지 오목탕끼 모둠, 자배기와 된장 뚝배기 모둠, 깜둥바가지 아줌마 모둠으로 나누어 인물들의 말과 행동을 주의 깊게 살피며 읽는다.

지문을 읽어주는 모둠을 만들어도 좋다. 이렇게 모둠별로 읽으면서 자기 모둠 인물들의 말과 행동을 상상할 수 있을 것이다. 이 시간을 통해 나온 여러 가지 생각들을 다음에 이야기할 북토크 시간에 소재로 삼아도 좋다.

말하기/듣기 활동 **북토크**

다양한 캐릭터가 나오는 동화이므로 등장인물에 관한 생각을 이야기하는 북토크를 열면 좋다. 초등 4~6학년에게 적당한 활동이다.

먼저 각 캐릭터에 관한 생각을 저마다 정리한다. 옹호하고 싶은 캐릭터는 누구인지, 그러지 말라고 말하고 싶은 캐릭터, 안아주고 싶은 캐릭터, 하이파이브를 하고 싶은 캐릭터, 가까이 하고 싶지 않은 캐릭터, 위로해 주고 싶은 캐릭터, 오래오래 함께하고 싶은 캐릭터, 쌤통이다 싶은 캐릭터는 누구인지 나만의 생각으로 자유롭게 정의해 본다. 그 내용을 바탕으로 북토크를 진행하면 이야깃거리가 풍부하다.

　학생 중에서 진행자와 서기를 미리 뽑아둔다. 토크 참여자들은 각자 자기가 뽑은 캐릭터에 관해 이야기한다. 한 사람당 제한 시간을 두고 말하는 것이 좋다. 누구나 특정 인물을 지지하거나 비판할 수 있다. 아이들에게 나와 다른 생각도 존중하며 경청하도록 안내하고 한 사람이 이야기를 마칠 때마다 질문하고 답하는 시간을 마련한다.

쓰기 활동　**에세이 쓰기**

북토크 시간에 오간 이야기, 책을 읽고 든 여러 생각과 감상을 바탕으로 에세이를 쓴다. 에세이는 자신의 생각을 이야기하듯이 쓰는 자유로운 글이다. 따라서 내가 중요하게 여기는 것, 혹은 꼭 말하고 싶었던 내용을 정리하면 된다.

　먼저 쓰고자 하는 내용을 생각하고 제목을 정한다. 전체 내용을 포괄하는 제목, 글을 궁금하게 만드는 제목 등 다양하게 정할 수 있다. 에세이의 중간 제목을 2~3개 정도 뽑고 중간 제목에 살을 붙여서 자세히 쓴다.

　글쓰기가 어려운 아이들은 육하원칙에 따라 써보면 쉽게 접근할 수 있다. '누가, 언제, 어디서, 무엇을, 어떻게, 왜'에 해당하는 글은 친절하고 논리적이다. 분량을 정하고 쓰도록 안내할 수도 있다. 짧게는 500자 정도 쓰는 게 무난하지만 중간 제목을 추가해 더 길게 쓸 수도 있다.

　글은 다른 사람이 본다는 것을 전제로 한다. 쓰고 나서는 소리 내어 읽으며 부자연스러운 부분은 고치도록 한다. 글을 발표하며 격려와 응원을 보내는 시간을 가져도 좋겠다.

왜 사람들은 따리골댁을 외면했을까?

「따리골댁 할머니」
★ 권장 연령 | 초등 고학년

수록 동화집 「사과나무밭 달님」
(정승희 그림, 창비, 1990)

주인공 따리골댁은 작은 키에 볼품없는 외모와 목소리를 지녔다. 돌봐주는 사람도 없이 마을에서 얻어먹고 아무 데서나 잠을 자는 떠돌이 할머니다. 할머니는 6.25전쟁이 일어나고 모두 피난을 떠나자 평소 부러워하던 안동댁의 빈집에 들어가 비단옷을 꺼내 입고 마을 여인들에게 보란 듯이 자랑한다.

남쪽으로 밀렸던 국군이 어느새 마을로 돌아온다. 젊은 군인은 공산당 심부름을 하려고 피난을 안 갔느냐며 할머니를 조사한다. 그리고 강하게 부정하는 따리골댁을 마을 여인들에게 데려간다. 하지만 자기를 위해 사실을 말해줄 거라 믿었던 여인들은 할머니를 외면한다. 할머니는 바른대로 말하라며 공포탄을 쏘는 청년도 무섭지만 자신을 외면하고 죄를 뒤집어씌우려는 마을 사람들을 더 무서워한다.

　똬리골댁 할머니는 혼자 마을 공동묘지로 간다. 그리고 어머니 것이라고 믿는 어느 무덤 앞에서 어서 자신을 데려가 달라며 눈물로 애원하다가 숨을 거둔다.

살아남기 위해 약자를 외면하는 사람들

권정생 대표작인 『몽실언니』를 비롯해 전쟁 3부작으로 꼽히는 『초가집이 있던 마을』, 『점득이네』처럼 이 작품 역시 전쟁을 소재로 삼았다. 같은 소재의 작품들과 차별화해 읽고 싶다면 똬리골댁 할머니의 삶에 초점을 맞춰볼 수 있겠다.

　주인공 똬리골댁 할머니는 잠잘 곳도, 먹을 것도 없이 마을 사람들을 의지해 근근이 살아간다. 오늘날 관점에서 보면 마을의 '사회적 약자'라고 할 수 있다. 전쟁이 나자 할머니는 총 든 군인에게 직접적으로 죽임을 당한 것이 아니라, 평소 믿고 의지하던 마을 사람들에게 외면당해 희생된다. 사람을 극한으로 몰아붙이는 상황 속에서 마을 사람들은 '나 혼자' 살아남기 위해 약자를 외면하고 거짓으로 모함한다. '인간성의 상실'과 연결 지어 진정 사람다운 사람은 어떤 모습인지 아이들과 이야기해보자.

가진 것 없고 외로운 사람을 향한 따뜻한 시선

권정생 동화 대부분이 그렇지만 이 동화에서도 인물을 묘사하는 힘이 탁월하다. 마치 눈앞에 보이는 듯 똬리골댁 할머니의 생김새, 움직임, 마을 사람들이나 아이들이 할머니를 대하는 모습 등을 생생하게 그린다. 그 밖에 다른 인물이나 장면 하나하나를 섬세하게 표현해서 이야기와 인물의 감정을 머릿속에 그려가며 읽을 수 있는 동화이다.

권정생은 생전에 '착하게 살아야 한다.'라는 이야기를 자주 하며 스스로 '나는 어떻게 하면 착하게 살 수 있을까?' 하고 물었다. 그래서인지 작품에 등장하는 인물은 모두 너그럽고 착하다. 이 동화에 나오는 마을 사람들도 처음엔 다르지 않았다.

그런데 전쟁은 사람들이 똬리골댁에게 보여준 손바닥만 한 인정도 기대할 수 없게 한다. 인민군 청년이 들이대는 총 때문에 놀란 할머니가 무덤으로 쫓기다시피 해 숨을 거둔 일을 생각하면 똬리골댁 할머니의 무고한 희생이 크게는 전쟁 때문이라고 볼 수 있다. 그러나 한번 더 생각해 보면 살아남기 위해 가장 약한 사람을 총부리 앞으로 밀어낸 마을 사람들의 냉혹함이 할머니를 죽음으로 몰아넣었다고 볼 수 있다.

죄가 없어도 잡혀가고, 사소한 말 한마디에 목숨을 잃을 수도 있는 전쟁이라는 극한의 불안. 마을 사람들도 알고 있었다. 똬리골댁이 도둑질을 할 만큼 나쁜 사람이 아니라는 사실을, 공산당을 돕기 위해 피난을 간 게 아니었다는 사실을……. 사람에게 본능적으로 자기를 보호하고자 하는 마음이 있다지만 한 사람의 목숨이 달린 절체절명의 순간에 어쩌면 그토록 차갑게 변해버릴 수 있을까?

군인에게도 마을 사람에게도, 돌봐주는 이 없는 떠돌이 약자의 변호는 들리지 않는다. 뙈리골댁은 총을 들이대며 다그치는 젊은 군인을 원망하기보다 동기처럼 여겼던 마을 사람들이 자신을 외면하는 현실 앞에서 좌절한다. 의지할 데 없어도 자기를 외면하지 않는 마을 사람들 덕분에 살아갈 수 있다고 믿은 마음이 무너져 내린 것이다.

전쟁은 무기로만 사람을 죽음에 이르게 하지 않는다. 사람을 극한의 비정함으로 무장하게 하고 그것을 뙈리골댁 할머니 같은 약자에게 가장 먼저 휘두르게 만든다.

우리 마음속에도 마을 사람들처럼 착함, 인정, 사랑, 냉정함, 악함, 비정함, 비굴함이 모두 있다. 우리의 마음은 어디를 향해야 할까? 나 혼자만 잘 살면 되는 것일까? 소외된 사람들을 우리는 어떤 마음으로 바라보며 살았을까? 착하게 산다는 것은 어떤 의미일까?

권정생이 1980년대에 쓴 「처음으로 하느님께 쓰는 편지」에서 그의 시선이 향하는 곳을 볼 수 있다. 권정생은 전쟁 때문에 남편이 몸을 다쳐 일찍 죽고 자식들은 아무렇게나 버려져 살고 있는 아주머니 이야기를 하며 가진 것 없고 외로운 사람들을 돌보아 달라고 신에게 당부한다. 「뙈리골댁 할머니」 또한 오늘날 우리에게 닥쳐온 사회적 위기, 거대한 폭력 앞에서 가장 먼저 스러지는 사람들을 보살펴야 한다고 말하는 듯하다.

문학 수업

읽기 활동 인물의 마음 읽기

먼저 똬리골댁의 마음을 나타내는 장면에 밑줄을 그어가며 읽어보자. 줄 친 문장, 혹은 장면에서 할머니 마음이 어땠을지, 내가 할머니라면 그 장면에서 어떤 말을 할지, 어떤 말을 하고 싶었을지 간단하게라도 써보자. 마을 사람들 마음도 짐작해보자. 전쟁이라는 비극 속에서 의지할 곳 없는 할머니를 왜 도둑으로 몰아갔을까? 아무런 힘도 없고, 나이 든 사람이 위험한 상황에 놓이는 모습을 보고도 마을 사람들이 그렇게 행동한 이유는 무엇일까?

말하기/듣기 활동 똬리골댁 할머니를 죽음에 이르게 한 원인은 무엇인지 토의하기

똬리골댁은 왜 결국 어머니 무덤으로 가 죽음을 맞이하게 되었을까? 마을 사람들이 아무도 보살펴 주지 않아서? 군인에게 총으로 위협받은 충격이 너무 커서?

똬리골댁 할머니를 죽음으로 내몬 이유가 어디에 있는지 토의해보자. 토의를 하면 동화 내용을 정확히 이해할 수 있고 이야기에서 느낀 점을 내 삶에도 반영하려는 마음이 분명해진다. 사람이 많으면 모둠별 토의 후 결과를 발표하는 시간도 만들어보자.

효과적으로 토의하기

- 교사가 토의를 주도할 수도 있고 아이들 중 사회자를 정해 진행할 수도 있다.

- 아이들은 노트를 준비하고 오가는 이야기를 요약하여 적는다.
- 필요할 때 자신의 의견을 말하도록 한다.
- 사회자는 시작하는 말을 통해 토의 주제를 명확하게 전달한다. 무엇보다 주제에 벗어나지 않도록 하면서 한 사람을 숨지게 한 문제의 원인을 짚어보도록 한다. 그것은 우리 주변의 힘없고 소외된 사람들을 대하는 태도가 어떠해야 하는지 들여다보는 일이기도 하다.
- 토의를 마치면 결과를 정리해서 함께 나눈 이야기를 모두가 공유할 수 있도록 한다.

쓰기 활동 | 똬리골댁 할머니의 죽음을 알리는 뉴스 쓰기

텔레비전이나 라디오, 신문에서는 우리 사회의 사건 사고, 중요한 이슈를 시시각각 전한다. 시민들이 알아야 할 정부 정책 등을 발빠르게 전달하는 뉴스도 있고, 어떤 일의 원인, 과정, 그 일이 사회에 미치는 영향 등을 심층적으로 취재해 알리는 뉴스도 있다.

우리는 똬리골댁 할머니의 죽음에 얽힌 진실을 심층적으로 파헤쳐 전달하는 뉴스를 써보자. 똬리골댁 할머니가 왜 공동묘지에서 숨지게 되었는지 그 '사실'에서 먼저 출발해 원인을 찾아 거슬러 올라가는 형식으로 작성해도 좋다. 할머니가 마을 사람들에게 느꼈던 마음이 어떻게 변하는지, 전쟁 후 마을 사람들과 군인들에게 어떤 일을 겪었는지 살피며 공동묘지로 가야 했던 까닭을 짚어본다.

뉴스는 객관적인 글이라 이야기가 건조해질 수 있는 아쉬움이 있지만 작성자의 섣부른 추측이나 감정은 최대한 덜어내고 사건을 전달하려 해보자. 똬리골댁 할머니의 마음을 대변하는 데에 초점을 맞추면서 시청자가 이 뉴스를 보고 무엇을 생각할지 '기자'의 시선에서 그 이야기를 추가해도 좋다.

뉴스 원고 효과적으로 작성하기

- '자료 수집 – 뉴스 제목 정하기 – 사건의 원인, 과정, 결과 정리하기 – 원고 쓰기' 순서로 작성한다. 이 순서가 일반적이지만 뉴스 원고를 먼저 쓰고 내용을 한마디로 압축해 보여주는 제목을 정해도 좋다.
- 뉴스에는 육하원칙이 모두 포함되도록 한다.
- 전달하는 사람의 감정보다는 사실을 전하는 데 핵심을 둔다.

조건 없는 애정을 건네는 이웃들

『용구 삼촌』
★ 권장 연령 | 초등 전 학년

(허구 그림, 산하, 2018)

용구 삼촌은 서른 살이다. 겨우 밥 먹고 똥 누고 입 언저리나 씻고, 겨우 제 앞가림을 할 뿐이다. 그렇지만 용구 삼촌은 새처럼 맑고 착한 마음을 가졌다.

그런 삼촌이 누렁소에게 풀을 먹이러 간 뒤 날이 어두워지도록 돌아오지 않는다. 식구들은 불안한 마음으로 애를 태우며 삼촌을 찾아나서지만 어디에서도 삼촌을 볼 수가 없다.

아버지가 동네 아저씨들에게 부탁을 하자 마을 사람들은 두말없이 어두운 밤길을 나선다. 그리고 온 산을 찾아 헤맨 끝에 참나무 숲에서 회갈색 산토끼와 평화롭게 잠들어 있는 삼촌을 발견한다. 용구 삼촌을 향한 가족들과 이웃들의 소박한 인정이 출렁거리는 동화이다.

이웃 공동체가 필요한 이유

어떤 처지에 있는 사람이라도 세상에 소중하지 않은 존재는 없다는 가치를 말없이 실천하는 이웃 사람들을 만날 수 있다. 순수하고 맑은 심성을 지닌 바보 용구 삼촌, 그를 향한 가족의 끈끈하고 두터운 사랑, 남의 일이라고 외면하지 않고 캄캄한 밤길을 선뜻 나서준 이웃 사람들의 진심 어린 모습이 마음을 울린다. 용구 삼촌이 바보일지라도 조건 없이 사랑하며 소중한 우리 식구로 여기는 가족과 이웃의 모습에서 세상에 귀하지 않은 사람은 없다는 의미를 다시 한번 깨닫게 된다.

　혼자만 잘살면 그만이라는 생각이 가득한 시대, 이웃들과 간단한 인사 나누기도 어려운 시대인 지금 아이들에게 어색한 이야기일 수도 있다. 하지만 곰곰 생각해보면 우리 주위에도 삼촌을 찾아 나선 이웃들처럼 타인에게 사랑과 존중을 실천하는 사람들이 있다. 그들이 누구일지, 중학년, 저학년 아이들과는 주위의 가까운 사람 중에서 찾아보도록 한다. 고학년 아이들과는 사회적인 이슈까지 확장해 국가적 위기에서 기꺼이 구호 활동에 앞장선 사람들에 관해 이야기를 나눈다.

인정을 간직한 못골 마을 사람들

『용구 삼촌』은 단편 동화의 참맛을 보여주는 작품으로 『우리들의 하느님』(녹색평론, 1997)에도 실려 있다. 권정생의 전작을 생각하면 단순함과 소박함이 더욱 두드러지는 이야기라 하겠다. 하지만 이 짧은 이야기에도 '사람다운 사람'을 지향하는 정신이 배경 음악처럼 흐르고 있다. 특히 이야기 배경이 되는 못골 마을은 아늑하게 산으로 둘러싸인 조그만 산골 마을의 서정을 간직한 곳으로, 담백하게 살아가는 사람들 모습이 오랫동안 긴 여운으로 남는다. 이 작품은 1991년도에 발표했는데 못골 마을의 모습은 아마도 권정생이 실제로 살았던 조탑 마을과 닮지 않았을까 생각한다.

작가의 마음이 가는 곳은 여지없이 바보처럼 착한 용구 삼촌이다. 권정생이 많은 작품을 써 세상에 쓴소리를 하는 까닭도, 전쟁을 반대하는 까닭도, 사람들의 욕심을 경계하는 까닭도 모두 용구 삼촌처럼 착하게 살아가는 사람들이 희생당하거나 상처받거나 외면받는 일이 없어야 한다는 생각 때문이다.

용구 삼촌이 바보라도 '없어서는 안 되는 너무나 따듯한 식구'라고 여기는 가족 역시 착하고 인정스러운 사람들이다. 각박한 사회, 경쟁에서 살아남는 일이 마음을 나누는 일보다 우선순위를 차지하는 세상에서 가족이 우리에게 어떤 의미로 다가올 수 있는지 생각하게 한다. 가족, 이웃, 내 주변 사람들이 더없이 소중한 존재라는 사실도 되돌아 볼 수 있다.

용구 삼촌이 캄캄한 산속에서 어떻게 될지 알 수 없는 독자들은 긴장감이 점점 더 고조되고 서둘러 다음 책장을 넘기고 싶어진다. 아버지의 부탁으로 두말없이 삼촌을 찾아나선 마을 사람들에게 용구네 일은 네 일이자 내 일 이었다. 이웃들이 캄캄한 밤중에 산속을 헤매는 모습에서 서사의 긴장감이 절정을 이룬다.

드디어 삼촌을 찾았다는 말에 전등을 비추며 허덕허덕 달려가는 사람들, 혹시나 잘못되지는 않았는지 죽을힘을 다해 함께 뛰는 가족들, 용구 삼촌이 무사한 것을 확인하고 눈물이 날 만큼 고마워하는 조카들…. 산골 마을에서 우리는 사랑의 참모습을 만나게 된다. 그리고 인물들의 마음에 동화되어 용구 삼촌을 함께 걱정하는 우리의 모습도 발견하게 된다. 보살핌이 필요한 삼촌을 향한 애틋함, 삼촌을 걱정하는 이들을 향한 공감의 마음으로 책장을 넘길 수 있을 것이다.

메마른 세상에서 온기가 가득한 사람들이 살아가는 시골 마을의 삶을 빼어나게 묘사하는 문장, 아늑한 삶의 공간을 담백하게 묘사한 묵직한 느낌의 그림이 언제나 빛바래지 않을 소중한 작품이다.

1991년 시골 마을이 배경이라 오늘날에는 낯선 낱말들이 종종 나온다. 워낭 소리, 못둑, 못물 같은 낯선 용어들은 동화를 읽기 전에 설명을 하거나 아이들이 직접 찾아 읽도록 지도하면 좋을 듯하다.

문학은 사람들이 살아가는 이야기, 그들이 만들어가는 세상 이야기이다. 그 속에서 등장인물의 감정을 읽어가며 마음에 온기가 가득 차는 것을 느낄 수도 있고 누군가를 미워했던 마음을 해소할 수도 있다. 또한 누군가가 나를 진심으로 사랑하고 있다는 것을 알고 자신을 무척 소중한 사람이라고도 여길 수 있다. 공부를 잘해도 못해도, 혹은 용구 삼촌처럼 바보 같은 면이 있어도, 있는 그대로 인정받고 사랑하는 마음을 키워갈 수 있다.

문학 수업

읽기 활동   인물의 감정을 생각하며 읽기

이 활동은 초등 4학년 이상 학년에게 적절하다. 용구 삼촌이 돌아오지 않자 가족들과 마을 사람들이 보이는 다양한 감정을 생각하며 읽는다. 걱정, 불안, 안타까움, 무서움, 두려움, 고마움, 감사함, 염려 등 여러 감정들을 상황에 맞게 적절히 표현하고 있어 감정 표현을 익히기에 좋다.

예를 들면 할머니가 지팡이를 짚고 담 너머로 용구 삼촌이 오는지 내다보는 모습을 생각해 보자. 이 장면은 할머니가 삼촌을 걱정한다고 직접 드러내고 있지 않으면서 용구 삼촌을 향한 마음을 보여준다. 등장인물들의 마음이 어떻게 움직이는지 살펴보면서 감정을 직접적으로 드러낸 문장과 간접적으로 보여주는 문장을 구별해도 재미있다.

말하기/듣기 활동   이럴 때 이런 마음

인물들의 다양한 감정으로 감정 카드를 만든다. 책 속에서 찾아도 좋고, 교사가 예시로 감정을 나타내는 아래 단어를 제시해도 좋지만 가능하면 단어나 문장은 이야기에 나오는 것 위주로 한다.

이야기와 관련된 감정을 나타내는 단어

걱정, 염려, 안도, 기쁨, 불안, 무서움, 두려움, 사랑

아이들은 아무 카드나 한 장 뽑는다. 카드에 쓰인 감정에 관해 자신의 경험이나 책을 읽은 느낌과 연관 지어 자유롭게 이야기한다.

예를 들어 '염려'라는 카드를 뽑았다면 자신이 누군가를 염려했던 경험, 누군가에게 자신을 염려하게 했던 경험을 이야기한다. 더불어 우리가 만나는 주변 사람들을 어떻게 대해야 하는지도 생각해본다. 다 함께 둘러앉아 편안하고 자연스럽게 이야기하거나 모둠별로 먼저 경험을 나눠도 좋다.

쓰기 활동 **등장인물 인터뷰하고 글쓰기**

주변 사람들은 용구 삼촌을 향해 착하다거나 새처럼 맑은 마음을 가졌다고 이야기하지만, 정작 본인은 아무런 말도 하지 않는다. 이런 용구 삼촌은 어떤 생각을 하며 살아가는지 가상 인터뷰를 통해 알아보자.

책을 다시 한번 꼼꼼하게 읽으면서 인터뷰 질문을 만든다. 용구 삼촌은 주변 사람들이 자신을 어떻게 생각하고 있는지 알까? 왜 말을 잘 하지 않을까? 왜 산에서 토끼를 품고 잠들게 되었을까? 용구 삼촌에게 궁금한 점을 자유롭게 뽑아보자. 그다음 용구 삼촌이 되어 가상의 대답을 할 친구를 정한다. 묻고 대답하면서 작품에 대한 감상을 정리하고 그 내용을 바탕으로 짧은 글을 써보자.

> 미워하면서도
> 사랑하는 이름,
> 가족

「**승규와 만규 형제**」
★ 권장 연령 ｜ 초등 중학년

수록 동화집 「짱구네 고추밭 소동」
(김병호 그림, 웅진주니어, 2002)

중학생 승규와 초등학생 만규는 형제다. 둘은 비 오는 날 하나밖에 없는 우산을 서로 쓰고 학교에 가겠다며 다툰다. 결국 엄마가 편들어 준 형 승규가 우산을 차지한다. 만규는 비료 포대를 쓰고 빗속을 달려 나가며 심통이 난다.

학교에 간 승규는 중학생이랍시고 체면을 세우려 동생에게 우산을 양보하지 않은 자신이 창피하다. 그래서 아껴둔 용돈으로 하굣길에 빵 하나를 사서 만규에게 슬쩍 건네는데 만규는 울기만 한다. 서울서 공장에 다니는 누나가 약속한 수학여행비를 보낼 수 없다고 편지를 썼기 때문이다. 이 사실을 알고 승규는 주말에 혼자 약초 할아버지를 따라다니며 약초를 캐서 만규의 수학여행비 절반을 마련한다. 만규는 씨익 웃으며 고맙다는 말을 대신한다.

갈등과 화해를 반복하며 성장하는 형제

가족은 소규모 사회이다. 많은 시간을 함께 보내면서 생활을 공유한다. 형제가 비 오는 날 우산을 뺏고 뺏기는 과정에도, 우리가 사회에서 갈등을 겪고 힘겨루기를 하듯 여러 감정이 오간다. 형은 엄마 힘을 빌려 우산을 차지했지만 이내 자신의 행동을 부끄럽게 여긴다. 만규는 뒤늦게 이런 형의 마음을 알게 되지만 형제는 굳이 미안하다 고맙다 말하지 않는다. 서로의 눈빛만으로도 마음을 읽을 수 있기 때문이다. 이 동화는 단순한 이야기 속에 형재의 우애가 녹아들어 있는 작품이라 할 수 있다. 타인을 향한 '공감'은 여러 사람과 관계를 맺으며 성장하는 밑거름이 된다. 승규와 만규처럼 형제자매, 친구, 또는 다른 사람들과 마음을 주고받은 일을 아이들과 이야기해 보면 좋겠다.

인물을 이해하며 스스로를 돌아보는 책 읽기

경쟁심, 우월감, 자존감 등 모든 사람의 마음에는 여러 가지 감정과 심리가 복합적으로 얽혀 자리 잡고 있다. 승규처럼 사춘기를 지나는 중학생에게는 더 이상 초등학생 같은 어린애가 아니라는 마음이 있다. 동생과 다르게 대접받고 싶은 심리가 작용하고, 엄마 힘을 빌려서라도 동생을 제쳐두고 우산을 차지하고 싶어진다.

　이 작은 사건을 통해 형제의 마음을 더 깊이 들여다보도록 하자. 승규가 순간적인 경쟁심 때문에 우산을 차지하고도 부끄러운 마음, 미안한 마음이 든 까닭은 무엇일까? 형으로서 동생에게 양보해야 한다는 의무감을 느꼈기 때문일 수도 있고 인간의 내면에 자리한 도덕성 때문이기도 할 것이다.

　승규는 이럴 때 자기 마음을 외면하고 모른 척할 수도 있었다. 하지만 승규는 서운했을 만규 마음을 헤아리고 용돈을 털어 빵을 사서 만규에게 슬쩍 건넨다. 스스로 느끼는 잘못을 만회하기 위한 행동이다. 승규는 '동생에게 양보하지 않는' 비겁한 형으로 비판받을 수 있지만 알고 보면 동생을 아끼는 형이었던 것이다.

　만규는 승규가 건네는 빵과 수학여행비가 무척이나 고맙다. 아이들은 누군가를 위해 아주 작은 일을 했더라도 인정받고 싶어 한다. 승규는 일반적인 경우와 달리 자신의 선행을 두고 우쭐대지 않는다. 만규의 웃음을 통해 동생의 마음을 읽고 그것으로 충분하다고 생각하기 때문이다. 가족은 경쟁의 대상이 아니라 이해하고 배려하면서 함께 살아가는 사람들이다. 승규와 만규 형제는 갈등과 화해를 겪고 회복하는 과정을 통해 이 사실을 잘 보여준다.

　동화 속 인물은 자신을 비추는 거울이 되기도 하고 비판의 대상이 되기도 하고 본받고 싶은 대상이 될 수도 있다. 승규와 만규도 마찬가지다. 이 작품으로 함께 이야기 나누는 아이들 또한 승규와 만규에게 공감하고 비판하고 옹호하며 타인의 마음을 읽고 자기 자신을 돌아볼 수 있게 될 것이다.

　말뿐이 아닌 행동과 노력으로 타인을 향한 애정을 몸소 보여주고, 직접 말하지 않아도 표정만으로 서로의 마음을 깊이 헤아리는 승규와 만규. 형제의 모습은 공감도 '능력'이며 '지능'이고 '교육'해야 한다고 외치는 오늘날, 어떤 경우에도 놓치지 않아야 할 귀한 가치이다. 나는 누군가에게 승규 같은 사람이 된 적이 있는지, 승규가 만규를 위해주듯 배려하고 아껴주고 싶은 사람이 있는지 이야기 나누면 좋겠다.

문학 수업

읽기 활동　**인물의 감정을 파악하며 읽기**

초등 중학년 이상 아이들에게 적절한 활동이다. 동화를 읽기 전에 형제자매가 있는 아이들을 확인한다. 만일 외동아이라면 가까운 친구 혹은 또래 친척을 떠올려도 좋다. 그들과의 관계에서 마음이 어긋나 속상했거나 또는 서로 힘이 되었던 경험을 이야기해 본다.

　책을 읽으며 인물들의 감정이 드러난 장면에 밑줄을 그어보자. 아이들도 수많은 감정을 느낀다. 특히 경쟁 관계에 있는 형제자매나 친구 사이에서는 더욱 그렇다. 서로의 진심을 읽을 수 있다면 훨씬 부드러운 관계를 맺을 수 있을 것이다. 밑줄 친 문장에서 어떤 감정이 느껴지는지 감정을 나타내는 단어를 이용해 정리해보자. 교사가 다음과 같은 '감정을 나타내는 말'을 보기로 제시해도 좋다.

감정을 나타내는 말

서운함, 화남, 우쭐함, 고마움, 미안함, 자랑, 인정, 배려

말하기/듣기 활동   **형제 혹은 또래 친구와 다툰 경험 말하기**

초등 3, 4학년에 적절한 활동이다. 작품을 읽으면서 승규와 만규처럼 자유롭게 형제, 또래 친척 혹은 친구와 마음이 어긋났던 경험을 떠올리고 그때 어떤 방법으로 화해했는지 이야기한다. 만약 화해하기 어려웠거나 아직 화해하지 못했다면 왜 그랬는지도 생각해보자. 선뜻 잘못했다는 말을 하기가 쉽지 않았을 수도 있고, 승규처럼 체면을 생각한 겸연쩍은 마음이나 상대가 받아주지 않을까 걱정하는 마음이 들었을 수도 있다. 승규는 모아둔 용돈을 털어 빵을 사다 동생에게 슬쩍 건네는 방법을 썼다. 이런 방법은 어떨까? 나만의 화해법이 있다면 친구들과 공유해도 재미있다.

쓰기 활동   **승규나 만규 입장이 되어 편지 쓰기**

형제의 마음에 다양하게 오가는 감정을 생각하면서 내가 승규 혹은 만규가 되었다고 생각하고 서로에게 편지를 써보자. 형 입장에서는 동생에게 미안함, 부끄러움, 겸연쩍음, 걱정스러움 등의 감정이 들 수 있다. 동생 입장에서도 서운함, 고마움 등 여러 가지 마음들이 오갈 수 있다. 등장인물에 감정을 이입해 자유롭게 편지를 써보자. 초등 3학년 이상 아이들이라면 무리 없이 하는 활동이다.

기타 활동 표정 보고 감정 예측하기

잡지나 신문에서 여러 가지 표정이 담긴 얼굴을 오려 노트에 붙인다. 이야기의 흐름에 따라 승규 혹은 만규에게 어울리는 표정이 어떤 것일지 장면과 어울리는 얼굴 표정을 자유롭게 뽑아본다. 연결한 이유도 짤막하게 정리해 둔다.

함께 볼 만한 자료

- 『나의 형 이야기』(모리스 샌닥 지음, 서남희 옮김, 시공주니어, 2013)
- 『장난감 형』(윌리엄 스타이그 지음, 김경미 옮김, 비룡소, 2017)

가진 것 없어도 괜찮아!

「중달이 아저씨네」
★ 권장 연령 | 초등 중학년

수록 동화집 「바닷가 아이들」
(이혜란 그림, 창비, 2001)

물질적인 가치를 추구하는 삶보다 가족과 이웃과 함께 살아가는 데서 행복을 찾을 수 있음을 말하는 동화이다. 중달이 아저씨는 시골 마을 작은 오두막에서 늙은 홀어머니, 바보 아내와 함께 산다. 가진 것이라 곤 산골짝에 있는 땅 두 뙈기가 전부이다. 그나마 이웃집의 가난한 진수, 진영이 엄마가 조그만 밭 한 뙈기라도 가졌으면 좋겠다는 말을 듣고 한 뙈기를 선뜻 나누어 준다.

중달이 아저씨는 남들이 바보라 수군거려도, 가진 것이 별로 없어도, 부끄럽다거나 부족하다고 여기지 않는다. 늙은 어머니와 아내와 함께 부지런히 일하며 웃음이 넘치는 삶을 살아간다. 뿐만 아니라 오갈 곳 없는 거지 아이 수남이를 데려와 가족으로 삼고 사랑해 준다. 수남이가 급성 맹장염에 걸려 남은 밭 한 뙈기마저 팔고도 중달이 아저씨네 가족은 웃음이 넘친다. 함께 있는 것만으로도 행복하기 때문이다.

진정한 행복은 어디에 있을까?

더 많은 물질을 소유해야 성공했다고 여기는 세상에서 밭 한 뙈기를 선뜻 나누어 주는 중달이 아저씨는 바보일지 모른다. 정말 그럴까? 가진 것을 조건 없이 나누어 주고, 어머니와 아내와 함께 부지런히 일하며 행복하게 살아가는 중달이 아저씨는 정말 바보일까?

    수남이의 맹장염을 치료하느라 남아 있던 밭마저 팔았어도 잃은 것보다는 함께 있음을 중요하게 여기는 중달이 아저씨네. 서로 좋아서 어쩔 줄 모르는 그 행복의 원동력은 어디에서 오는 걸까? 아이들의 다양한 질문을 끌어내기 좋은 작품이다. 행복의 조건이 물질적인 것에 있는지, 가족과 이웃과 서로 기대고 더불어 살아가는 데 있는지 생각해보는 작품이다.

세상 모든 '중달이 아저씨'에게 보내는 응원

권정생은 더 많이 차지하는 일을 성공의 잣대, 삶의 목적, 행복을 주는 열쇠라고 믿는 세상에서 자본이라는 고리에 매이지 말고 사람답게 사는 길을 열자고 말한다.

권정생이 이야기하는 것처럼 '사람답게' 살면 행복한가? 가난하고 불편하게 사는 것은 불행한 일이 아닐까? 사실 답은 없다. 어른도 쉽게 결론 내릴 수 없는 문제이기도 하다. 다만 사람들이 걸어가는 수천 수만 가지의 방법 가운데서 모두가 잘사는 길을 모색하며 가족, 이웃과 함께하는 길을 택하자는 의미이다. 남들이 바보라고 여기는 중달이 아저씨를 통해 우리가 궁극적으로 추구하는 사람다운 삶, 좀 더 행복하게 살아가는 길이 '덜 가지고 더 많이 나누는 일'에 있다고 말하는 것이다.

중달이 아저씨는 자본이나 물질적인 것을 최고라고 여기는 요즘 잣대로 보면 바보 천치 같은 사람이다. 넉넉하지도 않은 살림살이에 밭 한 뙈기를 장만하려면 얼마나 힘든가 말이다.

하지만 중달이 아저씨는 밭 한 뙈기를 주고 나서 기분이 좋아진다. 한 술 더 떠서 어머니는 아들이 마음씨가 착한 아이라며 대견해한다. 우리도 누군가와 나눔을 실천하면 뿌듯하고, 기분이 좋고, 웃음이 나고, 또 주고 싶은 기분을 경험했을 것이다. 바로 이 지점이 작가가 제안하는, 나눔이 주는 선물이다. 물질에 대한 탐욕에서 벗어나 자유롭게 나 스스로 당당하게 살아가는 삶이라 할 수 있다.

'내 몫 이상 쓰는 것'을 평생 경계했던 권정생은 중달이 아저씨 같은 바보들이 늘어나는 세상이 되어야 한다고 힘주어 말한다. 떠돌이 거지인 수남이를 가족으로 받아들이면서 입이 늘었으니 먹고살 일이 걱정될 법도 하지만 중달이 아저씨 가족들은 수남이가 있어서 웃음이 끊이지 않는다. 갑자기 아픈 수남이 때문에 마지막 남은 밭을 팔았어도 수남이가 곁에 있는 것만으로도 더 없이 기쁘다.

우리가 사는 세상은 중달이 아저씨의 세상과 다르지만 인간적이고 소박한 중달이 아저씨네 모습을 마음에 그려보는 것만으로도 온기가 넘쳐난다. 그 온기가 차오르는 동안 어쩌면 우리는 책장을 넘기며 중달이 아저씨를 응원하게 될지도 모른다. 그것만으로도 아이들은 이미 마음으로 나눔을 실천하고 있는 것이다.

문학 수업

읽기 활동 **사실과 의견을 구별하며 읽기**

초등 고학년에 적절한 활동이다. 동화를 읽으며 '사실'에 해당하는 내용은 파란 색연필로, '의견'에 해당하는 내용은 빨간 색연필로 밑줄을 그어보자. 문장을 고르기가 어렵다면 아래 문장들을 사실과 의견으로 나누어보자. 어떤 기준, 어떤 이유로 분류했는지 아이들에게 자유롭게 들어보고 교사가 적절한 가이드를 제시한다.

사실과 의견으로 나눌 문장 예시

- 겨우 땅 두 뙈기 중 한 뙈기를 아무 조건 없이 진수 엄마에게 주었다.
- 중달이 아저씨는 부족한 것을 모른다.
- 중달이 아저씨는 해진 옷에 나물밥을 먹어도, 남들이 바보라고 놀려도 부끄럽게 여기지 않는다.

- 중달이 아저씨는 힘들고 괴로워야 하는데 당당하고 자유롭다.
- 중달이 아저씨네는 작은 일에도 웃음이 멈추지 않는다.
- 동네 사람들이 중달이 아저씨를 바보라고 부른다.
- 수남이를 위해 남은 밭 한 뙈기도 마저 팔았다.

말하기/듣기 활동 1분 말하기, 3분 말하기

초등 고학년에 적절한 활동이다. 전체 내용을 요약하는 1분 말하기, 자유로운 감상을 나누는 3분 말하기를 한다. 1분 말하기, 3분 말하기는 정해진 시간에 하고 싶은 말을 조직하고 구성해서 말하는 방식이다. 스피치 능력과 언어 표현력을 기르는 데 대단히 중요하다. 자칫하면 시간에 쫓길 수 있으니 자신이 하고 싶은 말을 노트에 필기한 후 연습을 거치면 좋다. 생각이 정리되지 않으면 '재미있어요.', '바보 같아요.', '웃겨요.', '말도 안 돼요.'라는 이야기처럼 추상적이고 짧은 말만 늘어놓기 쉽다. 이럴 때는 주어, 동사가 있는 문장으로 먼저 정리하도록 한다.

1분 말하기, 3분 말하기를 거친 후에는 주제를 정해서 심층적으로 이야기하는 시간을 마련해보자. 좀 더 이야기하고 싶은 내용, 질문하고 싶은 내용, 감상, 주인공을 어떻게 생각하는지 등을 각자 쪽지에 적어 바구니에 넣는다.

아이들 중 사회자를 한 명 정하고, 사회자는 질문 바구니에서 쪽지 하나를 뽑아 내용을 읽는다. 사회자가 읽은 질문을 누가 썼는지 다른 아이들이 몰라도 되지만 작성자가 밝히겠다면 그렇게 한다. 뽑힌 주제에 관해 자유롭게 발표하는 시간을 갖는다. 사회자는 발표자가 겹치지 않도록 잘 안배해야 한다. 시간에 따라 한 번에 2~3개 주제를 뽑아 진행할 수도 있다.

쓰기 활동 친구에게 작품 소개하기

이 작품을 친한 친구에게 소개하는 글을 써보자. 친구가 작품을 잘 이해할 수 있도록 도와주려면 작가가 누구인지, 왜 이 작품을 추천하는지 이유를 분명하고 자세하게 적는 편이 좋다. 생각을 정리하는 일이 어려울 때는 첫 번째, 두 번째, 세 번째…… 순서를 정하면 분명해진다.

작품의 주요 내용, 등장인물의 말과 행동에 대한 내 생각 등 여러 가지가 이야깃거리이다. 작품을 한두 번쯤 더 읽어도 도움이 된다. 처음에는 쓱 가볍게 읽었지만 글을 쓰려면 생각이 잘 나지 않기도 하고, 이야기 순서가 왔다 갔다 할 수도 있기 때문이다.

글을 쓴 뒤 편지 봉투에 담아서 우표를 붙여 보내보면 어떨까? 편지를 주고받는 일이 드문 요즘, 친구가 색다른 감동을 느낄 것이고 친구 사이도 더 돈독해질 것이다. 어떤 친구는 이렇게 주고받은 편지글을 묶어서 책을 냈다고도 하니 우리도 한번 시도해보자!

기타 활동 빠르게 말하기

어떤 이야깃거리에 대해 오래 생각하지 않고 직관적으로, 빠르게 말하는 활동이다. 정답은 없으니 순간적으로 떠오르는 생각을 자신 있게 말로 바꾸어보자. 작품과 관련된 다음 주제 중 하나를 뽑아 이야기하면 더 효과적인 독후 활동이 된다.

「중달이 아저씨네」와 관련된 말하기 주제

- 우리는 다른 사람에게 어떤 물건을 선뜻 내줄 수 있을까? 또 어떤 감정을 나눌 수 있을까?
- 선물을 받았을 때 어떤 기분일지 말하기
- 이제까지 누군가에게 준 물건 중 다른 사람에게 말하지 않았던 것은?
- 나눔을 통해서 나와 내 주변이 어떻게 변할 수 있을까?
- 진짜 부자는 돈 많은 사람, 친구 많은 사람, 잘 나누어 주는 사람 중 누구일까?

함께 볼 만한 자료

- 『비에도 지지 않고』(미야자와 겐지 지음, 야마무라 코지 그림, 엄혜숙 옮김, 그림책공작소, 2015)

외로워하는 친구에게 해줄 수 있는 것

「수몰 지구에서 온 아이」
★ 권장 연령 | 초등 중학년

수록 동화집 『아기 늑대 세 남매』
(권문희 그림, 산하, 2010)

동수는 댐 건설로 자신이 살던 마을이 물에 잠겨 낯선 곳으로 이사 온 열한 살쯤 된 남자아이다. 이사 온 동네에서는 학교를 다니지 않고, 동네 친구들과 말도 하지 않는다. 마을 교회에서 여름성경학교가 열리자 교회 김 선생님은 동수네를 방문한다. 그리고 어머니에게 동수가 이사 오기 전에는 공부도 잘했지만, 지금은 가난해서 학교에 다니지 못한다는 이야기를 듣는다.

어느 날 교회에 나타난 동수는 강당에 있는 꽃병에서 꽃을 뽑아 밖으로 나간다. 이 모습을 지켜본 아이들은 김 선생님께 동수가 교회 꽃을 훔친 도둑놈이라고 말한다. 그때 언덕 너머에서 슬픈 노래가 들린다. 가보니 동수는 냇가 모래밭에 꽃을 심어놓고 노래를 부르고 있었다. 동수는 선생님을 보자 용서를 빌며 헤어진 친구, 물속에 잠긴 고향 마을 이야기를 한다. 꽃들이 꽃병에서 갑갑하게 있을 것 같아 바람을 쏘여주고 싶었다는 말을 듣고 선생님과 아이들은 미안하고 안타까운 마음에 가슴이 먹먹해진다.

친구의 아픈 마음 이해하기

초등학생은 문학 작품에서 주인공의 상황이나 사건을 낯설다고 느끼면 작품의 주제나 정서에 쉽게 공감하지 못하는 경우가 있다. 입양을 소재로 한 동화를 읽고 '선생님 저는 입양아도 아니고 본 적도 없어서 잘 모르겠어요.'라고 하거나 장애인, 난민이 처한 상황을 이해하고 스스로 생각하는 활동을 힘들어하기도 한다. 특히 초등 저학년의 경우 타인의 아픔에 적극적으로 공감하는 일이 더 어려울 수 있다. 일반적으로 이타심이 형성되는 중학년 이후가 되어야 타인의 마음에 감응하는 능력이 생긴다. 동수의 상황과 심리를 따라가며 공감하는 책 읽기를 하기에는 초등 중학년 이상이 좋지만 함께 읽는 어른의 충분한 안내와 함께한다면 저학년에게도 울림을 줄 수 있다. 고통과 외로움을 이해하고 내 주위에 동수처럼 마음 아파 하는 친구 혹은 이웃이 있을지 생각해보게 하는 작품이다.

꺾인 꽃에서 자기 모습을 떠올린 아이

동수는 살던 땅에서 꺾여 꽃병에 꽂힌 꽃이, 수몰된 마을을 떠나 낯선 곳으로 온 자신의 처지와 다를 바 없다고 생각한다. 꽃병의 꽃이 답답하고 외롭게 느껴졌을 동수의 마음이 온전하게 전해진다. 고향을 잃고, 사랑하는 가족을 잃고, 소중한 친구와 헤어진 기억이 있는 사람이라면 이런 동수의 외로움을 이해할 수 있다.

이 작품은 소중한 것을 잃고 슬픔에 빠진 사람들에게 우리가 할 수 있는 일은 따뜻하고 편견 없는 시선으로 바라보는 것이라고 말한다. 동수가 처음 마을로 왔을 때, 동수의 슬픔을 짐작하고 곁에서 조용히 마음이 열리기를 기다려주는 친구들이 있었다면 어땠을까? 동수는 천천히 자신의 상처를 보듬을 수 있었을 것이다. 그러나 아이들은 익숙한 방식으로 생각하고 동수를 대할 뿐 동수의 마음을 알지 못하고, 알려고 노력하지 않았다.

요즘 아이들은 학교와 학원으로 과중한 공부에 시달리고 있어서 함께 놀며 마음을 나누고 경험을 공유하는 시간이 턱없이 부족하다. 전학 온 친구나 조금 다른 환경을 가진 친구와 어울리는 일도 쉽지만은 않다. 모든 사람이 나와 다르기 때문에 소중하고, 그래서 존중받아야 한다는 사실을 알기에는 지금의 아이들이 너무 바쁘고 고단하다.

작품에서 만나는 인물은 독자의 또 다른 친구이다. 동수와 비슷한 처지의 친구가 우리 곁에 실제로 존재하지는 않더라도 아이들은 이 작품을 통해 '동수처럼 낯선 곳에서 온 친구들은 외롭고 슬픈 생각을 하는구나. 이런 친구가 있으면 친절하게 대해야 하는구나.'라며 '위로'라는 정서를 배운다. 문학의 힘을 체득하는 과정에서, 친구의 아픔을 공감하고 보듬는 일이 삶에서 중요한 부분임을 자연스럽게 느끼게 되는 것이다.

문학 수업

읽기 활동　**작품을 읽기 전에 제목으로 어떤 내용인지 예측하기**

아이들에게 '수몰'이라는 낱말은 낯설다. 그래서 동화를 읽기 전에 제목을 보고 내용을 예측하는 활동이 필요하다. 다양한 추측이 가능하기 때문에 생각을 자유롭게 확장하는 기회와 함께, 수몰 지구에 대한 구체적인 설명과 이해를 선행할 수 있다. 배경 이해가 부족한 상태에서 읽게 되면 동수의 마음을 충분히 공감하기 어렵다. 읽기 전 '내용 예측하기' 활동과 모르는 단어의 뜻을 스스로 찾아보는 활동이 이해를 도울 수 있다. 경우에 따라 교사가 먼저 자료나 사전을 찾아 알려줘도 좋고, 아이들이 인터넷을 통해 검색해 봐도 좋겠다.

말하기/듣기 활동　**마음인형으로 나의 마음 전하기**

초등 4, 5학년이 고민하는 중요한 주제는 '친구'이다. 친구와 관계가 좋은 아이들은 학교생활에 큰 어려움이 없다. 그러나 친구와 갈등이 있거나, 자존감이 낮거나, 학기 중에 전학을 오면 학교생활에 적응하기 힘들어한다. 이런 친구들은 자신의 마음을 솔직하게 표현하는 데 어려움을 느낀다.

'마음인형'놀이는 솔직하게 자신의 마음을 표현하기 위한 활동이다. 아무런 표정이 없는 인형을 만들고 자신의 감정이나 생각을 인형에 빗대어 표현하는 방식이다. 마음인형 만드는 방법은 인터넷에 다양하게 소개되어 있으므로 교사와 아이가 가장 공감할 수 있는 방법을 찾으면 좋다.

먼저 마음인형을 동수라고 생각하고 동수의 마음을 인형 목소리로 표현해본다. 그다음에는 아이들이 자신의 고민이나 상처를 보듬고 나누는 시간을 가져도 좋다.

쓰기 활동 **주인공이 되어 상상 일기 쓰기**

초등 저학년이나 중학년은 이타심이 부족해 타인의 감정이나 생각을 예측하기 어려워한다. 독서 활동이나 글쓰기를 통해 내가 아닌 다른 사물이나 사람이 되어 타인이 어떤 느낌과 생각을 품고 있는지 입장을 바꿔보면 도움이 된다. 입장 차이에 따라 생각이 다름을 이해하고 포용할 수도 있다.

「수몰지구에서 온 아이」를 읽을 때에는 주인공의 섬세한 감정 변화를 이해하고 공감하는 일이 중요하다. 살던 곳을 떠날 때, 친구들과 헤어질 때, 새로운 친구를 만났을 때, 학교에 가지 못할 때, 동수는 어땠을까? 친구들과 말도 하기 싫고 놀기도 싫은 동수의 닫힌 마음을 좀 더 적극적으로 이해하기 위해 상상 속에서 동수가 되어 가상 일기를 써보자.

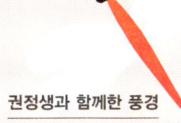

권정생과 함께한 풍경

"어떻게 사는 것이 옳다 말할 수 없어요"

언젠가 "요즘에 별로 신작을 안 내시던데요." 하고 이야기했더니 권정생이 지나가는 말처럼 답을 주었다. "동화를 쓸 수가 없어요. 사람 살아가는 모든 일이 돈으로 귀결되고 있어요. 일하는 것도 공부하는 것도 사람을 만나는 것도 모두 돈 때문이에요. 아이들에게 어떻게 사는 것이 옳다 말할 수가 없어요. 내가 하라는 대로 하면 모두 낙오자가 될 터인데 그럴 수야 없지 않아요? 삶의 주제가 없어요. 교회도 그렇고 절도 그렇고 돈으로 인해 사람을 소외시키고 있어요."

권정생은 '돈'이 인간을 구원하는 길이 될 수 없다고 보았다. 그는 혼자 많이 가지는 삶보다 조금 가난하더라도 다른 사람들과 나누는 삶을 살아갔다. 어느 집 할머니가 돈이 없어 병원을 못 간다고 했을 때도, 어느 집 며느리가 아이를 낳으러 가야 하는데 돈이 없다는 이야기를 들었을 때에도 슬그머니 봉투를 건넸다. 필자(조월례)도 98년에 화재를 겪고 어쩔 줄 몰랐을 때 그에게 적지 않은 금액의 우편환을 받은 적이 있다. 작품 속에서도 힘없고 약한 사람들이 그의 애정 어린 시선을 받는다. 용구 삼촌, 깜둥바가지 아줌마, 수몰 지구에서 온 동수 같은 존재들이다. 물질적인 것을 추구하는 세상에서 인정이 살아 있는 삶, 착한 마음으로 다른 사람을 보듬는 삶이야말로 그가 도착하고 싶어 하는 유토피아였던 것이다.

남북 아이들이 친구가 된다면

「바닷가 아이들」
★ 권장 연령 | 초등 중학년

수록 동화집 「바닷가 아이들」
(이혜란 그림, 창비, 2001)

동수는 바닷가 마을 자라섬에 사는 초등학교 4학년 남학생이다. 아버지는 고기잡이를 나갔다 풍랑으로 돌아가시고 엄마와 동생 순이와 함께 산다.

어느 날 동수는 엄마가 뭍으로 나간 사이 한적한 바닷가에 있는 자신의 보금자리 바위에 간다. 그곳에서 태진이라는 또래 아이를 만난다. 태진이는 북한 황해도 해주에 살고 있는데 아버지의 거룻배를 타고 놀다가 남쪽으로 떠내려왔다. 동수가 북쪽에서 온 사람은 간첩이고 신고해야 한다고 말하자, 태진이는 사람을 신고해서 부자가 된다는 것을 이해할 수 없다고 한다.

동수는 신고해야 한다고 말한 일을 사과하고 태진이와 이야기를 나눈다. 먹을 것을 챙겨주고, 물놀이를 함께하며 남한과 북한은 다르지 않고 형제 같다는 걸 느끼기도 한다. 동수는 태진이가 배를 타고 북한으로 무사히 돌아갈 수 있도록 물과 음식을 준비한다. 그리고 해주로 떠나는 태진이의 거룻배가 보이지 않을 때까지, 무사히 집에 도착하게 해달라고 울면서 하느님께 기도를 드린다.

태진이는 무사히 돌아갔을까?

「바닷가 아이들」을 읽은 아이들은 태진이가 무사히 고향 집에 도착했는지 몹시 궁금해한다. 초등 중학년 이상 아이들은 친구에 관심이 많다. 늘 만나는 친구들도 좋지만 북한에 사는 또래 친구를 안다면 어떨까? 거룻배를 타고 떠난 태진이에 대한 안타까움과 '북한'이라는 익숙하지 않은 곳에서 온 친구에 대한 호기심을 불러일으키는 이야기이다. 아이들에게 어려운 주제인 '분단과 통일'에 관하여 자연스럽게 이야기 나눌 수 있는 훌륭한 작품이다.

두 아이가 다시 만나는 날을 꿈꾸며

동수는 짧은 만남을 통해 자신과 태진이가 형제처럼 닮았다는 것을 안다. 샘물을 마실 때에는 엎드려서 입을 대고 꿀꺽꿀꺽 들이키고, 김치와 밥, 떡을 주로 먹는다는 것을 알게 되면서 서로 전혀 다르지 않음을 알게 된다. 두 아이는 알몸으로 수영을 하면서 경계를 풀고, 오래 알았던 친구처럼 친숙하게 시간을 보낸다. 태진이도 같은 반에 동수와 이름이 같은 친구가 있다며 친근하게 다가선다.

두 아이의 마음이 낱말과 문장 사이사이 녹아 있어 읽는 이도 미처 생각하지 못했던 점을 새삼스럽게 알아차릴 수 있다. 남과 북은 원래 같은 나라였고 같은 문화를 공유하며 더불어 살아가는 사람들이었다는 사실 말이다. 마지막 문장에 이르면, 동수와 한마음이 되어 기도하는 자신을 발견한다. 동화를 진지하게 읽은 아이들은 태진이의 안부를 걱정한다. 이런 마음을 가진 아이라면 갈등보다 평화로운 미래를 꿈꾸지 않을까?

「바닷가 아이들」에서 평화로 가는 길은 어렵지 않다. 순수함과 용기가 가득한 어린이, 동심을 간직한 어른이라면 평화와 화합에 이르는 일을 가능하게 할 것이다.

요즈음 아이들에게 통일에 대한 생각을 물으면 부정적으로 대답하는 경우도 있다. 통일을 반대하는 이유는 북한의 가난이다. 통일이 되면 우리가 가진 것을 그들과 나누기 때문에 손해란다. 6.25전쟁 뒤, 남한 아이들에게 북한 사람은 도깨비와 다르지 않은 존재였다. 90년대 이후 북한 경제가 어려워지면서 아이들이 통일을 바라보는 시선도 더욱 부정적으로 변했다.

경기도교육연구원에서 발간한 2020년 『교육시선 오늘』 5호에 소개된 글을 보면 어릴 때부터 통일교육이 반드시 필요하다는 것을 알 수 있다. 교육받은 학생이 받지 않은 학생보다 약 11퍼센트 높은 비율로 통일을 찬성하고 있었다. 또 학교에서 실시하는 통일교육의 효과도 학생 70퍼센트 정도가 긍정적이라고 평가했다. 그러나 학년이 높아질수록 교육에 대한 만족도나 효과는 떨어지고 있었다. 초등학생에게는 딱딱한 지식을 알려주는 방식보다 부드러운 문학 작품으로 진행하는 통일교육이 절실한 이유이다. 동화를 읽으면 자연스럽게 동질감이 형성된다. 우리는 생김이 같고, 같은 언어를 쓰고, 먹는 것이 같고, 하나의 역사를 잇고 있다는 진실을 알게 된다.

우리는 오천 년 동안 함께 살았고, 70년 가까이 헤어져 살았다. 「바닷가 아이들」은 이념과 논쟁에 앞서, 오랜 시간 함께 살아온 사람들만이 느낄 수 있는 이야기로 감동을 준다. 왜 남북이 함께 살아야 하는지, 통일 이후에는 어떤 사회를 그려볼 수 있는지, 초등 고학년 아이들과 '분단과 통일'에 관한 이야기를 나누기에 이보다 좋은 작품이 있을까? 통일의 문제를 경제적인 관점으로만 바라보는 아이들에게 민족의 동질성과 비극, 통일 이후에 펼쳐질 정치·경제적 이익, 정서적 안정감 등의 이야기를 펼쳐보자.

권정생은 평생을 안타까운 마음으로 세계 평화를 기원하며, 자신이 살던 이 작은 땅에서라도 화해와 공존의 모습을 보고 싶어 했다. 하지만 그 길은 아직도 멀고, 작가는 하늘나라에 있다. 아픈 몸을 이끌고 쉼 없이 동화를 쓴 까닭은, 아이들에게 이야기를 통해 통일의 소중함을 알리고 그 방향이 평화로 가는 길임을 전하고 싶었기 때문일 것이다.

문학 수업

읽기 활동 **낱말의 뜻 이해하며 읽기**

권정생 동화는 대부분 70~80년대를 배경이 한 작품이 많아 요즈음 아이들이 알기 어려운 고유어나 향토어가 등장한다. 동화를 읽을 때 모든 낱말을 하나하나 이해하려고 할 필요는 없다. 그러나 작품의 주제와 의미를 풍부하게 느끼고 현실과 연계해서 공부하려면 낱말 지도가 중요하다.

「바닷가 아이들」은 초등 중학년 이상 아이들이 흥미롭게 읽는 작품이다. 담백하고 섬세한 문장으로 등장인물의 심리와 행동을 따라가다 보면, 어느새 인물과 하나가 되어 있음을 느낄 수 있다. 그런데 종종 초등 고학년 아이들에게도 어려운 낱말이 나온다. 이야기 흐름을 이해하는 데 방해가 되지는 않지만 한 번쯤 알고 지나가야 하는 낱말들이다. 읽기 전에 교사가 학생들과 낱말 공부를 함께하고 읽기를 권한다. 특히 아이들은 대체로 다음 낱말을 어려워한다. 교사가 아이들에게 먼저 제시한 후 뜻을 찾아보도록 안내하고 동화와 연관 지어 짧은 문장도 완성해 보자.

아이들이 어려워하는 낱말

굿은비, 낮전, 물, 거룻배, 상고머리, 양재기

〈뜻풀이와 짧은 문장 예시〉

거룻배: 돛을 달지 않고 가까운 바다를 다니는 가장 작은 배로 큰 배에서 잡은 고

> 기를 육지로 운반하는 역할을 한다.
> → 동수의 바람대로 태진이는 작은 거룻배를 타고 해주까지 무사히 도착했을 것이다.

말하기/듣기 활동 자유 토론

「바닷가 아이들」은 초등 고학년 아이들이 '분단과 통일'을 주제로 토론하기 좋은 작품이다. 70, 80년대에 학생이었던 어른 세대와 달리 요즈음 학생들은 북한을 도깨비나 괴물로 생각하지 않는다. 그러나 경제 성장의 혜택을 누리며 태어나고 자란 아이들은 단순 계산에 의한 경제적인 이유로 통일에 대한 거부감을 표현하기도 한다. 이 동화를 읽고 통일이 되면 어떤 변화가 생길지 영토와 인구의 변화, 경제와 정치적 변화에 대한 구체적이고 현실적인 토론을 해보자. 물론 긍정적인 상황뿐 아니라 어려움도 함께 이야기한다.

기타 다양한 토론 주제

- 분단비용과 통일비용
- 고조선부터 현재까지 남북을 중심으로 우리나라 영토가 어떻게 변화했는지?
- 통일로 가는 과정에서 우리가 해야 하는 일은 무엇인가?
- 통일이 되면 군대는 필요 없나?
- 주변국은 우리나라의 통일을 어떻게 생각할까?
- 통일이 되면 기차 타고 유럽 여행을 갈 수 있을까?

| 쓰기 활동 | **태진이에게 편지 쓰기**

등장인물에게 편지 쓰기는 전 학년에서 할 수 있는 활동이다. 특히 고학년의 경우 작은 거룻배를 타고 홀로 황해도 해주까지 위험한 항해를 떠난 태진이에게 관심을 보인다. 태진이의 행동에 대한 의견, 하고 싶은 말, 궁금한 것이 쏟아져 나온다.

편지를 쓰기 전에 지도를 보며 동해에서 해주까지 항로를 예측하고, 남북의 지리적인 배경을 이해하는 활동도 필요하다. 초등 저학년에게는 편지 형식을 알려줄 필요가 있지만, 고학년은 대부분 잘 이해하고 있어 '하고 싶은 말'에 집중해서 편지를 쓰도록 안내한다.

함께 볼 만한 자료

- '남북 어린이가 함께 보는 전래동화' 시리즈(전 10권, 권정생 외 지음, 사계절, 2001)
- '남북 어린이가 함께 보는 창작동화' 시리즈(전 5권, 권정생 외 지음, 사계절, 2006)
- 『먼저 온 미래』(김정희 글, 유설화 그림, 사계절, 2015)

먹구렁이의 꿈이 좌절된 이유

「먹구렁이 기차」
★ 권장 연령 | 초등 중학년

수록 동화집 「먹구렁이 기차」
(유승하 그림, 우리교육, 2017)

따뜻한 봄날 먹구렁이 가족은 겨울잠에서 깨어난다. 엄마 구렁이는 가족들에게 세상 밖은 위험하기 때문에 조심하며 살아가야 한다고 말한다. 막내 먹구렁이는 두려움에 망설이기도 하지만 용기를 내어 밖으로 나온다. 엄마 이야기와 달리 처음 만난 세상은 환하고 따뜻하다. 소풍 온 아이들이 커서 대통령, 시인, 화가가 되겠다는 이야기를 듣고, 먹구렁이도 자신의 꿈을 고민한다. 고민에 빠진 먹구렁이에게 민들레와 친구들은 먹구렁이는 먹구렁이 밖에 못 된다는 이야기를 한다. 그러나 먹구렁이는 팽나무 할아버지에게 바라는 것은 무엇이나 될 수 있다는 이야기를 듣고 용기를 낸다.

어느 날, 먹구렁이는 먼 산 초록 지붕 정거장에서 더 멀리 가지 못하고 뒷걸음질로 돌아가는 기차를 보게 된다. 그리고 멋지게 자라서 막힌 벽을 뚫고, 끊어진 길을 달려 사람들을 고향으로 데려가는 기차가 되기로 결심한다. 그러나 버드나무 할머니는 '위대한 일'을 하려면 담을 쌓는 사람을 조심하라고 말한다.

첫서리가 내리고 겨울이 다가왔는데도 먹구렁이는 충분히 크지 못한 자신에 실망한다. 내년이 있다는 들국화의 위로를 듣고 식구들이 있는 겨울 집으로 돌아가려 하는데 그때 언덕 위에서 아이들의 소리가 들린다. 대통령과 시인이 되겠다던 아이들은 먹구렁이를 보자 돌멩이를 던져 동강동강 잘라 버린다. 밤이 되자 온몸이 잘린 먹구렁이는 두둥실 떠올라 기차가 되어 들국화를 곁에 태우고 막힌 곳을 향해 길을 떠난다.

먹구렁이와 생명의 존귀함

「먹구렁이 기차」는 저학년이 읽는 동화를 중심으로 엮은 책에 수록되어 있다. 그러나 아이들과 수업을 하는 교사 입장에서 보면 초등 저학년이 읽기는 주제나 구성이 조금 어려울 수도 있다. 초등 중학년 이상 아이들이 읽기를 권하며, 저학년 아이들과 읽는 경우 세심한 독서 지도를 곁들이면 좋겠다.

동화를 읽고 난 뒤 아이들의 반응은 다양하다. 어떤 아이들은 겨울잠 자는 동물 이야기를 궁금해하고, 어떤 아이들은 꿈을 이루기 위해 노력하는 먹구렁이를 칭찬한다. 자신이 본 뱀에 대하여 흥미롭게 이야기하는 친구도 있다. 학년과 상관없이 모두 공감하는 부분은 용감하고 씩씩하게 살아가는 먹구렁이의 안타까운 죽음이다.

이 동화를 읽으며 저학년과는 '생명의 존귀함'을, 중학년과는 버드나무 할머니가 이야기한 '위대한 일'이 무엇인지 이야기하면 좋겠다. 또 고학년과 통일에 대한 이야기를 나눠보자. 허리가 끊어진 먹구렁이는 비무장 지대에 멈춰 있어 달리지 못하는 기차와 닮아 있기 때문이다.

기차가 되고 싶었던 꿈

「먹구렁이 기차」는 권정생 동화답다. 작고 보잘것없어 보이는 구렁이는 꿈을 꾸고, 다른 이에게 보탬이 되는 삶을 위해 노력한다. 세상 모든 생명을 귀하고 소중히 여겨야 한다는 작가의 철학이 고스란히 담겨 있다.

먹구렁이가 겨울잠을 자고 바깥세상으로 나갈 때, 엄마 구렁이는 우리가 한가로이 모여 살 수 없으니 따로따로 용감하게 살아야 한다고 말한다. 마치 막내 먹구렁이에게 닥칠 슬픔을 예견하듯이. 아름답지만도 행복하지만도 않은 세상에서 모든 어려움을 이기고 용감하게 살아남길, 그것만으로도 위대한 삶임을 이야기한다. 어디 구렁이뿐이랴. 세상 모든 부모는 자식이 자라 품을 떠날 때 이 말을 가슴으로 전할 것이다.

겨우내 땅속에서 잠을 자던 구렁이는 봄이 되어 세상 밖으로 나온다. 어느 따뜻한 봄날 소풍 온 어린이들의 이야기를 엿듣고, 가족 잃은 사람들을 싣고 고향으로 돌아가는 기차가 되고 싶은 '위대한' 꿈을 갖게 된다. 먹구렁이는 기차가 되기 위해 부지런히 운동을 하며 몸을 키운다. 하지만 늦가을이 되고 날씨가 추워지자, 아직 충분히 자라지 못한 자신의 몸을 보고 실망하며 가족들이 있는 집으로 돌아가려 한다. 봄이 탄생의 계절이라면 여름은 성장의 계절이고 가을은 추수의 계절이며 겨울은 다음 해를 위한 인내의 계절이다. 계절의 변화와 함께 먹구렁이의 성장과 변화를 보는 재미가 있다.

하지만 먹구렁이의 꿈은, 어른들이 쌓은 담장 때문에 평화로운 통일을 향한 꿈이 방해받는 것처럼, 힘없는 사람들이 강자의 억압 때문에 고통받는 것처럼, 대통령이 되고 싶은 아이들에 의해 짓밟힌다.

찬찬히 조심조심 관심을 두고 주위를 살펴보면 작고 약하고 누추해 보이는 생명이 늘 우리 곁에 있다. 이 모든 생명을 소중히 여기며 함께 더불어 사는 것이 '진정으로 위대한 일'이라고 작품은 말한다.

동화를 읽은 교사들은 먹구렁이가 아이들에게 죽는 마지막 장면이 너무 잔인하여 읽혀도 되는지 묻곤 한다. 낭만적인 꿈이 아무런 방해 없이 쉽게 이루어진다면 그것 또한 너무나 비현실적이다. 인간을 위해 기차가 되기로 한 먹구렁이와, 아이들이 아무 생각 없이 먹구렁이를 죽이는 장면의 대비가 이 작품을 오래 기억하도록 만드는 힘이다. 아이들은 동화를 읽고, 다른 생명체에 장난으로 하는 무심한 행동을 돌아보게 된다.

먹구렁이의 꿈은 고통 속에서 새롭게 부활한다. 토막 난 먹구렁이의 몸은 멋진 기차가 되어 들국화를 맨 앞자리에 태우고 세상 곳곳 막힌 곳을 뚫기 위해 여행을 떠난다. 소중한 꿈은 슬픔과 희생 없이 쉽게 이루어지지 않는다. 그 사실을 알기에 우리는 고통 속에서도 끝내 희망을 포기 않는다. 막내 먹구렁이처럼.

문학 수업

읽기 활동 주제가 담긴 문장 찾기

「먹구렁이 기차」에는 작가의 생각이 담긴 멋진 문장이 많다. 먹구렁이가 팽나무 할아버지와 꿈에 대한 이야기를 나누며 근사한 기차가 되어 산 너머 먼 곳까지 달려가고 싶다고 생각한 부분 등에 주목할 수 있다. 이처럼 주제와 연관된 문장을 찾아 정리하면 작품을 통해 전하고 싶었던 작가의 생각을 풍부하게 이해하며 읽을 수 있다. 생명의 소중함, 성장과 변화, 평화와 통일과 연관된 문장을 찾는다. 그리고 찾은 문장을 기록하며 그 문장은 어떤 메시지를 전한다고 생각하는지 의견을 나눠보자. 초등 중학년 이상 학생들이 하기 좋은 활동이다.

말하기/듣기 활동 먹구렁이를 죽인 아이들의 행동과 생명의 소중함에 관해 말하기

초등 고학년이 이 작품을 읽으면 먹구렁이를 죽인 아이들의 행동에 안타까움을 느끼는 경우가 많다. 먹구렁이에게 감정 이입을 하며 읽었기 때문이다. 꿈을 찾기 위해 고민하고 꿈을 선택한 뒤 열심히 노력하

는 주인공에게 감동한다. 그러나 먹구렁이는 작은 생명이라도 소중한 존재라는 것을 생각하지 못한 아이들에게 무참하게 죽는다. 이 장면에 다다르면 어린이 독자들은 할 말이 많아진다. '먹구렁이를 죽인 아이들의 행동과 생명의 소중함'에 관한 각자의 생각을 글로 정리하여 스피치를 해보자. 생명의 소중함과 '위대하게 사는 일'의 의미를 생각하여 다른 친구들 앞에서 자신의 의견을 적극적으로 표현해보자.

쓰기 활동 '생명의 소중함'을 주제로 경험을 쓰고, 구렁이의 성장 과정을 표로 정리하기

초등 중학년은 작고 어린 동물에 관심이 많은 시기이다. 아이들은 동화를 읽고 또래 아이들이 먹구렁이에게 한 행동을 보고 무척 안타까워한다. 그러나 일상에서는 잠자리를 잡아 날개를 떼어 갖고 놀기도 하는 등 작고 어린 동식물에게 무심하게 거친 행동을 하는 경우도 있다. 동식물을 만난 경험을 글로 쓰고 생명의 소중함을 생각해 보자.

계절에 따라 구렁이가 겪은 일과 그 일을 통해 구렁이는 어떤 변화를 겪었는지 표로 정리해보는 활동도 도움이 된다. 먹구렁이도 우리처럼 저마다의 속도로 성장하는 존재라는 사실을 알게 되면 한 생명을 향한 존중감, 경외심을 자연스레 키울 수 있다.

기타 활동 '달리지 못하는 기차'의 역사적 배경 공부하기

먹구렁이는 자신의 꿈을 이루지 못하고 죽는다. 기찻길이 막혀 고향에 갈 수 없는 사람들을 그리운 고향에 데려다주는 꿈이다.

동화의 배경이 되는, 달리지 못하는 기차는 우리의 현실이다. 임진

각에는 먹구렁이를 닮은 늙은 기차가 있다. 아직도 총에 맞은 자국이 선명히 남아 있는 몸으로 '철마는 달리고 싶다.'라는 문장과 함께 쓸쓸히 서 있는, 온 세상을 찾아다니며 막힌 곳을 틔우고 싶었지만 더는 달릴 수 없는 기차가 있다.

 2018년 2월 26일, 개성에서 경의선, 동해선 철도, 도로를 연결하는 사업을 위한 남북의 착공식이 있었다. 그러나 아직 철로 위로 기차가 달리지는 못한다. 기차를 타고 한반도 땅 끝 부산에서 베이징으로 모스크바를 거쳐, 독일 베를린까지 닿을 수 있는 날을 상상해보자. 한반도 지도를 보며, 우리가 북녘땅을 거쳐 더 넓은 대륙으로 나아가는 날을 꿈꾸고 미래에 관하여 이야기 나눠보기도 권한다.

> 산 너머에
> 정말
> 도깨비가 있을까?

「다람쥐 동산」
★ 권장 연령 | 초등 저학년

수록 동화집 「하느님의 눈물」
(신혜원 그림, 산하, 2017)

오래전부터 다람쥐 동산에는 아무도 갈 수 없는 곳이 있다. 어른들은 산 너머에 도깨비가 살기 때문에 그곳에 가면 누구도 살아 돌아오지 못한다고 말한다. 아기 다람쥐 똘똘이는 정말 그곳에 도깨비가 살고 있는지 궁금해한다. 달이 두둥실 떠오른 밤, 똘똘이는 고갯길을 올라 산 너머 건너편 마을을 바라본다. 때마침 똘똘이를 닮은 아기 다람쥐가 이쪽을 바라보고 있다. 그 아이 이름은 쫑쫑이였다. 처음엔 놀랐지만, 똘똘이와 쫑쫑이는 이야기를 나누며 금세 친구가 되고, 어른들이 들려준 이야기가 모두 거짓임을 깨닫는다. 그 뒤 밤마다 똘똘이와 쫑쫑이는 친구들과 함께 울타리 구멍으로 이쪽과 저쪽 마을을 숨어 다닌다. 아이들이 자주 다니자 울타리 구멍은 더 커지고, 이제 아이들은 대낮에도 떼를 지어 서로의 마을을 다닌다. 어른들도 차차 울타리 구멍을 오가면서 다람쥐 동산의 울타리는 사라지고 평화가 찾아온다.

다양한 주제로 읽을 수 있는 동화

「다람쥐 동산」은 어린 연령 아이들도 공감하며 읽기 쉬워 초등 저학년에게 주로 권장하지만 연령에 따라 다르게 반응하고 생각하는, 무척 다채로운 색을 지닌 작품이다. 초등 1, 2학년은 어른에게 자주 듣는 '이곳은 가지 마.', '이건 위험해.'라는 말을 떠올리고 3, 4학년은 똘똘이의 용기에 대해 이야기를 한다. 분단과 통일이라는 주제를 떠올리는 것은 주로 고학년에 이르러서이다. 이처럼 「다람쥐 동산」은 학년에 따라 단순한 주제에서 깊이 있는 주제까지, 일상에서 사회적인 문제까지, 다양한 주제를 놓고 사고를 확장할 수 있는 작품이다.

이 땅의 모든 '똘똘이'와 '쫑쫑이'가 어울릴 수 있기를

「다람쥐 동산」은 남북이 통일을 이루기를 바라는 작가의 간절한 마음이 담겨 있다. 울타리 이쪽저쪽 다람쥐들이 몰래 오가면서 자연스럽게 하나가 된 모습은 우리나라가 그렇게 통일이 이루어지기를 염원하는 마음을 상징한다. 분단은 당연한 상태가 아니라 우리가 방법을 찾아서 극복해야 할 일이라는 점을 말하고자 하는 것이다. 하지만 많은 교사가 초등학생에게 역사를 구체적으로 설명하고 이해시키는 일에 어려움을 느낀다. 대신 역사적 사건이나 인물을 중심으로 이야기처럼 흥미롭게 풀어서 들려주면 아이들도 역사를 기억하기 쉽고 작품에 대한 이해를 높일 뿐 아니라, 학습의 토대도 마련할 수 있다.

이 작품은 학년에 따라 다른 주제와 활동을 유연하게 적용하여 수업하기를 권한다. 초등 1, 2학년은 일상에서 어른들의 간섭이나 참견을 자주 겪는다. 저학년의 경우 자신에게 금지된 일이나 장소에 대한 이야기나, 그때 어떤 생각을 하는지, 또 어떻게 해결하는지 들어보면 아이의 고민이나 상황을 이해하고 도울 수 있다. 초등 3, 4학년과 함께 읽을 때에는 일상에서 벌어지는 다양한 갈등이나 친구에 관한 이야기를 풍요롭게 할 수 있다. 이 시기의 아이들은 어려움을 해결하는 진정한 용기에 대한 주제에 관심을 보인다. 왕따 문제가 심각한 요즈음 다른 친구에 대한 편견이나 오해로 갈등이 생기는 경우가 많다. 초등 고학년 이상이라면 역사 이야기가 익숙하므로 역사 속 사건을 구체적으로 곁들여 설명을 들려준 다음 아이들이 들은 내용을 직접 글로 정리하거나 토론을 해봐도 좋겠다.

묵직한 주제와는 대조적으로 이 작품의 문장은 더할 나위 없이 간결하다. 처음부터 끝까지 어느 한 구절 막힘이 없고 마치 시를 읽는 것처럼 편안하고 부드럽다. 문장과 문장 사이, 낱말과 낱말 사이, 전하고 싶은 수많은 이야기를 꾹꾹 누르며 담백한 문장으로 통일을 향한 염원을 담았다.

'평화'와 '공존'은 작가의 전 작품을 통해 이야기하는 가장 주요한 키워드이다. 권정생은 일제와 강대국의 틈바구니에서 민족이 약탈과 전쟁으로 고통받던 시대를 살아간 대표적인 작가이다. 자신의 아픔을 개인 차원에 머물게 두지 않고 민족 전체의 고통으로 확장하여 온몸으로 공감하고 함께 해결하기 위한 삶을 살았다. 「다람쥐 동산」은 통일이 이루어지는 과정을 보여주는 작품이다. 똘이와 쫑쫑이가 용기를 내어 만나기를 잘했다고 생각하는 마지막 장면을 쓰고 하늘을 보며 아픈 미소를 짓는 권정생의 모습이 떠오른다.

문학 수업

읽기 활동 장면 떠올리며 꼼꼼하게 읽기

〈다람쥐 동산〉은 공간적인 배경이나 인물과 사건, 구성이 뚜렷하고 단순하다. 다람쥐 동산, 마을, 고갯마루 울타리, 영리하고 호기심 많은 똘똘이와 쫑쫑이의 만남, 다정하게 어울리는 두 친구의 모습, 울타리가 사라지고 찾아온 평화 등 구절마다 장면을 떠올려보자. 천천히 상상하며 읽다 보면, 자연스럽게 다람쥐 동산 이야기에 공감하게 된다.

말하기/듣기 활동 핫시팅 인터뷰를 하고 주인공 다람쥐들의 용기 있는 행동과 나의 경험 비교해 말하기

초등 3, 4학년은 동화를 읽고 다람쥐의 용기를 칭찬하는 경우가 많다. 핫시팅 인터뷰로 똘이와 쫑쫑이를 만나면 캐릭터의 행동을 더 깊이 이해할 수 있다. 핫시팅 인터뷰는 작품 속 인물이나 역사적 인물 등 인터뷰 대상이 될 사람을 학생 한 명이 맡아 질문에 대답하는 가상 인터뷰다. 먼저 작품 속 인물이 될 학생을 선정한다. 인터뷰이가 준비된 의자에 앉으면 나머지 학생들은 의자에 앉은 인물에게 질문을 한다. 질문은 아이들이 자유롭게 선정해도 좋고, 교사가 아래 내용을 활용해 가이드를 해도 좋다. 인터뷰이는 자기가 맡은 역할에 감정 이입을 해서 대답한다. 인터뷰가 끝나면 학생들이 일상에서 겪는 '용기와 도전'에 대한 자신의 경험을 소개한다.

핫시팅 인터뷰 질문거리

- 똘똘 씨는 왜 어른들의 이야기를 믿지 않고 건넛마을을 가보기로 했나요?
- 똘똘 씨는 달밤에 혼자 다람쥐 동산에 올라가는 게 무섭지 않았나요?
- 쫑쫑 씨는 똘똘 씨를 만났을 때 어떤 기분이 들었나요?
- 마을에 울타리가 사라지고 평화가 찾아왔을 때 감정을 얘기해 주세요.

쓰기 활동 '통일로 가는 길'을 주제로 생각글 쓰기

초등 3, 4학년과 우리나라가 어떤 과정으로 통일을 이루면 좋을지 글로 써보자. 글을 쓰기 전 친구들과 함께 '다람쥐 동산'에 관해, 남북의 '평화와 공존'에 관해 자유롭게 이야기하도록 한다. 내 생각을 말하고 친구들의 이야기를 듣다 보면 자신의 의견을 정리하고 글로 쓰는 작업에 도움이 된다. 완성된 글은 친구들과 함께 읽으며 감상을 나눈다. 글감은 아이들이 생각이나 의견을 나누는 과정에서 스스로 정하는 것이 좋겠다.

'방귀' 때문에 희생되었다고?

「용원이네 아버지와 순난이네 아버지」
★ 권장 연령 | 초등 고학년

수록 동화집 『짱구네 고추밭 소동』
(김병호 그림, 웅진주니어, 2002)

솔개마을 사람들은 너나없이 착하고, 평화롭게 살아간다. 그러다 보니 용원이네 아버지와 순난이네 아버지 방귀가 재미난 이야깃거리가 된다. 두 사람은 심심하면 방귀시합을 벌이며 지낸다. 사람들의 부추김에 장날 장터길에서 방귀시합을 벌이기도 한다. 아이들도 마을 사람들도 두 아버지의 방귀를 세며 누가 이길지 흥미롭게 지켜본다.

그런데 전쟁이 일어나고 마을에 인민군과 국군이 번갈아 들어온다. 용원이네 아버지는 반동분자를 찾겠다며 총을 들이대는 인민군 앞에서 너무 놀라 방귀를 뀐다. 순난이네 아버지는 인민군이 물러가고 들어온 국군에게 닦달을 받다가 너무 놀라 방귀를 뀐다. 두 사람은 방귀를 뀌었다는 이유 때문에 몽둥이와 군홧발로 죽도록 두들겨 맞고 끝내 세상을 떠나고 만다.

풍자와 해학으로 전쟁을 비판하다

전쟁을 반대하고 평화를 지키고자 하는 권정생의 반전사상이 풍자적으로 담긴 작품으로, 중학년부터 읽기에 적합한 동화이다. 평화로운 시골 마을에 웃음을 준 방귀가 어이없게도 죽음의 원인이 되는 계기는 바로 전쟁이다. 권정생은 전쟁이 나쁘다고 곧이곧대로 말하기보다 아이들이 좋아하는 방귀라는 소재를 적절히 활용해 주제가 더 깊숙이 와닿게 한다. 유머와 풍자로 웃음을 유발하고 후에 오는 비극적 상황을 더욱 비통하게 느끼도록 한 것이다.

권정생 작품 세계를 두루 품은 이야기

이 작품은 38선이라는 견고한 벽을 허물지 못하고 있는 현실 또한 냉정하게 바라보며 남과 북이 평화를 이뤄내야 할 까닭을 분명하게 깨닫게 하는 동화이다. 반전사상, 생생한 표현, 맛깔나는 어투 등 권정생 작품이 대표적으로 품고 있는 특징들을 두루 갖추었다. 그림으로 보는 것처럼 생생하게 표현한 이야기가 마치 옆에서 들려주듯 살갑다. 특히 작품 속 배경인 솔개마을의 정겨운 모습을 사실적으로 살려내 주제를 효과적으로 전달하면서 각 인물들이 살아 움직이는 주체로 다가오게 한다. 살가운 언어로 묘사하는 마을 사람들의 행동이나 말은 전쟁이 아니라면 그 모습 그대로 평화롭게 살아갔을 거라는 점을 쉽게 짐작하게 한다. 아이들은 동화를 읽으면서 탁월한 표현과 언어적 감수성에 젖어들며 자연스럽게 전쟁을 반대하는 마음을 갖게 된다.

작품 전반부는 솔개마을의 평화로운 모습을 그린다. 용원이네 아버지와 순난이네 아버지라는 순하고 착한 캐릭터, 아이들이 말만 들어도 자지러지게 웃는 방귀라는 소재가 재미있게 묘사된다. 여기에 장터 길에서 벌어지는 용원이네 아버지와 순난이네 아버지의 방귀 시합과 이를 두고 티격태격하는 아이들 모습은 마치 실제로 눈앞에서 벌어지는 일 같다. 누가 끝까지 방귀를 뀌어서 이기게 될까 호기심을 갖고 이야기를 계속 읽어나가는 힘이 되는 요소이다. 쌀밥 아닌 보리밥이라도 맛나게 먹으면서 방귀 하나로 마을 사람들이 모두 웃을 수 있는 평화로운 정경이다. 이러한 평화는 곧 이어지는 6.25전쟁의 참상이 더욱 비극적으로 다가오게 한다.

제트기가 뜨고 총알이 날아다니는 솔개마을에 번갈아 들어온 국군과 인민군, 그들에게 용원이네 아버지와 순난이네 아버지가 어느 편인지는 중요하지 않았다.

작가는 용원이네 아버지와 순난이네 아버지를 통해 전쟁의 민낯을 고스란히 그려 보인다. 내 편이 아니면 모두가 적이고 목숨을 빼앗는 것이 정당화되는 것, 죄가 있고 없고를 따지지도 않는 것, 심지어 방귀조차 사람의 목숨을 빼앗을 수 있는 이유가 되는 것이라고 말한다. 방귀는 솔개마을의 평화를 해학적으로 보여주는 장치이자 전쟁의 참상을 보여주는 소재인 것이다.

6.25전쟁 때 서로 적이었던 국군과 인민군은 각각 남한과 북한의 군대이다. 강대국의 틈바구니에서 하나의 정부를 이뤄내지 못하고 전쟁에 휘말린 우리나라의 역사를 아이들과 함께 이야기하고 분단이라는 단절된 상황을 어떻게 극복할 수 있을지도 생각해 보자.

문학 수업

읽기 활동　**큰 소리로 다 함께 읽기**

솔개마을 사람들이 풍기는 순박하고 유쾌한 분위기를 느껴볼 수 있도록 다 같이 큰 소리로 읽는다. 책에 등장하는 사람들과 만나고, 그곳에서 벌어지는 방귀 내기 경쟁 같은 재미있는 일을 즐기도록 한다.

소리 내어 읽을 때 등장인물들이 나누는 대화나 의성어는 억양을 살려서 말하듯이 읽게 한다. 방귀 때문에 아이들이 중간중간 웃을 수도 있는데 그럴 때는 이야기가 좀 끊기더라도 마음껏 웃게 한다. 적극적 독자가 될 때 책 내용에 동화할 수 있으며 주제에 한 걸음 더 다가설 수 있다.

큰 소리로 읽다 보면 발음이 꼬이는 아이가 있을 수 있다. 그럴 때는 다 같이 기다려서 다시 한번 천천히 읽게 한다. 뜻이 잘 이해가 안 가 머뭇거리는 아이가 있다면 친구들이 설명해주도록 하거나 교사가 가르쳐주고 넘어간다.

말하기/듣기 활동 **북토크**

북토크 주제를 자유롭게 정한다. 아이들이 주제나 질문을 뽑아내기 어려워하면 교사가 다음 예시를 주고 투표를 통해 북토크 소재를 선정할 수 있다.

북토크 소재로 삼을 만한 내용

- 평화를 깨트리는 것은 무엇일까?
- 주위 사람들과 평화롭게 지내려면 어떻게 해야 하는지 개인의 경험을 반영하여 자유롭게 이야기를 나눈다.
- '평화'는 무엇일까? 전쟁 전 솔개마을처럼 근심이나 고통이 없는 평온하고 화목한 상태를 말하는 것이기도 하고 국가나 집단, 개인 사이에 대립이 없는 상태를 말하기도 한다. 다툼, 미움, 경쟁, 욕심, 이기심에서 벗어날 때 우리 곁에 평화가 올 수 있다는 것을 말할 수 있으면 된다.
- 용원이네 아버지와 순난이네 아버지가 겪은 불행의 원인이 어디로부터 비롯되었을까? 평화롭던 솔개마을에 불안과 공포가 다가온 원인은 무엇일까?

그다음에는 아이들이 한 사람씩 앞으로 나와 이 동화에서 다루는 중심 내용을 이야기한다. 부족한 부분은 다른 아이가 보완할 수 있다. 이후 자신의 경험을 섞어 전쟁 전 솔개마을에서 일어나는 일들, 등장인물들에 관련된 내용을 정리해서 말할 수 있다. 한 사람이 3, 4분을 넘기지 않는다. 그다음에는 주제와 관련해 전쟁과 평화, 통일에 관한 의견들을 나눈다. 각자 이 책에 대한 자신의 생각을 이야기하고 마무리할 수도 있고 평화를 위해 실천 가능한 일들을 해보자는 의견을 모을 수도 있다. 북토크를 하는 동안 중요한 내용은 빠르게 메모하는 과정도 필요하다. 다음 쓰기 활동을 하거나 동화 감상을 쓸 때 요긴하기 때문이다.

> **쓰기 활동** 주제가 있는 이야기글 쓰기

앞에서 한 여러 가지 이야기 가운데서 자신이 쓰고 싶은 주제를 정한다. 큰 주제는 평화로 통일하고 세부 주제는 각자 정한다. 글을 쓰기 전에 앞에서 이야기한 것들을 정리하여 주제를 찾아도 좋고, 함께 볼 만한 자료로 제시한 책을 참고해도 좋다.

   재미있는 방귀 대회, 방귀 자랑에 대한 이야기도 좋다. 인민군이나 국군도 따지고 보면 본래 한나라에서 살아가던 이웃인데, 서로를 적으로 여기는 모습에 대한 생각, 통일에 관한 의견, 통일이 되면 하고 싶은 일 등 자신이 생각한 바를 친구에게 이야기하듯이 쓴다.

함께 볼 만한 자료

- 『평화란 어떤 걸까?』(하마다 케이코 글·그림, 박종진 옮김, 사계절, 2011)
- 『선생님, 평화가 뭐예요?』(배성호 글, 김규정 그림, 철수와영희, 2019)
- 『그해 유월은』(신현수 글, 최정민 그림, 스푼북, 2019)
- 『빨간 벽』(브리타 테켄트럽 지음, 김서정 옮김, 봄봄출판사, 2018)
- 『비무장지대에 봄이 오면』(이억배 글·그림, 사계절, 2010)
- 『강냉이』(권정생 글, 김환영 그림, 사계절, 2018)
- 『그 여름의 덤더디』(이향안 글, 김동성 그림, 시공주니어, 2016)

도둑에게 맞선 용기

「짱구네 고추밭 소동」
★ 권장 연령 | 초등 중학년

수록 동화집 『짱구네 고추밭 소동』
(김병호 그림, 웅진주니어, 2002)

짱구네 엄마와 누나는 봄부터 고추농사를 짓는다. 가을이 되자 작고 귀여웠던 고추가 불꽃처럼 빨갛게 익었다. 그런데 고추들은 걱정이 생겼다. 밤이면 도둑들이 고추를 훔쳐간다는 소문이 자자하기 때문이다. 이 이야기를 듣고 아기 고추들은 힘을 모아 도둑을 잡기로 한다. 어느 밤, 도둑이 나타나 짱구네 고추를 모두 따서 도망을 간다. 힘없이 자루에 담긴 고추들은 자신을 키우느라 고생한 짱구 엄마를 생각하면서 용기를 내기로 한다. 모두 함께 몸을 빵빵 부풀린 것이다. 마침 도둑이 바위에 미끄러져 자루가 터지자 고추자루가 '꽝' 폭발한다. 이 소리에 놀라 도둑은 도망치고, 온 사방 흩어진 고추들은 하늘로 날아오른다.

고추들은 바람을 타고 날아올라 다시 고추나무 꼭지에 매달린다.

소중한 열매를 빼앗기지 않기 위해

작가는 '열매는 노력한 자의 것이며, 노력 없이 타인의 것을 빼앗는 것은 도둑이다.'라고 강조한다. 동화는 빼앗는 자에 맞서 빼앗기는 이들이 어떻게 힘을 모으고 용기를 내어 자신의 것을 지키고 승리하는지 연대의 과정을 보여준다. 이야기를 읽으며 아이들이 일상에서 겪는 다양한 폭력과 부당함은 무엇인지, 어떻게 어려움을 해결할 수 있는지 적극적이고 실천적인 방법을 함께 이야기할 수 있다.

평등하고 민주적인 세상을 위해 노력한 사람들

엄마와 누나는 이른 봄부터 가파른 오르막길을 오르내리며 거름을 져 나르고 구슬땀을 흘리며 고추밭을 가꾼다. 그러나 고추가 빨갛게 익자 도둑들은 몰래 고추를 훔쳐 간다. 마치 자유와 평등을 빼앗는 독재자들로 비춰지는 모습이다. 우리나라 근현대사는 절망과 희망이 교차하는 시대였다. 어려움에 처할 때마다 수많은 민초들이 나라를 지키기 위해 힘을 모으고 목숨을 희생했지만, 어떤 지도자는 개인적인 욕망에 눈이 멀고 욕심을 채우는 일에 여념이 없었다. 땀 흘려 노력하는 국민에게 총과 칼로 권력을 휘두르며 자유와 평화를 빼앗은 사람들. 이들을 우리는 독재자라 부른다.

이 작품이 수록된 『짱구네 고추밭 소동』은 본래 1991년에 출간되었다. 권정생은 2002년 이 책의 고침판을 내면서 「짱구네 고추밭 소동」, 「새들은 날 수 있었습니다」를 쓸 때, 군사 독재가 얼마나 힘들었나 생각하게 되었다고 덧붙였다. 동화를 통해 80년대 엄혹한 군부 독재의 횡포와 이에 저항하는 시민들의 모습을 아이들에게 전하고 싶었다고 한다. 독재자는 고추를 훔친 도둑의 모습으로, 독재에 대항하던 젊은이들은 자루 속에서 몸을 부풀려 탈출한 빨간 고추의 모습으로 그렸다.

초등 5학년이 되면 한국사를 배운다. 이 연령대의 아이들은 다양한 매체를 통해 역사적인 사건을 만난다. 그런데 조선 시대와 일제 강점기에 대해서는 어느 정도 이해하지만, 60년대 이후 한국의 정치적인 상황이나 사건은 모르는 경우가 많다. 이 동화를 읽고, 6.25전쟁 뒤 분단의 과정과 70, 80년대 군부의 쿠데타와 독재자들의 횡포를 알아보자. 고난을 극복하고 자유를 지키기 위해 노력한 많은 사람들의 희생도 함께 생각해보자.

그러나 이 책을 독재자와 권력에 대한 이야기로만 읽을 필요는 없다. 작품의 창작 배경과 의미를 제대로 이해하기 위해 군사독재에 대한 이야기가 필요할 뿐이다. 아이들이 느끼는 억압은 다양한 곳에 있다. 나를 괴롭히는 친구, 어른의 부당한 행동과 강요…… 동화를 읽고 일상에서 느끼는 부당함이나 부도덕에 대하여 이야기하는 것도 좋겠다. 비도덕적인 일이 일어났을 때, 우리 일상 속에서 아기 고추들처럼 힘을 합칠 방법에는 무엇이 있을지 궁리해보자.

문학 수업

읽기 활동   등장인물이 된 것처럼 읽어보기

단편 동화로 수업을 할 때는 아이들과 함께 읽는 경우가 많다. 그러나 학생들이 직접 소리 내어 읽는 경우 아쉬운 점이 많다. 내용을 구별해 가며 문장이나 구절별로 끊어 읽기, 감정을 살려 읽기, 정확하고 바른 발성으로 읽어야 할 때 내용에 대한 공감 없이 '글자만' 읽는 경우를 종종 본다. 읽는 학생도 듣는 학생도 감흥이 없다. 독서는 바르게 잘 읽는 데에서 시작한다. 감정을 넣어 적당한 속도와 발음을 살려 실감 나게 읽는 것만으로도, 독서교육이 절반은 이루어졌다고 할 수 있다.

　이 작품은 읽기 훈련을 하기에 적절하다. 내용 전개가 빠르고 대화체 문장이 다채로워 재미있게 읽는다. 아기 고추들과 도둑의 역할을 나누어 맡아 실감 나게 읽어보자. 그리고 똘똘 뭉쳐 도둑에게 당당하게 맞서는 아기 고추들의 마음을 알아보자.

말하기/듣기 활동   역사적 인물에 관해 PPT 만들어 발표하기

이 활동은 역사를 배우기 시작하는 초등 고학년에게 적절하다. 우리나라 근현대 역사를 인물이나 사건 중심으로 공부하다 보면 자연스럽게 훌륭한 지도자와 시민들의 자유를 억압한 독재자 이야기를 하게 된다. 아이들은 정치 지도자에 대하여 자신의 의견을 분명하게 말하는 경우가 있다. 관심은 많으나 역사적 지식이나 현실에 대한 정보가 턱없이 부족하여 엉뚱한 이야기를 하는 경우도 있다. 「짱구네 고추밭 소동」을 읽고, 학생들이 원하는 역사적 인물에 관해 간략한 사진과 약력을 첨부해 PPT를 만들어보자. 그 인물이 어떤 족적을 남겼는지, 사람들이 어떻게 평가하는지 등의 이야기를 준비해 발표해 본다.

기타 활동 낱말과 구절의 의미에 맞는 이미지나 삽화 그려보기

삽화는 이야기의 내용을 보충하거나 이해를 돕기 위하여 그린 그림이다. 작가들이 그린 그림도 좋지만 아이들은 장면에 어울리는 그림을 스스로 그릴 때 무척 즐거워한다.

안타깝게도 우리가 만나는 많은 아이들은 도시의 회색 거리에서 어린 시절을 보내는 중이다. 「짱구네 고추밭 소동」은 전원 풍경이 생생하게 묘사되어 있다. 밭농사나 벼농사에 대한 이해가 부족한 아이들은 동화에 나오는 시골 풍경이나 장면을 묘사하는 색다른 낱말과 구절을 어려워한다. 생경한 장면, 낱말이나 구절, 문장을 그림으로 그려보자. 작품의 배경과 인물, 사건을 좀 더 깊이 공감하는 기회가 될 것이다.

> 자유를 찾으려면
> 어떻게 해야 할까?

「새들은 날 수 있었습니다」
★ 권장 연령 | 초등 고학년

수록 동화집 『짱구네 고추밭 소동』
(김병호 그림, 웅진주니어, 2002)

허수아비가 새들을 감시하며 날아다니지 못하게 하는 이상한 나라가 있다. 새들이 날갯짓하는 시늉만 해도 잡아다 날개를 잘라버린다. 새들은 허수아비가 두려워 어정거리며 걷거나 기어 다닌다. 어떤 새들은 배만 부르면 그만이라거나 날아다녔다는 생각을 아예 하지 않는 게 좋다고 한다. 늙은 새들은 꾹 참으라고 한다. 하지만 어린 황새는 날고 싶은 꿈을 포기하지 않았다. 새들은 원래부터 날지 못했다는 엄마 새의 말도 들리지 않는다.

한편, 날아보려다 허수아비에게 잡혀가 날개를 잘린 건넛집 할아버지 제비는 아기 제비들에게 날고 싶으면 우리가 같은 시간에, 한꺼

번에 날아야 한다고 이야기한다. 그러면 새들이 자기보다 높이 날까 봐 무서워하는 허수아비도 어쩌지 못할 거라고 말이다. 어느 날, 새들은 동시에 모두 함께 날아올라 하늘을 가득 메운다.

방관할 것인가, 함께 맞설 것인가?

이 작품은 허수아비가 꼼짝 못 하게 하는데도 새들이 별다른 저항을 하지 않는 문제와 함께 현실에서 아이들을 억누르는 여러 가지 상황을 이야기하기에 좋다.

 독재자는 권력을 유지하기 위해 무력으로 약자들을 억압한다. 작가는 평범한 우리 자신을 상징하는 새가 독재자를 상징하는 허수아비 뜻대로 침묵하고 타협하면서 억눌린 삶을 살 것인가, 허수아비에게 맞서서 자유를 찾을 것인가 묻고 있다. 두려워서, 귀찮아서, 용기가 없어서, 불의하고 부당한 일을 모른 척하는 것은 스스로 자유를 포기하고 비겁한 삶을 선택하는 것과 같다고 말한다.

 건넛집 제비 할아버지가 용기 있는 행동을 하고 날개를 잘린 일이 또 일어날까 봐 두렵다면 '모두 함께' 행동해야 한다. 새 한 마리의 날갯짓으로는 잘못된 일을 바로잡고 자유를 얻기 어렵지만 같이 날아오르면 부당한 일에 맞설 수 있다. 아이들이 힘을 합쳐 잘못된 일을 바로잡은 경험부터 국민이 힘을 합쳐 불의에 맞선 현대사 속 주요 사건까지 아울러 폭넓게 이야기해보자.

부당함에 맞서 목소리 내기

새들의 나라에서 일어나는 일은 사람들이 살아가는 세상에서 일어나는 일을 비유적으로 그려 보인다.

이 작품이 발표된 1983년은 군인들이 정권을 차지하고, 민주주의를 요구하는 평범한 시민들을 억압하던 독재 정권 시대이다. 동화가 세상에 나오기 3년 전, 광주에서 시민들과 학생들이 민주주의를 요구하자 군인들이 무력으로 시민들을 탄압했다. 그 후로도 독재 정권이 끝나기까지는 꽤 오랜 시간이 걸렸지만 그 과정에는 힘을 합쳐 불의에 맞선 시민들이 있었다. 2016년엔 온 국민이 전국적으로 촛불을 들고나와 지도자를 자리에서 물러나게 하기도 했다.

제비 할아버지처럼 혼자 날아오르면 날개를 잃고 힘을 쓸 수 없지만 모두가 한꺼번에 날아오르면 바위도 뚫을 수 있는 힘을 갖게 된다. 국민이 한목소리로 정의를 외칠 때, 세상을 바로잡는 힘이 되기도 하는 것이다.

현대사를 접하지 않아 5.18민주화운동, 2016년 촛불 집회 등을 잘 모르는 저학년 아이들과는 일상 속 경험과 이 작품을 연결 지어 보면 좋겠다. 아이들 사이에서도 주도권을 쥐었거나 힘이 센 아이가 약한 아이를 억누르는 일, 여럿이서 한 명을 집단으로 괴롭히는 일을 왕왕 볼 수 있다. 아이들의 삶 속으로 더 들어가 친구 관계 이외에서도 스스로 부당하다고 느낀 상황이 있었는지 함께 이야기해도 좋겠다.

이 동화에서는 자유를 빼앗고 억압하는 허수아비도 당연히 바람직하지 않음을 보여주지만 '배만 부르면 괜찮다'거나, '대충 살면 된다'거나, '못 날아도 잘만 살면 된다'고 하는 새들 또한 바람직하지 않게 그려진다. 이런 새들이 늘어날수록 새의 나라는 계속 허수아비의 뜻대로만 흘러가고 새들은 언제까지나 억눌린 삶을 살아갈 것이다.

우리 아이들이 새들의 나라에서 살아갔다면 어땠을까? 허수아비가 무서워 날기를 포기했을까? 아니면 여럿이 뜻을 모아서 허수아비를 물리칠 방법을 찾았을까? 그저 모른 척하거나, 어차피 안 될 일이라고 여기거나, 나는 원래부터 목소리 내는 일을 못 하는 사람이라고 생각한다면 부끄러운 일이 아닐까? 옳지 않은 일에 맞서고 싶지만 행동으로 옮길 자신이 없을 때, 용기가 선뜻 나지 않을 때 어떻게 하면 저마다의 일상 속 허수아비를 물리칠 수 있는지 함께 해결책을 찾아보는 것도 이 동화를 의미 있게 읽는 방법이다.

우리는 누구나 스스로에게 주인이며 세상을 주체적으로 살아가는 존재이다. 다른 이에게 지배받고 억눌려 살아도 좋은 사람은 없다. 그 진실을 외면하지 않고 위험을 무릅쓰며 용기를 내어 잘못을 바로잡는 일은 우리 스스로가, 평범한 보통 사람들이 주인이 되는 세상을 만들어가기 위해서이다.

문학은 언어를 통해 사람들이 살아가는 여러 모습을 비추는 거울이다. 이야기에 등장하는 존재들은 때로 나를 비추기도 하고 나와 세상을 함께 마주하며 스스로 어떻게 살아갈 것인지 되돌아보게 해준다. 이 작품을 통해 자유와 연대의 가치, 어떤 세상이 바람직한지 자기만의 관점으로 보는 힘을 기를 수 있을 것이다.

문학 수업

읽기 활동 연극하듯이 읽기

이 작품은 여러 캐릭터의 성격이 비교적 분명하게 드러나기 때문에 연극하듯 읽으면 내용이 더욱 생생하게 다가온다. 먼저 아이들이 각자 자신이 맡을 책 속 인물을 정한다. 한 인물을 둘이나 셋이 나눠 맡을 수도 있다. 인물 외에 지문을 읽는 사람도 정한다.

　인물의 성격에 맞게 억양에 변화를 주면서 읽도록 교사가 안내한다. 아이들은 자신이 맡은 인물의 성격을 옹호하거나 비판하는 마음도 생긴다. 그럴더라도 교사는 객관성을 잃지 않고 일단 아이들이 처음부터 끝까지 읽어나가게 한다.

　책을 다 읽은 후에는 내가 새들이라면 어떻게 했을지 자유롭게 이야기한다. 여럿이 힘을 합해 맞설 방법을 찾을지 아니면 현실에 만족하고 순응하며 살아갈지 고민해본다.

말하기/듣기 활동 단계별로 3차 토의하기

먼저 인물의 말과 행동에 대한 생각을 자유롭게 나누는 1차 토의를 거친다. 1차 토의는 2차 주제 토론을 위한 준비 과정이며 이때 2차 토론을 위한 주제 선정을 한다. 1차 토의에서는 '이 이야기는 무엇을 말하려는 동화인가?'라고 질문할 수 있다. 토의 과정에서 아이들이 자신의 경험을 적극적으로 반영하면 더욱 좋다. 허수아비 같은 누군가에게 억눌린 경험과 그 상황을 극복하기 위해 했던 생각이나 행동 등 다양한 경험이 나올 수 있다. 이때 아이들이 마음속에 있던 말들을 자연스럽게 꺼내도록 한다. 이런 과정은 혹시 있을지도 모를 억눌린 감정을 해소하는 데도 도움이 된다.

1차 토론의 말미에는 좀 더 깊이 토론을 해볼지 의견을 묻고 2차 토론 주제를 다 함께 찾는다. 두려움 때문에 나보다 힘센 자에게 억눌리며 살아가는 것에 대한 생각, 배만 부르면 어찌 되어도 상관없다는 새의 태도에 대한 생각, 두려워도 날아볼 용기를 내야 한다면 왜 그래야 하는지, 본받거나 지지하고 싶은 인물이 있는지, 만약 새들이 끝까지 용기를 내지 못했다면 어땠을지 등을 토론할 수 있다.

2차 토의는 아이들이 자유롭게 친구들의 생각을 옹호하고 때로는 비판하는 형식으로 진행한다. 이 과정을 통해 서로가 옳다고 생각하는 방향을 지지하기도 하고, 용기를 내야 할 때를 알며, 함께 정의를 옹호하는 마음을 키워갈 수 있다. 아이들이 혹 부당한 일을 겪는다면 이때 함께 이야기했던 경험이 용기 있는 행동으로 이어질 수도 있을 것이다.

1차와 2차 토론을 거치면서 아이들은 이 작품을 보는 저마다의 관점을 정리해 왔다. 3차에서는 이 동화를 누구에게 추천할 수 있을지 저마다 발표하는 기회를 갖는다. 추천 이유를 정리하다 보면 자기만의 잣대가 좀 더 분명해질 수 있다. 추천하지 않겠다는 아이가 있다면 그 이유도 자유롭게 발표하도록 한다.

| 쓰기 활동 | **주제가 있는 에세이 쓰기**

이제까지 나눈 이야기를 바탕으로 저마다 주제를 정해서 에세이를 쓴다. 다만 무엇에 대한 글을 쓸 것인지 스스로 정하게 한다. 용기, 겁, 외면하고 싶은 마음 등 가장 관심이 가는 키워드를 주제로 삼도록 선생님이 안내해도 좋다.

어려워하는 아이가 있다면 누군가 옆에 있다고 생각하고 이야기를 들려준다는 마음으로 쓸 수 있도록 조언한다. 짝꿍끼리, 혹은 소모둠으로 교사의 설명과 질문 답변 등을 되짚어보며 어떻게 쓸지 자연스럽게 궁리하도록 돕는 것도 좋은 방법이다.

함께 볼 만한 자료

- 『쥐들은 고양이 목에 방울을 달러 나섰다』(채만식, 유페이퍼, 2020)
- 「토끼 대통령」(수록 책 『하늘땅만큼 좋은 이원수 동화나라』, 이원수 글, 이상권 그림, 웅진, 2006)
- 『오징어와 검복』(백석 글, 오치근 그림, 소년한길, 2008)
- 『팥죽 할멈과 호랑이』(서정오 글, 박경진 그림, 보리, 1997)
- 〈아이의 자존감에 따른 차이점〉(EBS, 2011)

진짜 아름다운 모습은 자기 모습 그대로!

「아름다운 까마귀 나라」
★ 권장 연령 │ 초등 고학년

수록 동화집 「아름다운 까마귀 나라」
(김용철 그림, 산하, 2010)

깽깽이는 어린 까마귀이다. 깽깽이 마을 어른 까마귀들은 이상한 깃털 옷을 입고 이상한 소리로 운다. 깽깽이는 엄마가 입혀주는 알록달록한 깃털 옷을 입기 싫어서 투덜대지만 엄마는 시커먼 몸뚱이는 부끄러우니 예쁜 깃털로 치장하라고 한다.

어른들은 잘살기 위해서 힘이 세고 신사인 나라를 따라 배운다. 그러나 깽깽이는 자신의 모습을 잃어가면서까지 몸치장을 해야 하는 이유를 엄마에게 거듭 질문한다. 엄마는 훌륭한 나라 새들이 까마귀 나라를 다스리기 때문에 그들이 시키는 대로 살아야 한다고 고백한다. 어느 날 밖으로 나간 깽깽이는 거추장스런 옷을 훌훌 벗어버린다. 그리고 가장 아름다운 모습은 까마귀다운 모습으로 사는 거라고 친구들에게 말한다. 이 모습을 지켜본 아기 까마귀들도 거추장스러운 깃털 옷을 함께 벗는다. 아이들 모습을 지켜보던 어른 까마귀들도 가짜 옷을 벗고 자유로워진다.

다른 사람과 비교하지 말고 우리답게

「아름다운 까마귀 나라」는 초등 고학년에게 권장하지만 초등 중저학년 아이들도 각자의 눈높이에서 다양한 의미를 읽어낼 수 있는 작품이다. 초등 1, 2학년과 읽을 때에는 '나다움'에 대해 이야기할 수 있고 3, 4학년과 읽을 때에는 나와 타인을 비교하는 주제에 관해 생각을 나눌 수 있다. 이 연령의 아이들은 다른 친구와 비교당하는 것을 무척 힘들어하므로 경험에서 나온 이야기가 오간다. 고학년의 경우는 우리 민족의 주체성과 역사에 관한 주제가 적당하다. 외세의 침탈, 일제 강점기의 비극, 광복을 맞았지만 분단된 남과 북, 불행한 전쟁 등 역사적인 사건에 대해 이야기할 수 있다.

억압된 현실에서 희망을 발견하는 동화

「아름다운 까마귀 나라」는 약소국을 억압하는 강대국, 그에 맞서 행동하는 용감한 아이들 이야기다. 엄마 까마귀와 할아버지 까마귀는 강한 나라, 잘사는 나라가 시키는 대로, 원하는 대로 행동하라고 가르친다.

그러나 깽깽이는 왜 그래야 하는지 의문을 품는다. 이미 지배당하는 삶을 살고 있는 어른들은 갖지 못했던 질문이다.

초등학생인 아이들에게 나다움은 무엇일까? 누구의 지시나 명령에 따라 행동하고 말하는 것이 아니라 자신의 생각이나 느낌, 원하는 것을 자유롭게 표현하고 실천하는 데 주저함이 없어야 한다. 실제로 초등 3, 4학년 아이들이 부모에게 받는 큰 스트레스 가운데 하나가 친구와 '비교'하는 것이다. 있는 그대로의 모습을 사랑하지 않는 환경, 주위 친구와 비교하며 지적받는 것을 힘들어한다. 이런 일이 잦을수록 아이들은 왜소해지고 자존감이 낮아진다. 스스로 잘하거나 즐거워하는 일에 긍지를 갖고 자신만의 개성을 살리며 당당하게 표현하는 것이 나다운 모습 아닐까?

이 동화를 읽고 초등 고학년과 역사 탐구 시간을 보내도 좋겠다. 고조선에서 현대에 이르기까지, 우리 민족에게는 힘겨운 역사적 사건이 많다. 그러나 백성은 절망과 저항과 희망을 되풀이하며 묵묵히 살아간다. 나라를 잃고 만주를 헤매던 고구려의 유민도, 일제 강점기의 독립군도, 80년 광주의 시민도 포기하지 않고 우리의 힘으로 우리만의 현재와 미래를 위해 노력했다. 격동의 80년대, 권정생은 마치 자신의 유일한 소명처럼 열정적으로, 외세의 침탈과 독재자의 억압과 국민의 고통을 동화에 담아 아이들에게 들려준다.

우리다운 모습을 지키고자 고군분투하며 살아온 시기 속에서 우리는 한때 남의 나라 사람들을 흉내 내는 것을 자랑으로 여기기도 했다. 다른 나라 동화에 나오는 공주나 왕자를 꿈꾸고 그들의 겉모습을 따라 하면서 진짜 자기 모습을 부끄러워하기도 했다. 권정생은 이 동화에서 있는 그대로의 자기 모습이 진짜 훌륭하고 아름다운 것이라고 이야기한다. 나다운 모습을 지키지 못할 때 힘센 나라들이 우리나라에서 주인 노릇을 하려고 든다는 메시지도 전한다. 작품의 주제를 생각하며 나보다 나은 듯한 누군가를 무작정 따라 하려고 한 적은 없는지, 그게 왜 부끄러운 일인지, 진짜 나는 어떤 모습인지 되돌아봐도 좋겠다.

그 시절 어린이에게 시대의 불행과 희망을 이야기하는 일은 금기였다. 어린이에게는 순수하고 맑고 밝고 희망찬 이야기만을 들려줘야 한다는 것이 상식이던 때였다. 그러나 권정생은 외면하지 않고 한 편 한 편, 억압과 그에 맞서는 희망을 담아 아이들에게 들려준다. 어린이는 어린이답게, 어른은 어른답게, 나라는 나라답게, 강대국의 힘에 기대지 않고, 강자의 논리에 속지 말고, 스스로의 색깔과 모습으로 살아야 한다고 힘주어 말한다.

문학 수업

읽기 활동 **비판하며 읽기**

어른 까마귀들은 이상한 깃털로 몸을 감싸고 울음소리도 까마귀 울음소리가 아닌 것으로 운다. 아기 까마귀들은 이 모습을 이해할 수 없다. 어른 까마귀의 행동과 아기 까마귀의 행동 중 누굴 비판해야 하는지 찾아 어떤 점이 잘못되었다고 보는지, 그 이유는 무엇인지, 바로잡으려면 어떻게 해야 하는지 생각하며 읽어보자.

우리나라는 식민지와 강대국의 지배를 받은 아픈 역사를 지나왔다. 어떻게 다른 나라 사람들이 와서 우리 땅의 주인이 되었을까? 나라의 진정한 주인으로 사는 길은 어떤 것일까? 우리나라 역사를 교사가 먼저 이야기하고, '알록달록한 옷으로 몸을 감추는' 어른 까마귀들을 논리적으로 비판할 수 있도록 이끌어보면 효과적인 활동 수업이 된다.

말하기/듣기 활동 어른들의 이야기나 생각을 다른 관점에서 보고 질문 만들기

까마귀 나라의 어른들은 자신에게 주어진 현실에 순종하며 산다. 그러나 주인공 깽깽이는 마음에서 일어나는 '질문'을 멈추지 않는다. 그 과정을 통해 스스로 거짓된 옷을 벗고 자유를 되찾는다. 이처럼 자신에게 주어진 상황에 대하여 의문을 품고 지속적으로 질문하는 태도가 중요하다. 우리 생활에서 만나는 상황을 당연하게 받아들이지 말고 질문을 만들어보자. 먼저 내 생각과는 달랐던 어른들의 이야기가 무엇이 있는지 떠올려보자. 왜 공부를 해야 하는지, 왜 초등학교는 6년 동안 다녀야 하는지 등을 생각할 수 있다. 친구와 질문을 교환해 서로 답을 써도 재미있다.

쓰기 활동 '나는 나답게'를 주제로 생각 써보기

초등 3, 4학년 학생들과 자신의 생각이나 의견을 정리하는 글을 써보자. 깽깽이 엄마는 깽깽이에게 비교하는 말을 하면서 시커먼 몸뚱이가 부끄럽지도 않냐고 묻는다. 내가 깽깽이였으면 뭐라고 이야기했을까? 동화를 읽고 누구와도 비교하지 않고 나만의 멋진 모습을 글로 완성해 함께 생각과 의견을 나누어보자.

기타 활동 | 존경하는 역사적 인물이나 사건 배경지식 알아가기

역사에 관심을 보이고 이해하고자 하는 노력은 사고의 진전뿐 아니라 다양한 교과의 학습을 위해서도 많은 도움이 된다. 아이들은 지나간 역사에 대하여 사건이나 연대를 정보 차원에서 받아들이기보다 인물 이야기에 더 쉽게 공감한다. 사건을 알고 연대표를 암기하는 일도 필요하지만, 흥미와 관심을 갖게 하는 것이 무엇보다 중요하다. 아이들이 즐겨 부르는 노래 가운데 〈한국을 빛낸 100명의 위인들〉이 있다. 노래를 배우며 인물과 그들의 역사적 업적을 배워보자.

권정생과 함께한 풍경

"정직하게 말하는 것과 정직하게 사는 것은 아주 용감해야 한답니다"

권정생은 누구보다 역사와 시대의 아픔에 관심을 기울이는 작가였다.
『몽실언니』, 『점득이네』, 『초가집이 있던 마을』, 『도토리 예배당 종지기 아저씨』처럼 전쟁을 반대하는 작품을 남겼고 「바닷가 아이들」처럼 통일이 되어 남북 아이들이 만나 물장구치며 놀기를 바랐다.
「새들은 날 수 있었습니다」, 「짱구네 고추밭 소동」처럼 독재 정치를 반대하는 작품으로 아이들이 잘못된 세상을 바로 보도록 눈을 열어주기도 했다.
1988년의 일이다. 우리나라는 군사 정권의 뿌리를 뽑지 못한 상태였고 남북 긴장은 높아져 있었다. 당시 남쪽 대학생들은 8월 15일, 판문점에서 남북학생회담을 열겠다고 선언했다. 하지만 당시 정부에서는 허가하지 않았다. 권정생은 신문에 '남북 대학생들이 만나야 한다'는 기고문을 실었다.
서슬 퍼런 시절, 누구나 평등하고 자유롭게 목소리를 내는 세상이 될 수 있도록 용기 있게 목소리를 낸 것이다.
더 많은 아이들이 그의 동화를 읽으며 우리나라가 걸어온 아픔의 역사를 잘 알고 평화로운 세상을 만들어가는 데 마음을 보탰으면 좋겠다.

> 겉모습이 달라도
> 함께
> 어울릴 수 있어!

「아기 늑대 세 남매」
★ 권장 연령 | 초등 저학년

수록 동화집 「아기 늑대 세 남매」
(권문희 그림, 산하, 2010)

시내미골 소나무 숲에 사는 아기 늑대 세 남매는 종종, 밭에서 일하는 춘자 아주머니 말을 숨어서 엿듣곤 한다. 어느 날 이야기를 엿듣다 아주머니가 다니는 교회에서 방학을 맞아 아이들을 위한 여름성경학교가 열리는 것을 알게 된다. 늑대 남매는 부모님께 여름성경학교에 가고 싶다고 조른다. 엄마 늑대는 사람들과 동물들이 사이가 좋지 않아 위험하다며 말린다. 하지만 남매는 아버지를 졸라 허락을 받고 사람의 모습으로 둔갑하여 여름성경학교에 참석한다. 늑대인 것을 들킬까 봐 조심하면서 무사히 성경학교를 마치고, 내년에는 산짐승 모두를 데리고 참석하겠다고 벼른다.

경쾌한 이야기가 주는 상상의 즐거움

「아기 늑대 세 남매」는 작품 안에서 판타지와 현실의 구분이 안 될 만큼, 전개가 자연스럽고 흥미진진하다. '선생님 경민이는 늑대예요! 배꼽에 노란 털이 있어요!' 동화를 읽고 아이들이 제일 먼저 하는 행동은 짝꿍의 배꼽을 확인하는 일이다. 기겁하는 아이, 뛰어다니며 배꼽을 가리는 아이, 자신은 늑대가 아니라고 항의하는 아이 덕분에 한바탕 소동이 인다. 이야기가 주는 상상의 힘이다. 실제로 가능한 일인지 아닌지는 중요하지 않다. 경쾌하고 익살스러운 문장으로 표현한 장면은 마치 현실처럼 느껴지고, 아이들의 상상력을 자극한다. 둔갑한 늑대가 내 옆에 있을 수 있다니, 생각만으로도 짜릿한 일 아닌가.

용감한 늑대 세 남매

「아기 늑대 세 남매」는 학년별 선호가 뚜렷한 다른 동화에 비해, 초등 저학년부터 중학년까지 대부분 아이가 즐겁게 읽는 작품이다. 특히 원작에 권문희 화가의 삽화를 더해 2010년 출간된 책은 소박하고 정감 있는 그림 덕분에 원작의 느낌이 더욱 풍부하게 살아난다. 서로를 쉽게 시기하고 경계하는 요즈음, 늑대 세 남매의 용감한 행동은 보는 이를 행복하고 즐거운 상상 속으로 빠지게 한다. 겉모습은 달라도 더불어 사랑하며 함께 사는 것이 소중하고, 그것은 아기 늑대 세 남매가 지닌 '순수한 용기'로 가능함을 보여준다.

부모님의 허락을 받고 꼬불꼬불한 산길을 씩씩하고 당당하게 걸어가는 늑대 남매의 기분 좋은 모습이 실감나고 정겹다. 아이들은 방학 동안 새로운 경험을 하고 싶어 작품 속 늑대 남매의 마음에 쉽게 공감한다. 아이들 대부분은 부모님의 염려와 반대 때문에 하고 싶은 일을 포기한 경험이 있다. 특히 요사이 아이들에게는 '하고 싶은 일'보다, '해야 할 일'이 많다. 그래서 여름방학 동안 매일매일 도전과 모험을 즐기는 늑대 남매가 부럽다. 아이들은 책을 읽고 슬그머니 '도전목록'을 만들고 싶은 충동을 느끼기도 한다.

겉모습과 사는 곳이 달라도 더불어 사랑하며 함께 살아가는 모습이 작가가 꿈꾸었던 아름다운 세상이다. 늑대 남매의 여름방학 이야기는 '아름다운 세상'으로 가는 길이 '순수한 용기와 도전'으로 이루어진다고 말한다. 편견과 선입견이 가득한 사람은 더불어 사는 삶을 위해 용기를 내지 못한다. 아이처럼 순수하고, 늑대 남매처럼 용감하고, 춘자 아주머니처럼 사랑이 많은 사람만이 더불어 사는 아름다운 세상을 만들 수 있다. 부자가 되는 일보다, 일등을 하는 것보다, 사람들이 모두 사이좋게 사는 일이 중요하다는 작가의 서문처럼 말이다. 내년 여름방학에는 시내미골 산짐승들이 모두 여름성경학교에 갈 수 있을 것이다. 세 남매의 활약 덕분에 사람과 짐승이 서로를 배려하고 돌보며 자유롭고 정답게 인사하는 날이 오지 않을까?

문학 수업

읽기 활동　장면을 떠올리며 읽기

아이들은 「아기 늑대 세 남매」의 인물과 사건에 대단한 흥미를 느낀다. 어린 늑대들이 둔갑술을 부리고, 여름성경학교를 다닌다니! 생각만으로도 짜릿하고 재미있는 일이다. 그러나 요즘 아이들에게는 익숙하지 않은 낱말이 많아 주요 장면을 이미지로 떠올리며 읽는 과정이 필요하다. 작품 속에서 인물의 행동, 배경 등이 묘사된 부분을 천천히 다시 읽고, 한 장면 한 장면 이미지를 떠올리고, 자신이 떠올린 이미지를 친구들과 이야기한다. 예를 들면 이야기의 배경이 되는 시내미골 마을의 전경을 묘사한 부분을 들 수 있겠다. 본동댁 개간밭과 아름드리 소나무가 들어찬 골짜기 둘레를 머릿속으로 그리는 동안 아이들은 '사람'과 '산짐승'이 함께 어울리지 못하고 경계 지어 살아가는 모습까지 짐작할 수 있다. 장면 하나하나의 이미지를 떠올리며 읽으면, 무심히 글자만 읽는 것과 다르게, 주요 내용 하나하나를 풍부하고 깊이 있게 읽는 효과가 있다.

말하기/듣기 활동　내가 경험한 도전과 용기 있는 행동 연설하기

아이들은 처음부터 이야기가 끝날 때까지 늑대 세 남매가 들키면 어쩌나 마음 졸이며 읽는다. 그러나 세 남매의 '여름성경학교 도전'은 성공적으로 끝난다.

　꼭 거창한 일이 아니더라도 아이들이 보내는 하루하루는 도전의

연속이다. 두렵지만 용기를 내야 하는 순간이 많다. 박능자 남매처럼 말이다. 학생들이 용기를 내어 도전했던 경험을 연설하는 시간을 마련하자. 개인적인 경험뿐만 아니라 작품에 관해서도 연설을 해볼 수 있다. 작가는 이 동화를 통해 겉모습이 달라도 서로 어울려 사이좋게 살아가야 한다고 이야기한다. 서로 달라도 인정하고 사이좋게 지내자는 내용을 주제로 연설해보자. 나와 다른 상대방을 인정하고 더불어 살아가는 삶이 필요한 이유, 어떻게 해야 그 관점으로 남을 바라볼 수 있는지 등이 소재가 될 수 있겠다. 많은 사람 앞에서 당차고 씩씩하게 이야기하는 과정을 통해 생각을 조리있게 말하는 방법도 익히고 자신감도 기를 수 있다. 연설을 어려워하는 아이들에게 52쪽 자료 '연설을 잘하려면 꼭 기억할 이야기'를 안내하면 좋다.

쓰기 활동 **주장글 쓰기**

엄마 늑대가 여름성경학교에 가는 것을 말리자, 늑대 남매는 춘자 아주머니하고도, 사람들 모두하고도 친해지고 싶다고 이야기한다. 그리고 여름성경학교에서 무엇을 배우는지도 이야기하며 위험하지 않다고 엄마를 설득한다. 세 남매는 무턱대고 조르는 것이 아니라, 이유를 말하며 엄마의 허락을 받기 위해 노력한다.

 우리 아이들도 주위의 반대에 부딪혀 못 하는 것들이 있다. 반려동물을 기르고 싶다든가, 군것질을 하고 싶다든가, 학원을 그만두고 싶다든가 등 다양한 상황을 떠올린다. 원하는 것들을 먼저 생각해본 다음 허락받기 위해 누군가에게 부탁하는 글을 써보자.

반려동물을 기르고 싶은 아이들에게

「산토끼」

★ 권장 연령 | 초등 중학년

수록 동화집 『먹구렁이 기차』
(유승하 그림, 우리교육, 2017)

눈이 무릎까지 쌓인 날, 경희네 집에 깜짝 손님이 찾아온다. 겨울 동안 산중에 먹을 것이 없어 마을로 음식을 찾아온 산토끼다. 경희, 경수, 경식이 삼 남매와 엄마 아빠는 산토끼에게 집을 지어주고 음식을 주며 한 식구처럼 돌본다. 한 달이 지나 살이 통통해지자, 엄마는 토끼를 잡아서 가족들의 허기진 배를 채우고 싶지만, 아이들은 반대한다. 경수와 경식이는 토끼를 계속 집에서 기르고 싶어 한다. 하지만 경희는 토끼 가족들이 숲에서 기다리고 있을 테니 산으로 보내주자고 한다. 3월, 온 가족은 정들었던 토끼를 그물 상자에 넣어 뒷산에 풀어준다. 산토끼는 깡충깡충 수풀 속으로 사라진다.

반려동물 기르는 일의 의미

초등학생 아이들에게 '꼭 하고 싶은 일'에 관하여 물으면, 빠지지 않고 나오는 대답이 '반려동물 기르기'이다. 얼마 전 어떤 학생이 흰색 털의 예쁜 강아지를 교실에 데리고 왔다. 아이들 눈이 하트로 변하는 모습을 지켜보면서 동물을 너무나 좋아한다는 것을 새삼 느꼈다. 「산토끼」를 보며 동물을 기르고 함께 사는 일이 어떤 의미이고 어떤 책임이 따르는지, 또 나와 다른 사람의 입장을 왜 생각해야 하는지 고민해야 한다. 내가 토끼를 아끼고 사랑한다고 해서 내 욕심 때문에 우리에 가두는 것이 진정한 사랑일까?

추운 겨울을 함께 보낸 토끼와 가족

시골에서 어린 시절을 보낸 사람들은 한 번쯤 경험했을 이야기다. 산천이 하얀 눈으로 뒤덮인 날 아침, 종종 작은 발자국을 내고 마당 한쪽에 서 있는, 눈보다 더 하얀 산토끼. 당연히 부모님은 잡아서 특별식을 준비하려 할 테고, 아이들은 잡아서 기르고자 한다.

시골에서 자란 사람이라면 대부분 집 뒤란에 어른들이 만들어준 작은 토끼우리를 두고 마을에 내려와 잡힌 토끼나 이웃에서 얻은 토끼를 키운 적이 있을 것이다. 학교에서 돌아온 뒤, 먹이도 주고 토끼집 청소도 해주며 기르게 된다. 잘 자라던 토끼가 여름 장마철이 되어 맥없이 죽으면 상실감과 슬픔을 알기도 한다.

권정생 동화에는 하루살이조차도 제 몫의 삶이 있는 존재로 그려진다. 배가 고파 먹이를 찾아온 토끼를 잡아먹는 일은 작가에게 사람답지 못한 것이 아니었을까? '살아 있는 것은 모두 함께 살아야 한다'는 메시지가 작가의 작품들을 관통한다고 볼 때 이 동화에서도 같은 주제를 읽을 수 있다.

　　먹을 것이 부족하던 예전에는 토끼를 숲으로 돌려보내기 쉽지 않았을 것이다. 그러나 경희네 가족은 산토끼를 다정하게 돌봐주고 봄이 되어 고향으로 돌려보낸다. 사람의 욕심은 아이든 어른이든, 곁에 두고 나만의 것으로 갖고 싶어 한다. 그러나 경희네 가족은 다르다. 겨우내 기다렸을 토끼 가족을 생각하며 토끼를 풀어준다.

　　우리는 서로 입장과 생각이 다르면 격렬하게 싸우기도 한다. 내 입장은 옳고, 상대의 생각은 틀렸다는 전제를 두기 때문이다. 아이들과 「산토끼」를 통해 평화로운 공존의 가치와 의미를 고민해보자. 동물과 인간의 공생, 나아가 나와 다른 사람들과 어떻게 평화로운 공존을 이룰 수 있을까? 서로 해치지 않고, 소유하려 욕심 부리지 않는 관계 말이다.

문학 수업

읽기 활동　산토끼의 감정 곡선 그리며 읽기

이 작품에는 경희네 가족들의 생각이나 의견이 잘 드러나 있다. 그러나 산에서 온 토끼는 어떤 생각을 하고 있는지 알 수 없다. 처음 경희네 가족을 만났을 때는 두려움과 설렘을, 우리에 갇혔을 때는 외로움을 경험했을 듯하다. 다시 산으로 돌아갔을 때는 또 어떤 감정을 느꼈을까? 동화에는 소개되어 있지 않지만 토끼는 경희네 가족을 만나면서 다양한 감정의 변화를 느꼈을 것이다. 책장을 넘기며 토끼의 감정 변화를 따라 '토끼의 감정 곡선'을 만들어보자. 가로축에는 시간, 세로축에는 감정의 변화 항목을 넣어 정리하면 간편하다.

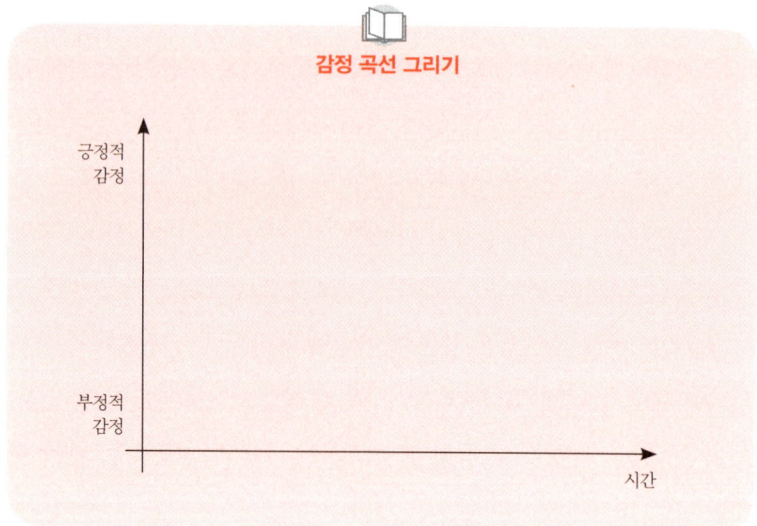

감정 곡선 그리기

| 말하기/듣기 활동 | **우리에 갇힌 토끼 생각하며 토론하기**

경희네 가족은 산에서 내려온 토끼를 우리에 가두어 밥을 주고 기른다. 길을 잃고 가족과 헤어진 토끼라면 산으로 가다가 굶어 죽을 수도 있다. 산속에서는 토끼 식구들이 애타게 찾고 있을 것이다. 사람들은 자기 생각을 중심으로 판단하고 행동한다. 동물에게 선택권은 없다.

작품에서 엄마는 토끼를 잡아먹고 싶어 하지만 아이들은 반대한다. 엄마 혹은 아이들 중 한쪽으로 자기 입장을 정한 후 각자의 관점으로 상대방을 설득하는 토론을 해보자.

인간을 위해 동물원을 만들고 그곳에 동물을 가두어 구경거리로 삼는 문제는 어떤가? 동물원 설치를 찬성하는 친구들과 동물원 설치를 반대하는 입장으로 나눠 찬반 토론을 해보자.

찬반 토론을 잘하려면, 자기 팀의 입장에 대한 논리적인 이유와 근거를 뚜렷하게 정리해야 한다. 또, 토론 진행 과정을 정확히 이해하는 과정도 필요하다. 찬반 토론은 일반적으로 입론과 교차 질의, 반론, 주장 다지기 순으로 진행된다. 학년 구분 없이 모두 재미있게 참여할 만한 활동이다. 고학년 아이들과 할 때에는 사회자 역할을 하는 아이를 한 명 두고 자유롭게 이끌어가도록 한다.

쓰기 활동 산토끼가 되어 경희 가족에게 편지 쓰기

초등 5학년 이전의 아이들은 '내 생각'이 중요하고 '나의 입장'에 대해서는 잘 말하고 쓴다. 그러나 '다른 사람의 생각', '다른 누군가의 입장'을 고민해보라고 하면 한참을 생각한다. 이 작품으로 나와 전혀 다른 사람이나 사물이 되어 생각이 자라는 경험을 해보자.

이 작품은 동물과 공존하는 삶을 주제로 삼고 있다. 토끼를 잡아먹는 대상이 아닌 함께 살아가는 '살아 있는 존재', 토끼도 가족이 있고 형제가 있는 동물이라고 받아들이는 모습이 뭉클하다. 산토끼의 입장이 되어 경희 가족에게 산으로 돌아가고 싶다고 편지를 쓴다면 어

떤 이야기를 적을 수 있을까? 겨우내 자신을 보살펴 준 가족, 산으로 돌아갈 수 있게 해준 가족들에게는 어떤 이야기를 전할 수 있을까? 토끼와 나를 동일시하며 토끼의 마음을 상상하고 경희 가족에게 편지를 써보자.

> **기타 활동** 반려동물 기르는 사람들이 지켜야 할 십계명 만들기

경희네 가족은 겨우내 산토끼를 잘 돌봐주고 따뜻한 봄이 되어 돌려보낸다. 그러나 현실에서는 경희네 가족과 다른 사람들도 많다. 동물을 내 가족처럼 돌보고 사랑하는 사람도 있지만, 말 못 하는 동물을 학대하고 장난감으로 여겨 괴롭히는 사람들도 있다. 현대사회는 많은 가정에서 동물을 기른다. 가정에서 어떻게 반려동물을 보살펴야 하는지 규칙을 만들어보자. 10개 정도를 생각해 십계명을 만들어도 유익하다.

부딪히고 괴로워하며 성장하는 아이들

「떠내려간 흙먼지 아이들」

★ 권장 연령 | 초등 중학년

수록 동화집 『깜둥바가지 아줌마』
(권문희 그림, 우리교육, 1998)

장대비가 쏟아지자 산등성이에, 딸기밭 골짜기에, 아카시아 언덕 아래에 살던 흙먼지 아이들은 영문도 모르고 떠내려가기 시작한다. 눈에 보이지도 않을 만큼 작은 흙먼지 아이들은 곳곳에서 떠내려온 동무들과 만난다. 그들은 서로 본 일, 들은 일, 겪은 일들을 이야기하고 제 생각이 옳다고 우기며 다툰다. 세찬 물살에 숨이 차 괴로워하며 하나님에게 투정을 부리기도 한다. 그렇게 떠내려가던 흙먼지들은 서로 떠받치고 뭉치기를 계속하면서 바다에 도착한다. 그리고 또 다른 흙먼지들과 모여 바닷물 밖으로 나와 섬이 된다.

섬에 꽃과 나무들이 자라고 새들이 날아오고 농부들은 괭이와 삽을 들고 찾아온다. 흙먼지들은 새로운 고향을 아름답게 가꾸어갈 꿈에 부푼다.

장대비에 떠밀린 작은 흙먼지들

흙먼지는 너무 작아서 사람들은 그런 존재가 있다는 사실조차 인식하지 못한다. 그런데 그 '흙먼지'들이 섬을 이뤄내는 결말에서 작은 먼지도 세상에 없어서는 안 되는 귀한 존재라는 사실을 깨닫게 된다.

　아이들도 한 사람 한 사람만 놓고 보면 연약한 존재일 수 있지만 서로 모이고 모이면 못 할 일이 없을 것이다. 또 아이들은 익숙한 환경으로부터 점차 새로운 환경으로 나아가며 '성장'하는 과정에 있다. 흙먼지들처럼 휘몰아치는 장대비를 맞기도 하고, 숨이 멎을 것 같은 고통의 순간도 겪을 것이다. 하지만 결국 흙먼지 하나하나가 모여 새 터전을 이루었듯 아이들 한 사람 한 사람도 사회라는 터전 속에서 살아가게 된다. 어떤 조건을 가졌더라도 저마다 귀한 존재라는 변함없는 사실 위에 당당하게 서서 말이다.

삶이라는 바다에서 힘껏 헤엄치는 아이들

아이들은 성장하면서 자기 마음과 싸워야 할 일이 정말 많다. 누군가와 경쟁해야 하고, 또 누군가와 자신을 비교하면서 좌절도 한다. 주저앉을 수 없으니 다시 일어나서 또 삶의 여정을 걸어간다. 어른들이 해결해주지 못하는 일인 자기 존재감에 대한 확신을 갖기까지 아이들은 먼 길을 걸어가야 한다. 그럴 때 이 동화는 조용히 손을 잡아주는 길동무가 될 수도 있겠다.

이 작품은 작가가 펼쳐 보이는 생생한 캐릭터, 다채로운 표현들 덕분에 독자 자신은 물론 다른 사람의 소중함까지도 발견하게 한다. 흙먼지는 너무 작고 사소해서 누구의 관심도 끌지 못하며 우리들은 평소에 그런 존재가 있다는 사실을 쉽게 잊고 살아간다. 그런 흙먼지도 아름다운 땅이 되는데 하물며 사람 하나하나는 어떨까?

물론 흙먼지 아이들이 아무 시련 없이 세상의 빛과 같은 존재로 거듭나는 것은 아니다. 흙먼지 아이들은 자기가 누구인지도 모른다. 난데없이 닥친 장대비 속에서 어딘지도 모르는 곳으로 무작정 휩쓸려 간다. 세찬 물살에 숨이 막혀 금방 죽을 것 같은 괴로움도 느낀다.

하지만 다른 곳에서 온 흙먼지들과 만나는 과정에서 서로가 힘이 되는 존재로 거듭난다. 함께 빗속에서 싸우기도 하고, 손을 꼭 잡고 무서움을 견디기도 한다. 떠내려가면서도 세상에 대한 호기심을 놓지 않고 신기해하는 눈으로 바라보면서 곁에 있는 친구들이 내가 기댈 수 있는 존재가 된다는 것도 경험한다. 서로 생각이 달라도 동무들이 함께 있어서 무서움과 어려움을 견딜 수 있었다는 사실을 깨닫는 과정이다.

흙먼지들과 우리 아이들의 성장 과정은 꼭 닮아 있다. 아이들이 자기 마음과 꿈을 쫓아간다 하더라도 어디로 도착할지 완벽하게 장담할 수 없다. 삶이라는 바다는 누구도 대신 가줄 수 없으며 엎어지고 넘어지며 어쨌든 나아가야 한다. 흙먼지들이 그랬듯 누군가와 만나 힘을 내기도 하고, 때로는 싸우기도 하고, 무서운 일이 생기면 서로에게 의지가 되기도 한다. 흙먼지들처럼 곁에 있는 존재들과 부대끼며 어려움을 이겨 내는 과정이 우리 아이들의 성장이라 할 수 있다. 그러니 우리 주위 사람 하나하나 소중하지 않은 존재가 어디 있을까.

　이 동화를 함께 읽을 아이들도 이제 여러 어려움을 헤쳐 나가며 조금씩 조금씩 세상이라는 바다로 나아갈 것이다. 권정생은 그 모든 과정이 자신의 빛나는 세계를 만들어갈 귀한 경험이 되길 있는 힘껏 응원하고 있다.

문학 수업

읽기 활동　**감정을 나타내는 말을 찾아 읽고 비슷한 감정을 느꼈던 경험 이야기하기**

흙먼지 아이들은 떠내려가면서 마음의 변화를 겪는다. 바다로 가는 동안 두렵고 궁금하고, 신기한 것도 만나고, 울고 싶고 죽고 싶은 감정도 든다. 아이들도 집이나 학교를 비롯해 여러 곳에서 만나는 사람들과 소통하며 감정의 다양한 변화를 겪는다.

　책을 읽으며 감정을 나타내는 말을 찾는다. 무섭다, 두렵다, 신기하다 등의 표현을 발견할 수 있다. 읽은 후에는 찾은 말들을 칠판에 모두 써보면서 자신은 언제 그런 감정을 갖게 되었는지, 그 감정을 어떻게 해소했는지 이야기해보자.

|말하기/듣기 활동| **작가와의 가상 인터뷰**

보통 작가 인터뷰는 작가와 마주하며 작품 이야기를 듣기도 하고, 독자로서 궁금한 것을 질문하기도 한다. 작가는 이미 세상을 떠났기에 가상 인터뷰를 해보기로 하자. 교사가 먼저 진행 순서를 다음과 같이 안내할 수 있다.

작가 가상 인터뷰 진행 방법

① 작가 역할을 맡은 모둠과 질문자를 맡은 모둠으로 나눈다. 질문자 모둠에서는 초대 일정을 잡는다. 작가를 맡은 모둠과 장소, 시간, 내용을 상의하는 대화도 해보자. 학교에서는 수업 시간 중으로 잡으면 좋다.

② 작품을 한 번 더 꼼꼼하게 읽고 무엇을 말할지, 무엇을 질문할지 정리한다. 왜 이 작품을 썼는지, 어디에서 영감을 얻었는지 등 궁금한 내용, 등장인물의 말과 행동에서 자신의 생각과 다른 점 등을 찾아 이야기할 수 있다. 작가를 맡은 모둠도 다른 책이나 다큐멘터리를 통해 작가의 생애, 작품 세계 등을 꼼꼼히 조사한다.

③ 행사 공간을 현수막(종이로 만들어도 좋다), 작가 사진, 책 표지, 실물 도서 등으로 꾸미면 분위기가 좀 더 살아날 수 있다.

④ 작가와의 인터뷰 당일, 작가 모둠은 질문 모둠의 이야기를 듣고 작가 입장이 되어 대답한다. 역할을 바꾸어서 같은 형식으로 한 번 더 진행할 수도 있다. 진행은 교사가 할 수도 있지만 가능하면 아이들 중에서 사회자를 정해보도록 한다. 이때 질의 시간을 정한다.

⑤ 청자를 맡은 아이들은 그때그때 필요한 것을 메모한다.

| 쓰기 활동 | **자신의 미래에 대해 글쓰기**

흙먼지처럼 작은 존재들이 모이고 모이다 보니 여러 생명들이 살아가는 커다란 땅이 되었다. 이 이야기에 비유해보자면 우리 아이들도 어디로 가는지 어떻게 가는지도 모른 채 흙먼지 아이들처럼 떠내려가는 중이라 할 수 있다. 흙먼지 아이들이 바다로 가서 땅이 되었듯, 앞으로 저마다 어떤 사람이 될지 예측하고 상상하면서 미래에 관한 글을 써보도록 한다. 인생 곡선을 그리고 10년 단위마다 자신이 어떤 사람이 되어 있을지 생각해도 좋겠다.

> 남북 어린이가
> 함께 읽는 동화

「닷 발 늘어져라」
★ 권장 연령 | 초등 저학년

수록 동화집 「닷 발 늘어져라」
(김용철 그림, 한겨레아이들, 2009)

옛날 어느 산골에 착한 동생과 못된 형이 살았다. 하루는 동생이 형을 대신해서 나무를 하러 갔다. 잠시 쉬는데 머리 위로 개암이 떨어졌다. 떨어진 개암을 줍고, 배가 고파 주먹밥을 먹으려는데 갑자기 노인이 나타나 동생에게 밥을 달라고 한다. 밥을 나누어 주자 노인은 고맙다며 돌멩이를 건네주고 그걸 던진 뒤 따라가라 말하고 사라진다. 돌멩이를 따라가 보니 물속 마을이 나타났다. 좀 전에 만난 노인이 그곳에서 바둑을 두고 있었다. 동생은 노인에게 받은 엽전으로 음식을 사 먹고 놀다가 날이 저물어 빈집에서 잠이 든다.

밤중이 되자 빈집에 도깨비들이 나타나 방망이로 온갖 음식을 만들어 먹고 잠이 든다. 숨어 있던 동생이 움직이는 바람에 주머니에 있던 개암이 방바닥으로 떨어지고, 그 소리에 놀란 도깨비들이 도망친다. 아침이 되어 동생은 도깨비들이 급히 도망가느라 두고 간 방망이를 주워 집으로 돌아와 부자가 된다.

이 모습을 지켜보던 형은 도깨비방망이를 가지고 싶은 욕심에 동생을 따라 한다. 그러나 도깨비들은 어젯밤 속은 걸 알고 다락에 숨어 있던 형을 잡아 고추를 늘리고 늘려 강물 위를 건너는 다리를 만든다. 백 년이 지나서야 형의 고추는 본래대로 돌아오고 형은 착한 사람이 된다.

누구나 쉽고 편하게 보는 작품

옛이야기는 대부분 권선징악을 주제로 삼아 결말이 쉽게 예측되는 데도 모든 아이들이 좋아하는 장르다. 특히 이 작품은 초등 저학년 아이들이 즐겁게 읽는다. 내용이 유쾌하고, 인물의 성격이 분명하고, 구성이 뚜렷하고 쉽기 때문이다. 또 옛이야기는 상상의 날개를 맘껏 펼칠 수 있다. 호기심을 불러일으키는 노인의 존재, 작은 개암에 놀라는 도깨비들, 도깨비가 방망이를 두드리며 주문 외우는 모습 등이 우리의 상상력을 저절로 이끌어낸다.「닷 발 늘어져라」는 선하고 착하게 사는 일이 동서고금을 막론하고 중요한 가치임을 알게 하는 작품이다.

우리 겨레 아이들이 모두 재미있게 읽을 옛이야기

2007년, 남북은 정상 회담을 통해 8개 조항의 공동선언문을 발표한다. 금강산 관광에 이어 개성관광, 백두산 관광 사업을 확대하는 사안이었다. 이 분위기를 타 평화의 분위기가 무르익고, 교류가 활발해지면서 남북 어린이가 함께 읽을 동화를 만들게 된다. 「닷 발 늘어져라」는 이 작업의 일환으로 권정생이 쓴 옛이야기 가운데 한 편이다.

상상컨대 권정생은 이 기획을 제안받고 무척 기뻐했을 것이다. 꿈에 그리던 남과 북의 평화로운 공존이 성큼 다가와 현실이 되었다고 느꼈을 수 있다. 어떤 작품을 쓸 것인지 고민하면서 남북의 어린이가 함께 읽기에는 옛이야기가 가장 적절하다고 판단하지 않았을까? 옛이야기는 우리 겨레의 오래된 모습과 숨결이 담겨 있고, 고유한 옛말이 살아 있어 재미있고 정겹다. 또 입말이 주는 역동성과 생생함이 이야기를 더욱 풍요롭고 실감나게 한다.

옛이야기에 담긴 주제는 대체로 권선징악이다. 착한 사람은 복을 받고 악한 사람은 벌을 받는다는 보편성을 획득한다. 특히 낮은 학년 아이들은 인물을 착한 사람, 악한 사람으로 나누는 이분법적 사고를 한다. 이 동화에서 착한 형과 악한 형을 대비해 보여주고 결말에서 형이 벌을 받도록 한 구성은 낮은 학년 아이들에게 '나쁜 짓은 안 된다.'라는 생각을 자연스럽게 이끌어낸다. 권선징악적인 교훈은 평생 동안 사람답게 살아가는 기본적인 가치관을 형성하는 토대가 될 수 있다.

많은 양육자나 교사가 아이들에게 옛이야기를 들려주기보다는 책으로 엮어 놓은 것을 주고 읽게 하는 경우가 많다. 책으로 읽는 것도 좋지만, 이야기의 감흥을 살려 들려주거나 소리 내어 읽는 쪽이 재미를 더한다. 옛이야기는 오랜 시간 입에서 입으로 전해져 오늘날로 이어진 '구전 문학'이기 때문이다. 누구나 이해할 수 있는 쉽고 재미있는 소재와 단순하고 명쾌한 구성, 뚜렷한 주제를 지니고 있다. 언제든 아이들과 모여 앉아 구성진 입말을 살려 옛이야기를 들려주면 이야기 세계에 빠지지 않을 아이는 없다. 북한에 있는 아이도 다를 리 없을 것이다.

이 이야기를 보면서 아이들이 특히 재미있어 하는 장면이 있다. 고추가 늘어지고 늘어져서 사람과 동물들이 걸어 다니는 다리가 되는 모습이다. 이 부분에서 작가는 '고추를 늘리는 대목이 건전치 못하면 형의 팔다리를 늘어뜨리는 것으로 바꿔도 되지만 이야기의 재미는 크게 떨어질 것'이라고 의견을 덧붙였다 한다. '왜 고추일까?' 하며 불편해하는 사람들이 있을 거라고 생각한 모양이다. 이 책은 초등 2, 3학년 아이들이 주로 읽는데 아이들 스스로는 그저 재미로만 바라보는 것 같다. 그러나 함께 읽는 시간에 아이든, 어른이든 성기를 함부로 놀림거리나 이야깃거리로 삼으면 안 된다는 당부를 해도 좋겠다.

권정생은 오랫동안 구비문학에 관심이 많았다. 그래서인지 권정생의 글은 문체가 간결하고 리듬감과 속도감이 있으며 대화체 문장과 의성어, 의태어가 풍부하여 생동감과 리듬감을 준다. 이 책에 소개한 『훨훨 간다』도 초등 저학년 아이들이 재미있게 읽는 작품이다. 타계 이후 출판된 『똑똑한 양반』이나, 생전에 연재한 구전동요를 모아 출간한 『깐치야 깐치야』 등 말맛이 살아 있는 권정생의 다른 작품도 함께 읽어보기를 권한다.

문학 수업

읽기 활동 옛이야기 말의 특징을 살려 실감 나게 읽기

할머니가 손주에게, 그 손주가 자라 자신의 아이에게 들려주던 것이 옛이야기다. 그렇게 전해진 많은 이야기가 지금은 대부분 글로 정리되어 있다. 때문에 옛이야기 책을 소리 내어 읽기만 해도 말맛이 온전하게 살아난다. 특히 인물의 대화가 실감나게 표현되어 있어서 캐릭터의 성격이나 감정을 살려 읽으면 이야기 맛이 더욱 풍부해진다.

아이들이 역할을 나누어 작품을 소리 내 읽어보면 내용이 더욱 실감게 와닿는다. 형, 동생, 노인, 도깨비, 지문 부분으로 역할을 나눈다. 모둠별로 진행해도 좋고, 반 전체가 함께할 때에는 각 캐릭터별로 팀을 꾸려 연습해도 재미있다. 놀랐을 때, 황당할 때 등 각 인물의 상태와 감정을 살려 읽는다. 여건이 허락한다면 간단히 무대를 꾸미고 동작을 곁들여 연극하는 시간도 마련해보자.

말하기/듣기 활동 알고 있는 옛이야기를 친구들에게 들려주기

어른이나 아이나 재미있는 이야기를 듣는 시간은 무척 행복하다. 아이가 어릴 때는 많은 부모가 잠자리에서 종종 옛이야기를 들려주지만 아이들이 자랄수록 그 시간을 보내기가 쉽지 않다. 하지만 글을 보는

것만큼이나, 가까운 사람의 목소리로 듣는 일 또한 매우 중요하다. 이야기를 나름의 방식을 재구성해 머릿속으로 장면을 그리는 과정이 언어 발달에 큰 도움이 되기 때문이다. 이 작품을 활용해 이야기 한 자락은 부모나 교사가 들려주고, 한 자락은 아이가 말해보면 좋겠다. 아이들이 이야기를 자주 듣다 보면 이야기를 누군가에게 들려주고 싶은 표현 욕구도 생기고 또 자기 말과 글에 다양한 변화를 주게 된다. 이야기를 할 때 발음을 좀 더 정확히 하고, 발성과 소리를 적절하게 조절할 줄 알고, 이야기 전개 과정 등도 한층 깊이 이해하게 된다. 그동안 알고 있던 이야기를 친구들에게 들려주자. 더 나아가 무대도 꾸미고, 의상도 준비해 정식 낭독회를 마련하면 즐거운 시간이 될 것이다.

쓰기 활동 '도깨비방망이가 있다면 어떻게 사용할까?' 상상하는 글 쓰기

이 활동은 초등학교 낮은 학년 아이들에게 적절한 활동이다. 만약 나에도 도깨비방망이가 생긴다면 어디에 어떻게 사용할까? 생각만으로도 신나고 즐거운 일이다. 우연히 친구들과 숲에 놀러 갔다가 도깨비들이 잃어버린 방망이를 주웠다고 상상해보자. 그 방망이를 친구 가운데 누가 차지하게 될까? 혹시 우리가 주워 가면 도깨비들이 찾아와서 혼내지는 않을까? 과연 도깨비방망이가 소원을 들어줄까? 그렇다면 무슨 소원을 빌까? 이런저런 즐거운 상상을 글로 써보자. 쓰고 난 뒤에는 함께 읽고 친구의 재미난 상상도 경청하자.

기타 활동 **도깨비 마을 꾸미기**

이 활동은 초등 저학년이 하기에 적절하다. 낮은 학년 아이들은 '상상이나 공상의 세계에 존재하는 인물'에게 다양한 입장을 보인다. 산타 할아버지가 있다는 아이, 아직도 그런 생각을 하는 것은 유치하다는 아이, 도깨비나 요정은 이야기에나 등장하지 현실에는 없다는 아이 등 의견이 분분하다. 사고력은 어릴 적부터 경험하는 다양하고 풍부한 공상이나 상상의 세계에서부터 시작된다. 상상의 세계가 이야기 속에서만 가능하다면, 아이들이 받는 감흥이나 재미는 부분적일 수밖에 없다. 우리가 모르는 깊은 바닷가 마을 혹은 숲속에 도깨비 마을이 있다고 상상해보자. 한 번도 가본 적은 없지만 이야기를 통해 알 수 있는 그 마을을 그리고 오리고 붙여서 멋지게 꾸며보자. 개인 활동도 좋지만 모둠별로 커다란 박스 한 면을 잘라 인형극 극장처럼 만든 후 모둠원이 함께 꾸며도 재미있다.

> # 나무와 꽃과
> # 물고기를 위한
> # 작은 실천
>
> 「또야 너구리가 기운 바지를 입었어요」
> ★ 권장 연령 | 초등 저학년

수록 동화집 『또야 너구리가 기운 바지를 입었어요』
(박경진 그림, 우리교육, 2000)

날씨가 따뜻해져 산벚나무에 꽃이 피자 너구리 또야 엄마는 지난해 입던 또야의 반바지를 꺼낸다. 그러나 안타깝게도 엉덩이가 뚫려 있어 알록달록 예쁜 꽃무늬 천으로 엉덩이를 기운다. 또야는 새 바지를 달라고 조르지만 엄마는 또야가 예쁘게 기운 반바지를 입으면 산에는 꽃이 더 예쁘게 피고, 시냇물에는 더 많은 물고기가 살고, 하늘의 별님도 달님도 더 예쁘게 반짝인다며 달래본다. 또야는 시큰둥하며 마지못해 기운 바지를 입고 유치원에 간다. 가는 길에 만난 은행나무와 시냇물에게 또야는 엉덩이를 내밀어 바지를 보여주며 엄마의 말을 전한다. 유치원 선생님에게도 기운 바지를 입으면 나무랑 고기가 더 예쁘게 자란다고 자랑스럽게 말한다. 이 모습을 본 유치원 친구들은 또야를 부러워하고, 너도나도 바지도 양말도 기운 것을 입겠다고 아우성친다. 주위에 있는 나무와 물고기도 아이들 소리를 귀 기울여 듣는다.

또야의 기운 바지가 주는 메시지

「또야 너구리가 기운 바지를 입었어요」는 초등 저학년이 관심을 가질 만한 주제, 단순하고 명쾌한 구성으로 쉽고 재미있게 읽을 수 있다. 주제 또한 하나로 묶여 있지 않아 환경문제, 다름에 대한 배려 등을 이야기하며 수업하기 좋다. 아이들은 읽기 전에 '기운 바지'가 어떤 바지인지 궁금해하지만 차차 이해하게 된다. 또 기운 바지를 입으면 왜 나무와 꽃과 물고기를 살리는 일이 되는지도 알고 싶어 한다.

이 작품은 일상에서 겪는 작은 실천과 행동이 자연을 살리는 중요한 일임을 알려준다. 환경을 지키고 가꾸는 것은 어렵고 거창한 일이 아니라, 작고 소소한 실천으로도 가능함을 생각해 볼 수 있다.

사랑스러운 아이와 지혜로운 어른들

이 동화는 권정생 작품 가운데 등장인물에게 슬픔과 안타까움을 느끼지 않아도 되는, 편안하고 즐겁게 읽는 동화다. 등장하는 누구도 우리의 마음을 안타깝게 하지 않는다. 주인공은 고향을 잃은 실향민도 아니고, 전쟁에서 부모를 잃은 아이도 아니다. 마냥 순수하고 천진난만

하고 당당하기까지 한 또야와 너그럽고 현명한 엄마의 이야기다. 그러나 읽고 나면, 또야 가족과 친구들에게 부끄러워진다. 우리 모두의 어리석고 이기적인 행동으로 지구는 나날이 오염되고 있기 때문이다.

엄마는 또야가 기운 바지를 입으면 꽃, 물고기, 별에게 좋은 일이라고 이야기한다. 또야는 한 번도 거짓말한 적이 없는 엄마의 말이니 무슨 뜻인지 알 수 없지만 기운 바지를 입고 학교에 간다. 유치원 선생님은 또야의 말을 듣고 또야가 입고 온 바지 이야기와 꽃 이야기, 시냇물 이야기, 별님 이야기, 달님 이야기를 아이들에게 자세히 들려준다. 또야 엄마와 선생님의 이야기를 잘 들었다면 오늘 우리는 조금 달라진 환경을 만났을 것이다. 대기오염 문제로 지금처럼 일 년에 많은 시간 마스크를 쓰고 외출하는 답답한 일은 없었을 것이다.

권정생은 작품을 통해 세상 사람들에게, 또야와 엄마처럼 자연과 더불어 환경을 지키며 살아가는 소중한 일의 가치를 전한다. 너구리도 봄, 여름, 가을, 겨울 사계절 자연의 소중함과 아름다움을 위해 고민하며 기운 바지를 입는다고 말이다.

또야는 엄마가 해주는 이야기의 뜻은 정확히 모른다. 그래서 부끄럽고 머뭇거리지만, 엄마 말을 믿고 당당하게 나무와 물고기와 친구들에게 기운 바지를 자랑한다. 눈치 빠른 선생님은 아이들에게 기운 바지를 입고 우리가 자원을 낭비하지 않고 재활용하고 아껴 쓰면 어떻게 자연이 보호되는지 알려준다. 지혜로운 엄마와 현명한 선생님이다.

교실에서는 다양한 사연과 사고가 일상이다. 공부를 잘하지 못해서 놀림을 받는 아이도 있고, 운동을 못한다고 놀림을 받는 아이도 있다. 또 내성적이어서 친구들과 어울리기 힘들어하는 아이도 볼 수 있고, 여럿이 무리를 지어 한 아이를 따돌리는 심각한 상황도 만날 수 있다. 갈등이 끊이지 않는 교실에서, 또야 선생님은 아이의 마음을 잘 읽고 이해하며 적절하게 개입하고 대처하는 훌륭한 교사의 모습을 보여 준다. 이런 의미에서 어른들이 읽어도 생각할 것이 많은 작품이다.

문학 수업

읽기 활동 **원하는 역할을 맡아 문장을 실감 나게 읽기**

문장 표현에서 인물의 성격과 마음이 잘 드러나 대화체를 중심으로 소리 내어 읽다 보면, 인물의 생각이 리듬과 함께 자연스럽게 전해지는 작품이다. 특히 단문으로 이루어져 있어 초등 저학년이 등장인물의 역할을 맡아 함께 읽기에 적절하다. 아이들이 맡은 역할에 따라 감정을 살려 읽다 보면 인물의 마음과 생각에 더 쉽게 공감할 수 있다.

먼저 함께 소리 내어 읽는다. 아이들은 소리 내어 글을 읽을 때 내용에 따라 장면을 상상하며 천천히 읽기보다는 글자만 읽는 경우가 많다. 따라서 표정과 발성, 읽는 속도에 대한 교사의 구체적인 지도가 필요하다. 소리 내어 읽는 학생이 내용을 생각하면서 천천히 읽어야, 듣는 학생도 문장과 낱말의 뜻에 대해 충분히 공감하며 들을 수 있다. 이렇게 인물의 마음이나 행동 등 실감 나게 읽다 보면 주제에 대한 이해를 정확히 할 수 있다.

| 말하기/듣기 활동 | 엄마, 또야, 시냇물, 물고기, 친구 등이 되어 속마음 말하기

초등 저학년과 중학년이 하기에 적절한 활동이다. 엄마는 또야의 바지를 기워주면서 어떤 생각을 했을까? 또야는 마음에 들지 않은 바지를 입어 기분이 별로지만, 친구들에게 자신의 멋진 바지에 놀라운 재주가 있음을 자랑한다. 그러나 마음속으로는 다른 생각을 했을지도 모른다. 그 속마음을 상상해보자. 먼저 아이들이 각자 원하는 인물을 선택한다. 친구들 앞에 나와 상상한 것을 토대로 '인물의 솔직한 속마음'을 표현해보자.

속마음 말하는 활동 안내하기

① A4 용지를 나누어 주고 마음에 드는 인물을 선택한다.
② 선택한 인물이 마음속으로 어떤 생각을 했을지 상상한다.
③ 아이들은 자신이 상상한 내용을 토대로 인물이 어떤 생각을 했을지 쓴다.
④ 돌아가며 각 인물의 속마음을 말하고, 그렇게 생각하는 까닭을 발표한다.
⑤ 다른 친구들은 발표한 아이에게 질문해도 된다.
⑥ 교사와 친구들은 아이들 발표를 듣고 격려해준다.

| 쓰기 활동 | 주인공을 중심으로 일이 일어난 순서를 맞춰 쓰기

초등 저학년의 경우 동화를 읽고 일이 일어난 순서대로 내용을 기억하여 파악하는 활동이 꼭 필요하다. 저학년일수록 흥미와 관심을 중심으로 내용을 이해하기 때문에 중요한 흐름을 파악하기가 쉽지 않다. 동화를 읽고 주인공을 중심으로 내용 전개 과정과 흐름을 이해하

는 학습이 필요하다. 먼저 교사가 주요 내용에 따라 5~10개 정도의 문장을 만들면 길고 얇은 종이에 각각 한 문장씩 적어둔다. 아이들은 그 문장 띠들을 내용 순서에 맞게 배열하며 기차처럼 자연스럽게 잇도록 한다.

문장 예시

- 엄마 너구리가 또야의 반바지를 꺼냈다.
- 또야는 선생님께 엉덩이를 보여주고 엄마의 이야기를 들려주었다.
- 또야는 유치원에 가는 길에 은행나무를 만났다.
- 엄마가 또야의 바지를 기워주었다.
- 또야는 왜 기운 바지를 입어야 하는지 궁금했다.

기타 활동 나무 카드를 만들고 자연의 소중함 생각하기

동화에는 산벚나무, 은행나무 등 다양한 나무가 등장한다. 아이들과 작품에 등장하는 나무 이름을 추려 인터넷으로 어떻게 생긴 나무인지 찾아본다.

소중한 자연을 소재로 하는 다양한 나무 카드를 만들어보자. 앞면에는 교사가 미리 준비한 사진이나 그림을 붙이고, 뒷면에는 나무나 꽃 이름, 특징, 꽃이 피는 시기, 열매에 대한 정보를 적는다. 자신이 만든 카드를 교실에 멋지게 전시하고 친구들에게 소개한다. 가능하면 카드를 중심으로 공부도 하고, 환경의 변화에 따른 자연의 변화도 함께 이야기한다.

3장
사람 권정생, 작가 권정생

이야기 | 권정생의 삶

권정생, 빌뱅이 언덕에 핀 꽃

조월례

"마당이 좀 지저분하니 우리가 싹 정리할까요?"

언젠가 몇몇이 권정생의 집을 방문했을 때 말했다. 그는 우리를 한껏 째려보더니 한마디했다.

"놔두이소."

마당에 풀이 많으면 벌레도 몰려들고 보기도 좋지 않으니 깨끗하게 정리하면 좋을 텐데 왜 못하게 하는지 모르겠다며 구시렁거렸다. 그가 쓴 여러 글을 읽으며 우리를 그렇게 바라본 이유를, 마당의 풀들을 건드리지 말라고 했던 까닭을 조금은 알 수 있었다.

권정생이 맨 처음 세상에 발표한 동화가 「강아지똥」이었다는 건

권정생은 작고 아담한 집에 살며 평생을 어린이문학에 헌신했다.
2006년, 마지막 작품인 『랑랑별 때때롱』을 집필할 때의 모습이다.

누구나 다 안다. 이전까지 동화는 아이들에게 별과 달과 꽃을 소재로 한 꿈처럼 달콤한 이야기들을 주로 담았다. 아이들은 착하고 티없이 깨끗한 존재라는 아동관 때문이었다. '똥'을 소재로 한 동화는 상상할 수도 없었다.

그래서 제1회 기독교 아동문학상 심사위원들도 「강아지똥」을 보고 제목이 '똥'이 들어가서 처음에는 보지도 않고 제쳐두었다고 한다. 다른 작품이 기대에 미치지 못해 다시 살펴보고 나서야 선정하게 되었다는 후문이다.

똥은 날아가던 참새조차도 더럽다고 침을 뱉는 대상이다. 아무짝에도 쓸모없을 것 같은 강아지똥이 아름다운 민들레를 피워 낼 수 있다는 이야기는 많은 이들에게 충격을 주었다.

다시 그를 찾아갔을 때 마당을 찬찬히 살펴보았다. 마당 한가운데에 개나리 나무가 한 그루 있었다. 그 옆에는 엉겅퀴 나무가 있었다. 까마중 나무도 있었다. 더 낮은 곳에서는 질경이며 채송화며 쑥부쟁이며 강아지풀이며 온갖 풀과 꽃이 서로 어울렸다. 때가 되면 꽃이 피고 지고 또 새로운 꽃이 피어나곤 했다. 이들에 기대어 그의 작품에 등장하는 땅강아지며 잠자리며 하루살이며 여러 가지 생물이 둥지를 틀고 살아가고 있었을 것이다. 우리가 미처 보지 못한 존재들이……

우리가 '싹' 정리하고 싶었던 마당의 풀과 꽃은 그에게 함께 살아가는 가족과 다름없었다. 권정생 작품에 다채로운 풀과 꽃과 생물들이 등장하는 것을 보면 알 수 있다. 동화에 똥이 등장할 수 있었던 까닭은 작가 스스로가 자신을 '오물덩이'처럼 살아가는 존재였다고 보았기 때문이다. 실제로 그는 세상 가장 낮은 곳에 자신을 두고 살아갔다.

말과 글과 삶이 일치했던 권정생

권정생은 1937년 8월 18일 일본 도쿄 혼마치(本町) 변두리에서 5남 2녀의 여섯째로 태어났다. 일제 강점기 시절 많은 사람들이 그랬듯이 아버지는 먹고살 길을 찾아 1929년 일본으로 건너간다. 그리고 7년 후 혼자서 아이들을 돌보던 어머니가 아버지 연락을 받고 일본으로 간다. 그다음 해 경수(권정생의 어릴 때 이름)가 태어났다. 경수가 자라서 사물을 분간할 즈음, 집안은 이미 가난이 감싸고 있었다.

예닐곱의 경수는 거리 청소부로 일하는 아버지가 쓰레기 더미에서 골라 뒤란에 쌓아놓은 책을 읽었다. 곰팡내 나고 반쪽이 찢겨 있고 불에 타다 남은 『이솝 이야기』, 『그림동화집』, 『행복한 왕자』 등 헌책을 읽으며 글자를 깨치고 세상을 배웠다.

경수가 일본 혼마치 초등학교에 입학할 때는 제2차 대전이 막바지에 이르는 1944년이었다. 폭격이 몰아쳐 가난한 동네 구석구석은 잿더미가 되었다. 경수네 가족은 시골로 이사를 갔다가 거기서 해방을 맞는다.

힘들고 어려운 생활이었지만 경수는 그곳에서 『몽실언니』의 주인공 몽실이를 닮은 히데코 누나, 경순이 누나, 이웃한 가엾은 아이들과 함께 어울리며 정이 들었다. 하지만 이듬해인 1946년 3월 정든 그들 곁을 떠나야 했다. 조선 청년 동맹에 가입했던 큰형과 꼬마언니라고 따르던 작은형과도 헤어져 경수는 귀국 동포가 되어 무일푼으로 한국에 돌아온다.

아홉 살 경수에게 조국은 삭막하고 낯설고 배고픈 곳이었다. 농사지을 땅도 당장 들어갈 집도 없었다. 어쩔 수 없이 식구가 뿔뿔이 흩어져야 했다. 어머니와 동생, 경수는 외가가 있는 청송으로 갔다. 아버지가 농막이 딸린 소작농을 얻어 47년 12월 가족이 다시 모였다.

하지만 아버지의 농사일만으로는 살아갈 수 없어 어머니가 행상을 나갔다. 어머니는 한 번씩 나가면 사나흘씩 돌아오지 않았다. 열 살 무렵 경수는 밥을 짓고 빨래를 하면서 학교에 다녔다. 청송 화목초등학교를 5개월 동안 다니다가 열두 살 되던 해인 1948년, 여덟 살인 동생과 일직 공립초등학교에 들어간다.

경수는 공부를 잘해 선생님에게 월반을 권유받기도 했다. 하지만 상급반에 진학하면 수업이 늦게 끝나 돈을 벌 수 없다는 이유로 어머니의 반대에 부딪혔다. 중학교를 갈 수는 없었지만 학업에 대한 열망을 놓지 않았다. 경수는 지게를 만들어 나무를 해서 판 돈으로 암탉을 사 기르기 시작했다. 암탉이 알을 낳으면 팔고, 그 돈으로 다시 염소를 키워 팔아 중학교에 갈 생각이었다. 열심히 닭을 돌보았지만 미국에서 들어온 닭 전염병으로 일주일도 못 가서 100마리나 되던 닭이 모두 죽어버린다. 중학교에 가려던 꿈이 사라지고 경수는 어쩔 수 없이 읍내에 있는 고구마 가게 점원이 되었다. 주인은 저울을 속여 고구마를 팔라고 했다. 고구마를 사러 오는 손님들은 대부분 그날그날 고구마를 한두 관씩 사다가 쪄 팔아 끼니를 잇는 사람들이었다. 경수는 이런 사

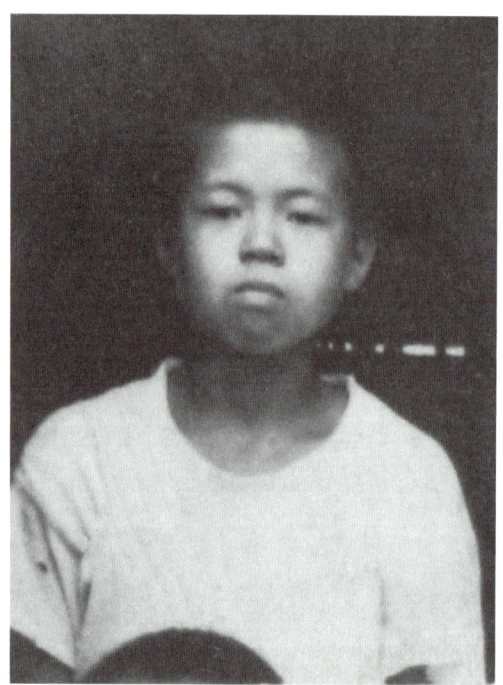

어린 시절의 권정생. 상급반 진급을 권유받기도 했지만 경제적인 이유 때문에 공부를 계속하기 어려웠다.

람들에게 무게를 속이며 스스로 돈에 복종하면서 양심을 속이고 거짓을 강요받는 자신이 괴로웠다. 아무리 훌륭한 일이라도 정신을 잃고 맹목적으로 끌려가면 모두 악마로 둔갑한다는 생각에 고구마 가게를 그만두었다. 어려서부터 이렇게 바른 생각을 갖게 된 것은 '바른 삶'이라는 뜻의 '정생'이란 이름 때문이었을까?

배움의 열망을 놓지 않은 문학청년

중학교에 가지 못한 아이들이 대부분 객지로 나갔듯이 열여섯 살이 되던 1953년 겨울, 정생도 공부할 길을 찾기 위해 부산으로 향한다. 이제 막 휴전이 된 당시 부산은 거지, 깡패, 양아치, 석탄 장수, 부두 노동자, 양공주, 암달러 장수, 밀수꾼 등 온갖 인간 군상들이 모여드는 곳이었다. 오직 살기 위해서 인간이 할 수 있는 모든 일이 벌어지는 곳이기도 했다.

좌절과 실의에 빠져 있던 시절이었다. 권정생은 그곳에서 재봉기 상회 점원으로 일한다. 외로운 객지 생활을 견딜 수 있었던 이유는 최명자와 자동차 정비공으로 일하는 오기훈 덕분이었다. 명자는 6.25전쟁 때 부모님을 잃고 고아원에서 자란 아이이며 기훈이는 이북에서 월남하다가 형님과 헤어진 피난민이다.

권정생은 용돈이 생기면 기훈이와 초량동에 있는 헌책방 계몽서점으로 달려가 책을 빌려 읽었다. 명자는 성경책을 주며 교회에 나가기를 권했다. 권정생은 기훈이와 함께 『젊은 베르테르의 슬픔』을 읽고 베르테르의 사치한 죽음에 실망과 분노를 느꼈다. 『죄와 벌』을 읽을 때에는 라스콜리니코프라는 청년이 노파를 죽인 것을 끔찍하게 여겼다. 이광수의 『단종애사』를 읽고 사육신을 존경했으며 단종의 슬픔이 자신의 슬픔으로 되살아나는 느낌을 받기도 했다. 권정생은 이렇게 문학이라는 것에 조금씩 눈을 뜨기 시작했다. 신문 연재소설이든 대중 잡지든 닥치는 대로 책을 읽었다. 그런데 형제처럼 지내던 친구 오기훈이 자살을 하고 만다.

권정생은 세상에 혼자 버려진 듯한 마음에 며칠을 울었다. 기훈과 함께 보던 잡지 〈학원〉도 1955년 8월 호로 영원히 인연을 끊는다. 책을 쌌던 포장지에 소설도 써보고 시를 써보던 일도, 계몽서점을 찾아가는 일도 그만두었다.

권정생에게 찬송가와 성경책을 주며 교회에 가기를 권하던 명자가 서울로 떠나 윤락가에서 웃음 파는 아가씨가 되었다는 소식이 바람결에 들려왔다. 권정생은 기훈이와 명자를 모델로 한 단편 동화 「갑돌이와 갑순이」를 쓴다.

병마와 싸우다

1956년 권정생이 열아홉 살 때 몸에 열이 오르고 기침이 났다. 자전거를 타고 오르막길을 오르기 힘들 만큼 숨이 찼다. 밤이면 식은땀과 갈증이 났다. 그렇게 1년을 버티다 견디지 못하고 자리에 누웠다. 병원에 갔을 때는 이미 늑막염에 폐결핵이 겹쳐 있었다.

결국 1957년 2월 권정생은 어머니 손에 이끌려 5년 만에 집으로 갔다. 고향 집에는 늙은 아버지와 열일곱 살 된 동생이 기다리고 있었다. 집안은 변변한 치료를 할 만큼 여유가 없었다. 병은 깊어졌다. 동네에서는 또래 아이들이 결핵에 걸려 줄지어 약을 타러 다녔지만 약이 제대로 공급되지 않아 하나씩 죽어갔다. 권정생은 혼자 남았다. 그즈음 병세는 결핵이 폐에서 신장, 방광으로 번져 전신에 퍼지는 모양새가 되었다. 어머니는 아들을 위해 산과 들로 나가서 약초를 캐오고 메뚜기, 뱀, 개구리도 잡아와 달여 먹였다. 그 덕분인지 병세가 호전되었다. 그러나 1964년 늦가을, 예순여덟 살 어머니는 누운 지 6개월 만에 돌아가시고 만다.

어머니가 돌아가시자 아버지는 동생을 결혼시켜 가계를 잇게 해야 한다는 생각으로 형인 정생을 내보내려고 한다. 권정생은 1965년 봄 동생이 마련해 준 50원을 들고 집을 나선다. 그리고 기도원에 들어가 나병 환자들과 잠시 지내다 열흘 만에 나온다.

가진 것도 자신을 돌봐줄 사람도 없이 그저 병든 몸뿐이던 정생은 두레박용 깡통과 성냥 한 갑을 사서 '철저한 거지'가 되기로 한다. 그리고 대구, 김천, 문경, 상주 등을 떠돌며 3개월간 유랑 걸식을 한다. 결핵균은 온몸을 갉아먹고 자신을 받아줄 피붙이 하나 곁에 없는 상황에서 매 순간 죽음을 생각했다. 추한 자신의 모습을 누구에게도 보이지 않고 죽고 싶었다. 아무도 없는 곳에서 구덩이를 파고 죽을 생각도 했지만 날이 밝으면 죽음은 저만치 물러나 있었다. 권정생은 다섯 살 때 누나를 통해 받아들인 예수가 가까이 있다고 생각하고 성경을

어머니와 작은누나. 어머니는 아픈 아들을 지극한 사랑으로 돌보았다.

읽으며 견뎠다. 그러나 온몸을 파고드는 결핵균과 싸울 힘이 더는 남아 있지 않았다. 결국 1966년 콩팥과 방광을 들어내는 두 번의 수술을 하고 오줌 주머니를 차게 된다. 의사는 2년은 살 테니 견뎌보라 했고 간호사는 6개월밖에 살지 못할 거라고 했다. 매 순간 삶과 죽음 사이에서 아슬아슬하게 이어온 목숨이었다. 권정생은 이때를 두고 처절한 고통을 견뎌온 자신을 오물덩이처럼 살았다고 회상한다.

한국 아동문학의 등불로 성장한 종지기

1966년, 동생이 결혼을 했다. 권정생은 서른한 살 되는 1967년부터 안동군 일직면 조탑리 일직교회 문간방에서 예배당 종지기의 삶을 시작한다. 그 무렵에는 몸무게가 46킬로그램도 안 되어서 사람들이 꼭 귀신 같다고 했다. 그래도 조그만 방에서 글을 쓰고 주일학교 교사로 아이들을 만나는 것이 기뻤다. 누가 시키지 않았지만 어둠이 가시지 않은 이른 새벽에 일어나 종을 쳤다. 교회 문간방은 여름은 덥고 겨울은 추웠다. 지나가던 거지도 들렀다가 가고 개구리도 오고 생쥐도 찾아와 겨드랑이를 파고들었다. 하지만 자신이 그들보다 나을 것이 없다고 여기며 내치지 않았다.

이 무렵 1969년 『기독교 교육』에서 실시한 제1회 기독교 아동문학상 현상 모집에 「강아지똥」이 당선된다. 1971년 대구 『매일신문』에 「아기양과 그림자」가 당선된다. 이 무렵 권정생은 공모에 부지런히 도전한다. 떨어지기도 하지만 당선의 기쁨도 누린다. 무엇보다 특별한

일직교회 문간방 앞에서 찍은 사진(위)과 교회에서 아이들을 가르치는 모습(아래). 권정생 작품에는 모두가 신처럼 귀한 존재라는 기독교적 사유가 담겨 있다.

수입이 없던 때라 당선이 되면 나오는 상금으로 약을 사고 생활을 할 수 있었다. 그래서 여느 때보다 부지런히 쓰고 기고한다.

1973년 『조선일보』 신춘문예에 「무명저고리와 엄마」가 당선이 되면서 평생의 스승이자 벗인 아동문학가 이오덕을 만난다. 권정생은 이미 오래전부터 이오덕 작품을 읽고 깊은 감명을 받아 만나고 싶어 했다. 그러던 중 자신을 찾아온 이오덕 선생님이 더없이 기쁘고 반가운 마음에 어쩔 줄 모른다. 이렇게 인연을 맺은 두 사람은 평생의 벗으로, 서로를 스승으로 여기며 교류를 이어간다.

이오덕은 우리나라 사람들이 고통스러운 역사 속에서도 꺾이지 않고 꿋꿋하게 살아온 모습을 어느 누구보다도 진실되게 쓴 권정생 동화가 널리 읽혀야 한다고 했다. 시골 초등학교에서 교사로 재직 중이었던 이오덕은 출판 시장이 좋지 않았던 당시 권정생 작품이 잡지와 신문에 실리고 출판될 기회를 찾기 위해 서울과 대구의 여러 출판사를 찾아다녔다. 사정이 좋지 않다는 이유로 수없이 거절을 당하면서도 끈질기게 매달렸다. 얼마간의 원고료를 권정생의 약값이나 생활비에 보탤 수 있도록 하기 위해서였다.

전화도 없던 시절 수백 통의 편지로 이오덕은 권정생의 건강을 염려하며 용기를 주었다. 권정생은 이런 이오덕에게 자신의 동화를 보여주고 의논하며 점점 믿고 의지하는 사이가 되어갔다. 그 격려와 도움에 힘입어 권정생의 동화는 세상으로 퍼져나갔다. 16년 동안 일직교회 문간방에서 온몸을 갉아먹는 결핵균과 싸우며 「하느님의 눈물」, 『하느님이 우리 옆집에 살고 있네요』, 『도토리 예배당 종지기 아저씨』를 쓰

이오덕(왼쪽)과 권정생은 서로의 작품 세계를 지지하고 응원하며 30년을 함께했다.

고 『우리들의 하느님』*을 펴냈다. 권정생은 이후로도 활발하게 작품을 선보이며 한국 아동문학의 등불로 우뚝 선다. 결핵균에 몸을 내어 준 고통과 극빈의 삶, 외로움 속에서 피로 쓴 동화들이다.

빌뱅이 언덕의 동화 작가

1984년 출간된 『몽실언니』가 텔레비전 드라마로 제작되며 받은 80만 원과 동네 사람들이 보탠 일손 덕분에 권정생은 빌뱅이 언덕 아래에 두 칸짜리 토담집을 짓게 된다. 담도 마루도 없는 7평 남짓한 집은 거실 겸 부엌으로 쓰는 방과 둘만 들어가도 무릎을 세워야 할 만큼 작은 방으로 이루어져 있다. 이곳에서 권정생은 강아지 뺑덕이와 두데기와 함께 새로운 삶을 시작한다.

세상에서 제일 작고 착하게 생긴 그의 집은 문을 열면 넓은 하늘이 한눈에 들어왔다. 소박한 집에 찾아드는 온갖 생명, 계절을 바꾸어가며 피고 지는 들꽃이 있었다. 길가에 버려진 강아지똥, 시궁창에 떨어져 썩어가는 똘배, 다리 하나 없는 강아지, 홀로 한겨울을 견디는 외양간의 황소, 볼품없는 깜둥 바가지들, 햇빛을 모르고 땅속을 기어 다니는 두더지와 생쥐…… 누구의 관심도 받지 못하고 세상의 그늘에서 살아가는 존재들은 늘 권정생 곁을 지켰다.

마당 한가운데에는 포도나무를 비롯해 개나리, 엉컹퀴, 질경이, 토

---

* 권정생이 잡지 등에 발표한 글을 김용락 시인이 모아 엮었다.

끼풀, 씀바귀, '나싱게'라고 부르는 냉이, 채송화 들이 다투듯 옹기종기 모여 살았다. 마당 둘레에는 대추나무, 산수유나무, 앵두나무, 살구나무가 울타리를 이루고 있었다. 권정생은 그들 모두를 함께 살아가는 가족처럼 여겼다. 그리고 여러 글에서 살아 있는 것은 모두 함께 살아가야 한다고 힘주어 말했다. 실제로도 그는 작은 집, 작은 방을 찾아드는 뭇 벌레며 풀이며 꽃이며 나무와 늘 함께 있었다.

권정생에게는 이웃이 많았다. 식사를 제대로 할까 염려되어 녹두죽을 쑤어 오는 할머니가 있었고, 벌레 먹은 과일을 깨어진 바가지에 담아 오는 사람도 있었다. 함께 살자고 넌지시 프러포즈를 하는 할머니도 있었다. 글 모르는 동네 노인들이 찾아와 넋두리를 하기도 했는데, 그들이 외지에 나간 자식들에게 받은 편지를 읽어주기도 하고 편지를 대신 써주기도 하면서 친구처럼 지냈다.

소박한 삶을 몸소 실천한 아동문학가

동화가 널리 알려지고 책 판매가 증가하면서 수입도 늘었다. 마음만 먹으면 너른 집에서 온갖 것 갖추며 그럴듯하게 살 수 있었다. 하지만 권정생은 자발적 가난을 선택하고 꼭 필요한 만큼만 쓰면서 소박하게 살았다. "내 몫 이상을 쓰는 것은 벌써 남의 것을 빼앗는 행위"라고 여겼기 때문이다. 그리고 돈이 왕 노릇 하는 세상에서 훌륭한 사람이 되지 말라고 했다. 훌륭해진다는 것은 남의 것을 빼앗기 쉬운 위치에 올라가는 것과 같다고 보았다.

권정생은 빌뱅이 언덕에 아담한 새집을 지었다.
베스트셀러 작가였지만 많이 가지는 삶을 경계했던 그를 닮은 집이었다.
권정생은 이곳에서 세상을 떠날 때까지 살았다.

 이런 가치관은 생각만으로 그친 것이 아니다. 2003년 〈느낌표〉에서 『우리들의 하느님』을 선정도서로 정했다는 소식을 접했다. 권정생은 "아이들이 자라나는 과정에서 가장 행복한 시간이 도서관이나 책방에 가서 혼자 책을 고르는 순간이다. 그걸 왜 방송에서 막느냐." 하며 거절했다. 출간한 녹색평론사도 '돈보다 더 소중한 가치관과 생각'을 해칠 수 없다는 까닭에서 작가와 뜻을 같이했다.

 권정생 작품은 여러 출판사에서 발간되었다. 그래서 출판사들이 작품을 묶어 전집을 만들자고 했지만 거절했다. 환갑 때 친구들도 작품을 전집으로 묶자고 했지만 이 역시 거절했다. 그렇게 하면 책을 한

권씩 내는 조그만 출판사는 죽는다는 게 이유였다. 사람답게, 착하게, 살아 있는 모든 것들과 함께 나누며 살아가야 한다고 생각한 것이다. 이러한 정신은 그가 쓴 동화에 고스란히 담겨 있다. 우리가 진정으로 추구해야 할 가치가 무엇인지에 따라 삶이 달라지고 있음을 몸소 보여준 이가 바로 권정생이다.

권정생은 처절한 삶을 살면서도 고통을 이겨내고 우뚝 섰다. 누구도 대신할 수 없는 처절한 아픔과 외로움을 끌어안고 눈물로 오롯이 한 글자 한 글자 쓴 작품이 바로 권정생 동화라 할 수 있는 것이다.

권정생, 짧은 여행을 마치다

권정생이 세상 여행을 마쳤다는 소식이 전해지자 전국에서 그의 팬들이 모여들었다. 때맞춰 국밥을 먹고 밤이 되면 잠을 자고 다음 날이면 또 엄숙을 떨곤 했다. 장례식 마지막 날, 조탑동 너른 마당은 초록빛 토끼풀이 지천에 깔려 있었다. 눈부신 5월이었으니까. 장례식 도중에 우리는 순간 멈칫했다가 쿡쿡 웃음을 터트리고 말았다. 유언장 내용 때문이었다.

"만약에 죽은 뒤 다시 환생을 할 수 있다면 건강한 남자로 태어나고 싶다. 그래서 스물다섯 살 때 스물두 살이나 스물세 살쯤 되는 아가씨와 연애를 하고 싶다. 벌벌 떨지 않고 잘할 것이다."

주변 사람들 일부는 그가 지병도 있고 나이도 들어서 '연애'라거나 '사랑'과는 거리를 두었다고 지레짐작했는지도 모른다. 하지만 그의 마음에도 보통 사람들이 그러하듯 가슴 뛰는 청춘 시절이 있었고, 단란한 가정을 꿈꾸는 한 남자의 꿈이 있었었지.

권정생 수필 「열여섯의 겨울」을 보면 본인이 열여섯 살 되던 해에 겪은 사랑 이야기가 나온다. 목숨 건 사랑이었건 어렴풋한 사랑의 느낌이었건, 사랑의 경험이었다고 말한다. 편지를 써서 그녀에게 전해주라고 심부름을 맡긴 아이가 편지를 전하지 않고 뜯어보며 동네방네 소문을 내는 바람에 사랑은 싱겁게 끝나고 말았다. 그에게도 꽃 같은 청년시절 '떨지 않고 잘할 수 있는' 사랑의 계절이 있었지만 그 계절을 다 보내고 평생 결혼을 하지 않았다. 그러나 마음속에는 늘 가상의 연인, 가상의 가정, 가상의 아들딸들을 품고 있었다. 권정생은 혼자였지만 혼자가 아니었던 것이다.

한평생 소박하고 때묻지 않은 삶을 실천하며 살다 간 권정생.
그의 정신은 여러 작품으로 남아 시대를 뛰어넘어 끊임없이 반짝이고 있을 것이다.

이야기 | 권정생의 작품 세계

언제나
새롭게 질문하는
문학

엄혜숙

권정생(權正生, 1937~2007)은 일흔하나의 나이로 2007년 세상을 떠날 때까지 안동에서 홀로 살아가며 작품 활동을 했다. 1969년에 단편 동화 「강아지똥」을 발표한 뒤 동화, 동시, 소년소설, 소설, 판타지, 그림책, 산문 등 광범위한 장르의 글을 쓰며 작가의 길을 걸었다. 권정생은 자신을 그저 '이야기꾼'으로 불러달라고 했다. 그에게 동화와 소설, 시와 판타지라는 장르는 그다지 중요하지 않았다. 권정생은 서울에서 멀리 떨어진 안동에서 오랜 세월 살아가며 자신이 보고 듣고 경험한 것들을 작품의 소재로 삼았다. 그야말로 한곳에서 붙박이로 지내며 남의 이야기를 듣고, 자신의 이야기로 풀어내는 토박이 이야기꾼이었던 셈이다. 어찌 보면 참으로 소박하기 짝이 없는 권정생의 문학과 사상이 지금, 여기에서 다시 조명되어야 할 까닭은 무엇일까?

작고 보잘것없는 주인공

권정생은 '작고 보잘것없는 것'을 주인공으로 삼은 작가였다. 공식적인 첫 작품 단편 동화 「강아지똥」에서는 똥 중에서도 가장 보잘것없는 강아지똥을 주인공으로 삼았다. 그 뒤로도 권정생은 강아지똥 같은 것들을 가져와 우리 눈앞에 두고 이토록 귀하고 소중한 것들이라고 소개한다. 간장 종지, 깜둥바가지, 똘배, 불길에서 살아남은 병아리……. 권정생은 이른바 낮은 곳에 있는 존재들을 새로운 관점으로 조명하면서, 우리가 귀하고 천하다고 평가하는 잣대를 여지없이 무너뜨린다. 문학의 역할 중 하나가 사물을 새롭게 바라보도록 하고 얼어붙은 마음을 깨 세상에 공감하게 하는 것이라면, 권정생 문학이야말로 그러한 역할을 한다고 할 수 있다. 그의 작품 속에서 이 존재들은 서로 보살피고 나누면서 살아간다. 많이 가져서 내어주는 게 아니라 적은 것이라도 나누기 때문에 삶이 풍성해진다는 것을, 가난하고 병들고 장애가 있어도 서로 도우면 얼마든지 잘살 수 있다는 것을, 권정생은 여러 작품에서 이야기한다. 이러한 사유는 성서에 바탕을 둔 기독교 사상과도 연관성이 있다. 권정생은 살 집이 없어 교회에서 종지기를 하며 지냈다. 주일학교 교사를 하면서 성서에 나오는 이야기를 아이들에게 들려주기도 했다. 성서에서 예수는 '지극히 작은 자에게 한 것이 곧 내게 한 것'이라는 말을 했는데, 이러한 사유가 권정생의 작품 속에서 생생하게 구현되었다고도 할 수 있다. 이것은 또한 평범하고 보잘것없는 사람들이 모두 하느님처럼 귀하고 소중한 존재이기도 하다는 표현일 것이다.

전쟁의 아픔을 위로하다

권정생은 줄곧 '반전사상'을 표방한 작가였다. 일제 강점기에 태어나 태평양전쟁과 6.25전쟁을 몸소 겪은 그에게는 '전쟁'을 소재로 한 작품이 유난히 많다. 「강냉이」, 「빼떼기」, 「용원이네 아버지와 순난이네 아버지」, 「곰이와 오푼돌이 아저씨」, 「사과나무 밭 달님」, 「바닷가 아이들」은 모두 6.25전쟁의 상흔을 그려낸 단편 작품이다. 장편도 많은데 『슬픈 나막신』(최초의 장편 『꽃님과 아기 양들』 개작)에서 권정생은 자신이 어렸을 때 겪었던 태평양 전쟁을 다루고 있다. 작품을 보면 아이들은 먹을 것이 없어 끼니를 굶고, 거리에서 고물을 주워 팔곤 한다. 병이 나서 아파도 약을 살 수가 없고 병원에 갈 수도 없는 현실을 겪는다.

『몽실 언니』, 『점득이네』, 『초가집이 있던 마을』에서는 6.25전쟁으로 가족과 삶의 터전을 모조리 잃은 사람들의 모습을 상세하게 그리고 있다. 보통 '권정생의 전쟁 3부작'이라고 불리는 작품인데, 전쟁이 어떻게 우리 삶을 송두리째 무너뜨리는지 생생하게 보여준다. 텔레비전 드라마로도 제작되어 널리 알려진 『몽실 언니』를 보면 전쟁은 몽실이네 가족을 뿔뿔이 헤어지게 하고 몽실이를 불구로, 또 고아로 만든다. 이처럼 현실이 몽실이를 막다른 데까지 몰고 가지만, 몽실이는 동생들을 돌보며 꿋꿋하게 살아간다. 어쩌면, 6.25전쟁 이후에 아픔을 딛고 살아갔던 이들은 죄다 몽실이 같은 사람 아니었을까.

장편뿐 아니라 여러 단편에서 권정생은 전쟁의 폐해를 그리고 있거니와 『밥데기 죽데기』 같은 판타지 작품에서도 반전사상을 강조한다. 늑대 할머니는 달걀귀신인 밥데기 죽데기와 함께 보리밥을 먹고 싼 똥으로 마법 똥가루를 만든다. 가루를 '휴전선 철조망'에 뿌리자 철조망은 녹아내린다. 늑대 할머니는 휴전선 철조망을 무너뜨리고는 힘이 다해 죽는다. 죽을 만큼 고된 일이지만 늑대 할머니는 온 힘을 다해 그 일을 해냈다. 현실에는 휴전선 철조망이 아직 그대로 있지만 온 맘으로 기도하면, 간절하게 바라고 실천하면, 언젠가 그 꿈이 꼭 이루어지지 않을까?

평화와 화합을 향한 간절한 바람을 작품에서 되풀이해 그린 것에서 알 수 있듯이, 전쟁은 권정생에게 지울 수 없는 상처를 남긴 것이었고, 다시는 이 세상에서 일어나면 안 되는 것이었다.

권정생의 반전사상은 지금도 여전히 유효하다. 우리는 분단국가에 살고 있다는 것을 까맣게 잊고 지내다가도, 무슨 일이 생기면 그때마다 가슴이 덜컹 내려앉을 만큼 두려움에 휩싸인다. 어서 전쟁을 마무리하고 평화와 공존의 시대를 맞이하자는 권정생의 메시지는 여전히 우리에게 의미가 깊다.

더불어 함께 살아가는 세상

권정생은 모두가 함께 어울리는 세상을 바라고 그리는 작가였다. 그의 작품을 보면, 피를 나눈 가족은 아니지만, 한 가족이 되어 서로 돕고 살아가는 모습이 자주 등장한다. 부모 없는 아이를 자신의 아이로 삼아 살아가는 「중달이 아저씨네」, 부모 없는 아이와 자녀 없는 어른이 만나 한가족이 되는 『하느님이 우리 옆집에 살고 있어요』 같은 작품을 들 수 있다. 전쟁이나 극심한 가난으로 인해 홀로 살아가던 사람들이 서로 가족이 되어 오순도순 살아가는 모습은 우리에게 감동을 주고, 바람직한 가족의 모습을 제시한다. 『황소 아저씨』와 같은 작품에서도 홀로 살아가는 황소 아저씨, 어른의 부재 속에서 살아가는 생쥐네 아이들이 함께 가족처럼 의지하며 살아가는 모습을 볼 수 있다. 이러한 새로운 가족의 모습은 현재 우리가 지니고 있는 가족 개념을 뛰어넘는 것으로, 아무것도 가진 게 없는 사람들이라도 얼마든지 서로에게 힘이 되어줄 수 있다는 것을 보여주는 통찰력이 담겨 있다. 권정생은 기독교인이었지만, 기독교만 유일무이한 종교라고 주장하지 않았다. 불교도 이슬람교도 다 훌륭한 종교라고 여겼다. 이러한 종교다원주의, 종교에 대해 열린 마음이야말로 권정생 문학의 저변을 흐르는 모두 함께 더불어 살아가는 '공존' 사상의 바탕을 이루는 것이라 하겠다.

바람직한 학교의 모습을 담다

권정생은 '새로운 학교'를 생각한 작가였다. 『팔푼돌이네 삼 형제』나 『랑랑별 때때롱』에 나오는 학교는 학생들이 저마다 좋아하는 것과 재미있어하는 것을 찾아 공부하는 곳이다. 공부를 잘해서 출세하거나 유명한 사람이 되는 것을 목표로 삼지 않는다. 저마다 관심 있는 분야를 찾아서 공부하는 곳, 지식을 많이 아는 아이를 기르는 곳이 아니라 스스로 즐겁게 공부하는 사람을 양성하는 곳이 권정생이 추구한 학교이다. 아이들이 배운 것을 통해 자기가 살아가는 사회에 기여하도록 이끄는 것이 '새로운 학교'의 교육 목표였다. 권정생 작품에 등장하는 학교는 다른 작가의 작품에 등장하는 학교와 다르다. 그가 제시한 학교는 이른바 대안학교이다. 학교는 사회에서 시민으로 살아갈 때 지녀야 할 가치관, 스스로 자립해서 살아갈 수 있는 능력을 갖추는 데 도움을 주는 제도여야 한다. 그렇지만 현재의 학교는 그러한 역할을 잃어버리고, 그저 열심히 익히고 평가하는 곳이 되어버렸다. 학습자의 자발적 학습 동기가 사라진 학교를 비판하면서 권정생은 학교란 어떠해야 하는가, 학생들과 교사들은 어떠한 자세여야 하는가를 작품을 통해 묻는다. 이런 점은 권정생 문학에서 그다지 주목받지 못했지만, 한국 사회에서 학교 교육의 기간과 비중을 염두에 둔다면, 반드시 주목해야 할 부분이다.

농사짓고 소박하게 사는 삶

권정생은 새로운 사회를 꿈꾸는 작가였다. 우리 사회는 똑똑한 사람, 화려하고 대단한 업적을 남긴 사람만 기억하고 칭송한다. 권정생은 우리에게 질문을 던진다. 과연 그런가. 우리가 살아가는 데 가장 중요한 것이 무엇인가. 권정생은 바보처럼 사는 삶, '농사짓고 소박하게 사는 삶'이 가장 아름다운 삶이라고 여겼다. 권정생에게 소중한 일은 농사짓는 일이었고, 소중한 직업은 농사꾼이었다. 「장군님과 농부」, 『랑랑별 때때롱』은 이러한 권정생의 사유가 잘 드러난 작품이다. 농사를 지을 때면 어떤 것도 허투루 버려지지 않는다. 「강아지똥」에서 보다시피, 흙 한 덩이도, 개똥 한 덩어리도 농사를 지을 때면 몹시 소중하고 귀한 것이 된다. 자연의 순환 속에서 이것들은 생명을 보듬고 키우는 중요한 역할을 한다.

권정생은 기계로 짓는 '농장식 농업'이 아니라, 사람이 스스로 논밭을 갈고 거름을 주고 짓는 '소농식 농업'을 소중히 여겼다. 일하는 손, 노동하는 사람을 귀하게 여겼던 권정생은 러시아의 위대한 작가 톨스토이와도 사상적으로 이어져 있다. 톨스토이는 『바보 이반』을 통해 전쟁을 하는 장군이나 장사를 하는 장사꾼이 아니라, 마치 바보처럼 보이는 농사꾼 이반이야말로 가장 소중한 사람이며 생명을 살리는 직업이라고 말했다. 권정생도 「벙어리 동찬이」, 「용구 삼촌」에서 바보처럼 보이지만 자연과 공존하는 삶이야말로 귀하고 소중하다는 사실을 역설한다.

이러한 사유는 어쩌면 과학 문명을 비판하는 것처럼 보일지도 모른다. 과학 문명은 분명 편리하지만, 지나치게 많이 쓰고 소비가 미덕인 사회에서 살아가는 현대인의 생활 방식은 돌이킬 수 없을 만큼 환경을 파괴했다. 『또야 너구리가 기운 바지를 입었어요』에는 산과 시냇물과 하늘의 달과 별을 위해 또야의 바지를 기워주는 엄마가 등장한다. 엄마 말을 잘 이해하지 못해도 기운 바지를 입고 유치원에 가는 또야, 또야가 부끄러워하지 않도록 엄마의 마음을 또야와 친구들에게 설명하는 선생님도 권정생이 추구하는 삶을 보여준다. 극지방의 빙하가 녹고 호주의 산림이 불타는 것을 보며, 농사짓고 소박하게 사는 삶을 지향했던 권정생의 사상을 다시 한번 생각하게 된다.

말맛이 살아 있는 글

권정생은 아름다운 '말글'로 글을 쓴 작가다. 권정생은 이야기를 하고 이야기를 듣는, 이야기가 살아가는 환경 속에 살았다. 그래서 권정생 작품은 글로 쓴 이야기여도 소리 내어 읽어보면 말맛이 고스란히 살아 있다. 첫 작품인 「강아지똥」뿐만 아니라 모든 작품에는 의성어, 의태어가 풍부하고, 입말의 아름다움이 생생하게 살아 있다. 권정생은 말로 전해 내려오는 이야기가 글로 정착되는 시대를 경험한 작가이다. 그의 문학은 말과 글이 혼재하는 커다란 저수지와도 같다. 그러므로 우리말의 아름다움을 느끼고 싶은 사람들에게 권정생의 작품을 꼭 읽어보라고 권하고 싶다. 나아가 '말하기 – 듣기' 활동을 하다가 '읽기 –

쓰기' 활동을 시작하게 되는 어린이들에게도 꼭 읽어보라고 권하고 싶다.

　권정생은 옛이야기에서 모티프를 가져다가 작품에 변용시켜, 작품의 의미를 몇 겹으로 풍성하게 만드는 방법을 곧잘 구사했다. 「곰이와 오푼돌이 아저씨」에는 「해님달님」에 나오는 호랑이가 등장하고, 「똘배가 보고 온 달나라」에는 「견우와 직녀」 이야기가 새롭게 조명된다. 이뿐인가. 『랑랑별 때때롱』에서는 선녀들이 모두 랑랑별 때때롱 별의 사람이라고까지 이야기한다. 『밥데기 죽데기』에는 달걀귀신이 나오고, 「만구 아저씨가 잃어버렸던 돈 지갑」, 『팔푼돌이네 삼 형제』를 비롯한 여러 작품에서는 도깨비가 자주 등장한다. 권정생은 옛이야기에 등장하는 인물들을 자신의 작품 속에 등장시켜 이야기를 더욱 풍성하게 만든 것이다. 아마도 권정생이 창조한 이야기 나라에서 이들 캐릭터들은 모두 사이좋게 지내고 있을 것이다.

생태와 환경

권정생 작품에서는 생태와 환경 또한 중요한 키워드이다. 『팔푼돌이네 삼 형제』와 『랑랑별 때때롱』에 잘 그려져 있다. 두 작품은 모두 판타지로, 현실 비판과 더불어 권정생의 이상 세계를 보여준다.

　『팔푼돌이네 삼 형제』는 권정생이 생각한 '유토피아'를 녹여냈다고 할 만한 작품이다. 톳제비 팔푼돌이 삼 형제는 어린 굴뚝새를 따라 아흔아홉 구비를 돌아가는데 그 길 끝에는 작은 정거장이 있고, 그 정거장에는 초록 기차가 서 있다. 이 초록 기차를 타고 팔푼돌이 삼 형제는 완전히 다른 세계로 간다. 그곳은 전쟁이 끝나 휴전선이 사라진 지 오래이고, 물, 공기, 사람 마음도 깨끗한 세계이다.

이 작품에서 주목할 만한 점은 '진정으로 풍요로운 삶'에 관한 것이다. 작가는 작중 인물의 목소리를 빌려 농약을 쓰고 공기를 더럽히고, 마실 물이 없어 길어온 물을 겨우겨우 마시는 상황은 풍족한 삶이 아니라고 힘주어 이야기한다. 모든 생명체가 함께 고루고루 잘 사는 것이 곧 풍요로운 삶이라고 보는 관점인데, 이것이야말로 생태적, 환경적 사유가 아닐 수 없다.

생태와 환경을 훼손해선 안 된다는 작가의 메시지는 권정생의 마지막 작품인 『랑랑별 때때롱』에 집약되어 드러난다. 지구별에 사는 새달이 미달이 아빠는 농약을 치지 않고 농사를 짓는다. 하지만 주위에서는 여전히 농약을 치며 농사를 지어 물이 오염되고 물고기나 벌레들이 살 수가 없다.

이에 비해 '현재의 랑랑별'에서는 '현재의 지구별'과 아주 다른 방식으로 살아간다. 그곳 사람들은 땀 흘려 농사를 지으며 한 끼에 세 가지 반찬을 먹고 호롱불을 켠다. 구멍 난 양말을 신고 아침이면 아이들이 마당 청소를 한다. 주목할 만한 점은 '500년 전의 랑랑별'은 좋은 유전자만을 골라 만든 '맞춤 인간'까지 있던 별이라는 것이다. 편리함을 추구하며 살다가 애써 노력해서 이런 방식으로 살게 된 곳이 바로 현재의 랑랑별이다.

권정생은 '현재의 랑랑별'이야말로 '지구별의 바람직한 미래'라

것을 담아내고자 한다. 어린 새달이와 마달이가 랑랑별을 다녀오는 모습은 아이들에게 지구의 미래가 달려 있다는 작가의 메시지를 더욱 강조해준다. 환경 파괴로 얼룩진 '현재의 지구별', 맞춤형 인간이 살고 모든 노동을 로봇이 하는 '500년 전의 랑랑별', 호롱불 켜고 농사지으며 평화롭게 사는 '현재의 랑랑별'을 각각 대비해 보여주면서 권정생은 '과학 발달이 과연 인간을 행복하게 한 것인가?' 하는 근본적인 질문을 던진다.

진취적인 여성상

권정생의 작품에서 여성은 어떻게 그려지고 있을까? 『몽실 언니』에서 몽실은 어떤 경우에도 자신에게 주어진 삶을 회피하지 않는다. 아버지가 오래도록 집에 돌아오지 않자, 엄마는 '여자는 먹을 것과 남편이 있어야 한다'며 재가한다. 재가한 엄마를 친아버지가 찾아온 날 몽실은 다리를 다치는데, 제때 치료를 받지 못해 그만 절름발이가 된다. 어머니도 아버지도 몽실을 돌보는 존재가 아니라 몽실에게 상처를 주고 아픔을 주는 사람인 것이다. 그렇지만 절름발이 몽실은 엄마가 재가하여 낳은 동생들, 아버지가 재가하여 낳은 동생 난남을 모두 돌본다.

이 책의 제목은 난남이 기도처럼 입속말로 되뇌이는 '몽실 언니……'에서 왔다고 할 수 있는데, 이것이야말로 작가의 의도를 압축시켜 보여준다고 하겠다. 몽실은 불구의 몸으로 늘 가난하고 힘겹게 살았지만 자기 삶을 절대 회피하지 않고 기꺼이 껴안고 살아왔다. 삶을 대하는 몽실의 태도는 운명애(amor fati)라고도 부를 만한데, 이런 모습을 보면서 동생 난남은 몽실 언니를 반복해서 부르는 것이다.

『몽실 언니』뿐 아니라 『한티재 하늘』에도 진취적인 여성이 나온다. 참봉댁 며느리 은애가 바로 그 여성이다. 은애는 동학에 나오는 〈도덕가〉, 〈흥비가〉를 읽고, 종으로 사는 실경이네 식구들을 불쌍하게 여기고 돕는다. 은애는 수운 선생님의 가르침대로 틈만 나면 '위천주시천주'라고 주문을 외우는데, 은애는 실경이 딸 춘분이의 일을 도우면서 춘분에게 '작은 마님'이라는 호칭 대신 형님으로 불러달라고 말해 춘분을 놀라게 한다. 양반이지만 종들이 하는 집안일을 몸소 하고 양반가의 부녀자가 입는 스란치마 대신 통치마를 입어 옷차림도 바꾼다. 양반이 백성을 부리고 착취하는 것을 당연하게 여기는 세상에서 은애는 동학을 받아들이고 새로운 자세로 살아가는 사람이다.

그림책 『금강산 호랑이』를 보자. 포수였던 유복이 아버지가 금강산 호랑이에게 죽자 어머니는 홀로 유복이를 키우고, 아버지의 원수를 갚으려는 유복이가 호랑이와 대적할 정도로 힘을 기르도록 한다. 나중에 산신령으로 밝혀지는 꼬부랑 할머니는 유복이가 호랑이를 잡을 만한 힘이 있는지 시험하고 먹을 것까지 마련해 준다. 유복이는 호랑이 배 속에서 만난 아가씨가 건넨 장도칼로 호랑이를 죽이고, 두 사람은 부부의 연을 맺는다. 주인공은 유복이지만 유복이는 절대 홀로 우뚝 선 존재가 아니다. 권정생은 옛이야기를 재화하면서 여자 산신령을 등장시켰고, 유복이가 호랑이 배 속에서 만난 여성을 대감집 딸이나 부잣집 딸이 아니라 함께 호랑이와 맞서 싸우는 가난하지만 용기 있는 여성으로 바꾸었다. 즉, 여성을 주인공 유복이와 함께 새로운 세상을 여는 인물로 바꾼 것이다. 이것도 권정생의 긍정적인 여성관을 보여준다 하겠다.

권정생 작품에서 여성들은 누구나 저마다 고통스러운 삶을 살고 있다. 사회의 주변부 인물로서 대체로 힘겹게 살아가는 사람들이다. 그러나 권정생은 절대 이 여성들을 수동적으로 그리지 않았다. 어떤 상황에서도 자기 삶을 개척하고 새 길을 열어가는 적극적인 인물로 그렸다. 권정생 작품의 현재성은 여기 있지 않을까.

다양한 가족을 품는 따뜻한 마음씨

권정생이 작품에서 '가족'을 그리는 방식도 오늘날 의미 있게 볼 만한 지점이다. 먼저 『황소 아저씨』를 살펴보자. 황소 아저씨는 어른의 보살핌을 받지 못하고 살아가는 새앙쥐 형제들에게 부모 같은 존재가 되어준다. 음식 찌꺼기를 나누고 따뜻한 잠자리를 마련해 주는 인물이다. 그런데 이것은 일방적인 도움은 아니다. 황소 아저씨도 식구들과 헤어져 혼자 사는 존재였기 때문이다. 외로운 황소 아저씨에게 새앙쥐 형제들은 가족이 되어준다. 여기서 황소와 새앙쥐라는 다른 종류의 짐승이 가족을 이루며 함께 사는 모습이 주목할 만하다. 혈연으로 묶이지 않아도 함께 온기를 나누는 존재를 가족으로 바라볼 수 있다는 해석도 가능하다. 가족이 된 새앙쥐와 황소는 따스한 봄을 기다리며 추운 겨울을 함께 보내는데, 이것은 힘겨운 시절을 함께 보내면서 좀 더

살만 한 시절이 오기를 기다리는 모습을 형상화했다고 할 수 있다.

「중달이 아저씨네」에도 이런 가족이 등장한다. 늙은 어머니, 중달이 아저씨, 중달이 아주머니는 거지 아이 수남이를 아들로 삼고 한 가족으로 함께 산다. 수남이가 맹장염에 걸려 수술을 하자 중달이 아저씨는 한 떼기밖에 없는 밭을 팔아 수남이 수술비를 댄다. 이 작품에서도 권정생은 가족의 요건을 피를 함께 나눈 것이라고 보지 않는다. 한집에서 함께 살아가면서 서로에게 필요한 것을 기꺼이 해주는 존재가 바로 가족임을 보여준다.

장편 동화인 『하느님이 우리 옆집에 살고 있네요』를 살펴보자. 이 작품에서 하느님과 아들 예수는 하늘에서 내려와 대한민국 서울의 도시 빈민으로 살면서 온갖 험한 일을 겪는 인물로 그려진다.

하느님(주대용)과 아들 예수(주길수)는 얼핏 보면 가난하고 볼품없는 사람들이다. 이 두 부자는 '과천 댁'과 '공주'를 가족으로 맞아 함께 사는데, 과천 댁은 전쟁 때 이북에서 피난을 내려오다가 남편과 아들을 잃고 혼자 사는 노인이다. 공주는 아들 예수가 길에서 만난 여자 아이인데 부모도 집도 없는 아이다. 그러니까 하느님네 가족은 홀아비, 과부, 노총각, 고아가 모여 이룬 공동체인 것이다. 이 작품은 하느님이 가난한 사람들과 함께하고 있으며, 볼품없이 살아가는 사람들이야말로 하느님과 같은 존재라는 사유를 보여주기도 한다.

권정생은 피를 나눈 사이만 가족으로 보지 않았다. 한집에 살면서 서로 돕고 정을 나누는 사람이 곧 가족이라고 보았다. 가족은 우리가 가장 먼저 사회를 경험하는 단위이다. 그런데 『이상한 정상가족』(김희경, 동아시아, 2017)에서도 알 수 있듯이, 피를 나누어야만 가족이라고 여기는 사람이 아직도 꽤 많다. 정말 그럴까? 가족 형태가 다양화되는 요즘, 가족을 보는 이런 열린 시각이야말로 우리가 민주시민으로서 꼭 갖추어야 하는 가치가 아닐까.

재치와 익살이 돋보이는 이야기

권정생은 '유머와 풍자'가 대단했다. 우리는 권정생이 슬픈 이야기를 많이 쓴 작가라고 생각하기 쉽다. 하지만, 『도토리 예배당 종지기 아저씨』 같은 작품집을 보면, 유머와 풍자에 혀를 내두르게 된다. 이 책에는 주로 생쥐와 종지기 아저씨가 주고받는 이야기를 싣고 있는데, 언어유희를 바탕으로 한 촌철살인의 풍자와 유머가 대단하다. 종지기 아저씨의 상대역으로 생쥐뿐 아니라 참새, 개구리, 토끼처럼 작은 동물들이 나온다. 종지기 아저씨는 이들과 함께 온 세상에 일어나는 일에 대해 이야기 나누고, 심지어는 하늘에도 가보고 지옥에도 가본다. 『도토리 예배당 종지기 아저씨』는 사회에 대한 지식이 어느 정도 있고, 언어유희에 즐거움을 느낄 수 있어야 재미있게 읽을 수 있다.

『만구 아저씨가 잃어버렸던 돈 지갑』 같은 작품에서도 풍자와 유머를 발견할 수 있다. 사람들은 돈을 무척이나 소중하게 여기지만, 도깨비들에게 돈은 아무 의미가 없다. 그래서 만구 아저씨 지갑에 있던 돈으로 똥을 닦는다. 돈이 절대적인 가치가 있는 건 아니란 점을 권정생은 이런 식으로 표현한 것이다. 『장군님과 농부』에서도 진정한 지도

자는 장군님이 아니라 농부 아저씨였다. 이렇게 사물을 평가하는 잣대를 바꾸는 유머와 풍자가 권정생 작품에서 자주 등장한다.

경쟁이 삶의 기본 방식이 된 사회에서, 권정생은 우리에게 묻는다. 이 모습이 우리가 진정 바라는 삶이냐고. 첫 작품 「강아지똥」에서부터 마지막 작품 『랑랑별 때때롱』에 이르기까지 권정생은 작품을 통해 우리에게 묻고 또 묻는다. 작고 보잘것없는 존재들을 소중하게 여겨야 하지 않느냐고. 전쟁이 다시 일어나는 일은 없어야 하지 않느냐고. 평화롭게 서로 공존하며 돕고 살아야 하지 않느냐고. 학교에서는 자기가 재미있고 관심 있는 것을 배워야 하지 않느냐고. 농사짓고 소박하게 살아가는 삶을 어떻게 생각하느냐고. 권정생은 풍요로운 우리말을 사용하고 유머와 풍자를 통해 이러한 질문을 제기한다. 그러고 보면 권정생의 문학은 우리에게 답을 알려주지 않는다. 계속해서 질문을 던진다. 권정생이 제기한 질문에 스스로 답을 찾으면서 우리는 권정생과 끝없는 대화를 나누게 된다.

인터뷰 | 권정생과 함께한 그림 작가

"모든 판타지에는 가슴 아린 리얼리티가 있어요"

화가 김용철

작가가 대상에 대해 거리를 두고 냉철하게 바라보는 게 '아이러니'라면, '유머' 즉 '해학'은 대상을 위에서 따뜻하게 바라보는 거라는 말이 있다. 눈물을 흘리면서 웃고, 웃으면서 눈물을 흘리는 그 지점에서 해학이 피어나기도 한다.

김용철 화가는 권정생 작품 중 해학성이 두드러진 이야기를 많이 그렸다. 옛이야기를 재화한 그림책 『훨훨 간다』, 동화집 『닷 발 늘어져라』는 구전 문학 특유의 유쾌함이 물씬 녹아 있는 작품이다. 김 화가가 그린 그림책 『똘배가 보고 온 달나라』는 시궁창에 떨어진 똘배가 아기별을 만나 달나라를 다녀와서 새 희망을 발견하는 이야기이다.

이 작품들을 보고 있자면 김용철 화가가 왜 "권정생 작품의 해학성을 가장 잘 표현한 화가"로 꼽히는지 알 수 있다. 권정생의 글, 김용철 그림의 해학성은 그 뿌리가 모두 팍팍한 현실에서 리얼리티를 추구한 데서 나왔다는 데서, "아하, 그렇구나!"하고 무릎을 치게 된다. 두 작가가 공통분모로 지닌 '해학'이란 것이 치열한 리얼리티 정신과 연결된 것임을 깨닫게 되는 것이다.

김용철 화가가 그린 권정생 작품

Q. 권정생 작가가 생전에 "김용철 작가 그림이 좋다."라고 이야기했다는데, 알고 있는지 궁금하다.

권정생 선생님과 『훨훨 간다』를 작업할 때 그 책을 출판한 국민서관 편집자가 알려줬다. 할아버지, 할머니, 빨간코 농부 아저씨 캐릭터를 보고 '흥이 나게 그렸다!'며 마음에 들어 하셨다고 했다. 본래 옛이야기는 '빨간코 농부'가 아니라 그냥 농부였다. 권 선생님이 내 그림을 보고 인물 이름을 '빨간코 농부'로 수정했다. 캐릭터뿐만 아니라 『휠휠 간다』의 끝 장면을 보고서, '이거 참 좋다!'고 하셨다는 이야기도 들었다.

Q. '빨간 코 아저씨' 하면 술 좋아하고, 우스개 좋아하는 아저씨가 떠오르는데, 그림이 글을 바꾼 과정도 흥미로울 것 같다. 그림책 끝 장면 이야기도 더 들려 달라.

내 고향은 강원도 양구이다. 양구는 본래 38선 이북 땅이었는데 남쪽으로 편입된 곳이다. 어렸을 적 우리 동네에 6.25전쟁 때 북한 인민군이었던 아저씨가 있었다. 별명이 '코빨개'였다. 북한 사람에서 남한 사람이 된 이 아저씨는 내가 서울에서 대학 다니다 방학 때 시골에 내려오면 '데모했냐?' 하고 물어보기도 했다. 동네 아저씨들은 그 아저씨를 '빨갱이'라고 놀렸다. 아저씨가 술을 잘 마시기도 해 별명이 '코빨개'가 된 것 같다. 능청스러운 게 꼭 『휠휠 간다』의 농부 캐릭터를 닮았다는 생각이 들어서 스케치를 하다 농부 코를 빨갛게 칠해 보냈다. 권 선생님이 대뜸 수정 원고를 '빨간코 아저씨'로 바꿔 보내더라.

『휠휠 간다』의 끝 장면은 할아버지가 빨간코 농부 아저씨에게 베를 주고 바꿔온 이야기로 할머니와 맞장구치며 밤새 노는 모습이다. 벽 한구석에 씨옥수수 세 토새기(세 자루) 걸어 놓은 모습을 그렸다. 할머니와 할아버지도 둘, 씨옥수수와 등잔불도 둘, 그 모습을 권정생 선생님이 좋아하셨던 거 같다.

Q. 『훨훨 간다』, 『닷 발 늘어져라』, 『길 아저씨 손 아저씨』처럼 권정생이 재화한 옛이야기를 꽤 많이 작업했다. 옛이야기는 배경이 오늘날과 상당히 다른데, 어떤 과정을 거쳐 작업했는지 궁금하다.

권정생 선생님이 워낙 재미있게 표현을 하니까, 원고를 읽으면 이미지가 쉽게 바로바로 떠오른다. 특별한 방법은 없지만 이야기를 읽고 바로 생각나는 '첫 이미지'를 중시하는 편이다. 내가 이야기를 많이 듣고 자라서 그런지 글을 읽고 떠오르는 이미지와 감정 상태를 잃지 않도록 하는 편이다. 예를 들면 『훨훨 간다』를 봤을 때 명주 한 필과 바꾼 이야기 한 자락으로 도둑을 쫓는 장면이 눈에 선하게 보였다. 첫 장면부터 끝 장면까지 쭉 떠오른 이미지에 주력했다. 여기에는 배경의 흐름, 캐릭터의 제스처도 포함된다. 장면을 스케치하면서 어색한 게 있으면 첫 이미지가 아니라 달리 구상해 보려고 했던 이미지를 가져다 그려본다. 그런데 첫 이미지로 다시 그리면 잘 맞더라.

Q. '권정생 작품의 해학성을 가장 잘 표현하는 화가'로 꼽히는데 그 이유가 어디에 있다고 생각하나? '권정생 작품의 해학성'을 어떻게 바라보고 있는지도 궁금하다.

권정생 선생님이 이런 얘기를 했다. 본인 문학의 뿌리는 '해학'이라고. 그러면서 일본 문학은 차다는 말도 덧붙였다. 무사들의 정서가 배어있어 해학을 찾아보려야 찾아볼 수가 없단다. 나는 대학 시절부터 해학과 골계미가 있단 얘기를 자주 들었다. 일상에서도 작업을 할 때에도 리얼리티를 추구하다 보니 답답하고 팍팍한 현실 세계를 극복하고 승화하려는 방식으로 해학이 나타난 게 아닌가 한다. 해학은 이미지를 사실적으로 묘사하는 게 아니고, 과장하거나 축소해서 사실을 좀 왜곡해 그리는 방식이라고 생각한다. 현실을 이해하고 표현하는 데서 해학이 나오는 것은 자연스러운 일 같다. 권정생 선생님이 자신의 문학의 뿌리가 해학이라고 했을 때 그건 단지 『훨훨 간다』 같은 해학만은 아닌 것 같고, 세계관이랄까 인생관에 배어 있는 성향이 아닐까 싶다.

Q. 『훨훨 간다』, 『똘배가 보고 온 달나라』, 『닷 발 늘어져라』는 권정생 작품 중에서도 캐릭터가 두드러진다고 볼 수 있다.
화가로서 어떤 과정을 통해 캐릭터를 시각적으로 그려내는지 궁금하다.

강원도 촌구석에서 문화적인 혜택 없이 옛이야기만 듣고 자라서인지 생활환경과 옛날이야기 세계가 크게 구별되지는 않았던 것 같다. 권정생 작품 속 캐릭터들이 내게는 아주 익숙하다. 어디서 본 것 같다. 그러다 보니 캐릭터를 구상할 때 평소 주위에서 보았던 동네 아저씨나 할머니, 할아버지를 연상해서 가져다 쓴다.

Q. 『훨훨 간다』는 원작 옛이야기와 달라진 부분이 있다.
그림을 그릴 때 다른 옛이야기를 참조했나?

다른 이야기는 참조하지 않았다. 원고 받자마자 아무 생각 없이 편안하게 그렸다. 한 가지 기억에 남는 게 있다면, 할아버지와 농부가 이야기를 주고받을 때, 그 동작을 그리면서 내 몸이, 내 어깨가 들썩들썩했던 것이다.

김용철 화가는 강원도 양구에서 살며 작품 활동을 한다. 사진은 그의 작업실에서 찍었다.

Q. 『닷 발 늘어져라』와 『아름다운 까마귀 나라』는 동화집이다. 권정생의 '그림책과 동화집'을 모두 작업해 봤는데, 두 장르를 그릴 때 크게 다른 점이 있었나?

그림책을 그릴 때는 감정 이입이 잘 되는데 동화집은 그렇지 못하다. 그림책은 이야기 전체가 서로 이미지와 연결되어 있다. 이미지로 서사를 구성한다고 봐야 한다. 반면 동화집에서 그림은 서사를 이끄는 주축이라기보다 이야기 중 어느 한 부분으로 봐야 한다. 이미지 연출을 할 때 이야기 전체와는 연결되지 않는 측면이 있다. 작업 과정에 차이가 있기는 하지만 경우에 따라 어떤 작품은 그림책으로 기획되었다가 동화집에 들어가기도 한다. 바로 『닷 발 늘어져라』의 표제작 「닷 발 늘어져라」이다. 권정생 선생님이 '해학성 있는 이야기가 몇 편 있는데 김용철 화가가 그렸으면 한다'고 했던 원고들이 있었다. 「닷 발 늘어져라」는 그중 하나였다. 남북한 동화 작가들이 함께 작품을 만들자는 기획에 들어갔다가 그 기획이 무산되고, 한겨레어린이 출판사로 넘어가 동화집에 넣는 방향으로 정해져 나한테 돌아온 이야기이다. 권정생 선생님이 돌아가신 뒤 그림책이 아니라 동화집으로 나왔던 거다. 권정생도 그림책으로 생각하고 있었고 나도 그림책으로 만들자고 초반에 의견을 냈지만 결국 묶어서 동화집으로 출간된 경우다.

Q. 그림책『똘배가 보고 온 달나라』는 똘배의 하늘나라 구경 장면에서 판타지의 세계가 아주 서정적으로 표현되어 있다.
판타지의 세계를 그림으로 구축할 때 어느 부분에 초점을 맞추었는지 궁금하다.

예전에 동화 공부를 할 때, '똘배가 보고 온 달나라'가 권정생 문학의 유일한 판타지라는 이야기를 들었다. 나중에 경험하고 보니 그렇지가 않았다. 권정생의 모든 문학이 판타지이고, 해학성이 들어 있다고 봐야겠더라. 형식으로 가릴 일이 아닌 것 같다. 판타지란 단순한 문학 형식이 아니라 그 속에 가슴 아린 리얼리티, 즉 우리들의 삶과 작가의 고통을 리얼하게 내장하고 있으면서 그 정서가 녹아 아름다운 세계를 희구하는 작품 같다. 내가 생각하는 판타지는 그렇다. 이게 왜곡이 아니길 바라게 된다.

Q. 김 화가는 권정생에게 '화가들도 직접 쓰고 그려 자기 문학 세계를 펼치는 게 좋지 않겠느냐?'는 말을 들었다고도 한다. 글과 그림을 모두 창작할 계획이 있는지 궁금하다.

그림 그리는 사람에게 맞는 글감이 있으면 협업도 무척 의미 있는 작업이지만 그렇지 않을 때는 직접 쓰고 그리는 게 제일 좋다고 생각한다. 옛이야기, 즉 민담이 서사성을 갖추고 있어서 한동안 옛이야기 글로 그림책 작업을 계속 해왔다. 민담의 세계를 더 깊이 파고들면 창작의 세계로 이어지리라 기대하며 그 세계에서 놀고 있다. 내가 추구하는 세계를 만나는 방식이다.

Q. 최근에도 권정생 작품을 작업했다고 들었다.

얼마 전에 권정생 동화 「짱구네 고추밭 소동」을 원작으로 한 그림책 작업을 끝마쳤다. 부모님이 고추 농사를 지을 때 거들었던 기억, 수확을 했던 기억이 있어 동화의 의미를 몸으로 느낄 수 있었다. '수확은 직접 땀을 흘린 자가 거두어야 돼!'라는 고추들의 외침이 큰 울림으로 다가왔다. 여기에도 고추와 도둑 간의 해프닝 속에 해학성이 있어서 『훨훨 간다』의 도둑이 생각나기도 했다. 『훨훨 간다』의 도둑이나 『짱구네 고추밭 소동』의 도둑은 해학성이 있는 장면에서 조연이 되어준다. 우연하게 벌어지는 일들, 고추들처럼 의인화된 존재에게 맥을 못 추고 나자빠지는 인물이다. 얼마나 웃긴 얘기인지! 어떤 때는 권정생 선생님 작품을 그만 그려야지 하면서도 원고를 받으면 나도 모르게 빠져들어 허락을 하곤 한다. 크게 무리가 없어서 고민 안 하고 재미있게 그렸다. 나머지는 보는 독자들의 몫인 것 같다.

글에서 떠오르는 첫 이미지를 잡아 그 흐름을 그려서 그림책을 만드는 화가, 어머니가 들려주신 이야기를 듣고 자랐다는 화가, 주변에 있는 인물들의 특징을 가져와서 작품의 캐릭터로 표현한다는 화가, 권정생 문학의 뿌리가 해학에 있다면 자기 그림의 뿌리도 해학에 있다는 화가 김용철. 어쩌면 그것은 시골이라는 생활환경과 그곳에서 자연스럽게 우러난 정서가 만들어낸 것일지도 모르겠다.『훨훨 난다』에서 이야기를 주고받으며 맞장구를 치고 있는 할머니 할아버지 얼굴에 문득 권정생과 김용철의 얼굴이 겹쳐 보인다. 그가 앞으로 보여줄 '해학'은 어떤 모습일까? 그 안에 담긴 리얼리티는 우리 마음을 얼마나 일렁이게 만들 것인가? 자못 기대된다.

(정리 엄혜숙)

인터뷰 | 권정생과 함께한 그림 작가

직접 보고
느낀 곳에서 출발하는
그림

화가 김환영

『빼떼기』와 『강냉이』를 그린 김환영 화가는 권정생 작품을 만나며 삶의 방식을 바꾸었다고 할 수 있는 작가이다. 서울 토박이로 굴렁쇠 한 번 잡아보지 않고 자란 김 작가는 『빼떼기』를 그리며 8년 동안 닭을 길렀고 『강냉이』를 그릴 때에는 전원생활을 하며 직접 농사도 지었다. 이야기 속 전경을 '가슴으로 이해하고 표현하기 힘들어' 기꺼이 자연과 만나는 길을 택한 것이다. 묵직하고 힘 있는 화풍으로 그림에 깊은 여운을 담아내기까지, 김 화가는 자신이 어떤 고민들과 마주했는지 정성껏 들려주었다.

『강냉이』를 읽고 있는 김환영 작가 (사진 제공: 광주 국립아시아문화전당의 아시아문화원 외주 영상팀)

Q. 『강냉이』와 『빼떼기』는 어떤 계기로 만나게 됐는지 궁금하다.

『빼떼기』를 『강냉이』보다 먼저 기획했다. 권정생 작품을 그림책으로 꾸린다는 의뢰를 받고 어떤 책이 좋을까 하다가 고른 작품이다. 『강냉이』는 2006년에 제안을 받았다. 한국, 중국, 일본 작가 열두 명이 모여 한중일 평화그림책 프로젝트를 시작하게 되었다. 처음 제안을 받았을 때부터 나는 권정생 작품으로 해야겠다고 생각했다. 그의 문학뿐만 아니라 삶 자체가 모두 전쟁을 멈추고 평화로 나아가자는 메시지였기 때문이다.

Q. 『강냉이』와 『빼떼기』 모두 전쟁이 가져온 고통으로 일상이 파괴되는 아픔을 그리고 있는데, 본인은 전쟁을 직접 겪지 않았다. 화가 김환영에게 전쟁은 어떤 주제이고 어떤 의미인가?

요즘 아이들과 비교했을 때 나는 전쟁이 완전히 끝나지 않은 시간 속에서 성장했고, 지금도 전쟁이 끝났다고 볼 수 없다고 생각한다. 전쟁을 직접 경험하지는 않았지만 어릴 때 아버지가 비상식량을 배낭에 넣는 모습도 보고 방공호를 알아두어야 한다는 얘기도 들으며 자랐다. 전쟁 이후에 태어났지만 머릿속에는 전쟁의 잔상이 흑백 사진처럼 남아 있다.

그림은 보고 느낀 곳에서 출발하는 것 같다. 물론 자료를 찾고 영상도 보고 공부하며 상상을 더한 요소들도 빼놓을 수 없다. 하지만 두 작품에 그린 그림은 어릴 때 보고 들은 이야기에서 출발한 것이다.

김환영 화가가 그린 권정생 작품

Q. <u>두 작품을 보면 인물의 표정이나 선과 색이 일반적인 그림책보다 강렬하게 묘사되어 있다. 어떤 과정을 거쳐 완성하게 되었는지 궁금하다.</u>

『빼떼기』를 맡았을 때는 오랫동안 시를 쓰면서 그림을 멀리하던 시기였다. 아이디어가 잘 떠오르지 않아 시간이 많이 걸렸다. 마지막에 떠오른 방법이 아크릴물감으로 그리는 거였다. 그림을 쭉 이어 그리지 못하고 종이를 옮기며 그리다 보면 실감이 떨어지는 게 마음에 걸렸다. 시작한 종이에서 그다음 장면, 그다음 장면까지 모두 이어져야 한다고 생각했다. 더미북에 장면들을 이어서 그려나가다 보니 먼저 완성되는 장면이 있었다.

『강냉이』는 주인공이 굴렁쇠를 굴리며 집에 들어오는 밤 장면을 그리면서 '완성되겠구나.' 하는 느낌을 받았다. 이야기에는 주인공 아이, 즉 어린 정생이 등장한다. 그런 어린아이들이 이 책을 볼 텐데 그림으로 어떻게 전달할지 초반에는 고민이 많았다. 전쟁을 모르는 아이들에게 어떻게 그림으로 전쟁을 전달할 수 있을까 생각하다가 색과 질감으로 의미를 전달하고 싶었다. 그러다 보니 그림에서 색과 선 느낌이 강렬해졌다.

Q. <u>『강냉이』를 보면서 화가가 시골에서 나고 자라 쭉 살아온 사람처럼 농촌의 색과 모습을, 그곳 사람들의 마음을 깊이 공감하며 그렸다고 느꼈다. 실제로는 서울에서 나고 자랐다고 해 놀랐다.</u>

나는 종로에서 자랐다. 굴렁쇠 놀이도 안 해봤다. 그런데 『강냉이』를 그릴 때 가평 시골에 살면서 체험을 많이 하게 되었다. 그곳에 있는

10년 동안 농사도 지었다. 『강냉이』에는 '집 모퉁이 한 패기 두 패기'라는 부분이 있다. 밭 한 떼기 없는 가난한 사람들이 집 모퉁이 담장 밑에 옥수수를 심는다는 사실도 그때 알았다.

자연스러운 색을 표현하기 위해 안동에서 흙과 돌멩이를 조금 갖고 왔다. 자연이 나타내는 색을 보고 땅을 갈고 씨를 뿌리고 풀을 베고 호미질을 하면서 많은 것을 느끼고 알게 되었다. 사진으로 보는 것과는 다르게 시골에 들어와 살면서 조금씩 시골을 체득하게 되었다. 그렇게 경험한 농촌과 자연의 색이 강냉이 이미지로 표현된 것이다.

Q. 『강냉이』는 시 원문을 그대로 살렸다. 요즈음 아이들은 사투리와 옛말을 어려워하는데, 그대로 실은 까닭이 있는지?

시 「강냉이」는 세 가지 판본이 있다. 『동시 삼베 치마』에 원문이 있고, 원문에 설명을 보탠 것 같은 『어머니 사시는 그 나라에는』에 실린 것도 있다. 요즈음 아이들이 쉽게 읽도록 서울 말투로 바꾼 것도 있다.

나는 사투리가 주는 리듬이 너무나 와닿았다. 도저히 그 말을 바꾸지 못하겠더라. 의미를 모르는 말이라도 자꾸 읽다 보면 어감이 주는 느낌이 살지 않을까? 시를 느끼는 데 설명은 불필요하다고 생각했다. 그래서 사투리가 주는 재미와 느낌과 리듬을 원문 그대로 살려 느끼게 하고 싶었다.

Q. 『강냉이』에 시골살이의 경험이 녹아들었듯 『빼떼기』도 현실적인 체험이 녹아들어 있다. 그림 작업을 할 때에 8년 동안이나 닭을 직접 길렀다고.

권정생 작품을 그릴 때는 제대로 표현하지 못하면 누가 될까 늘 조심스럽다. 그래서 본 것이나 생각나는 것을 그대로 그리기보다, 몸으로 체험하고 가슴으로 느끼며 그리려 노력했다. 그런데 『빼떼기』를 그릴 때에는 닭에 대해서 아는 바가 하나도 없었다. 작품을 처음 읽었을 때에는 '별 볼일 없이 작고 약한 빼떼기가 빼딱빼딱 걷는 모습'을 상상했다.

그 뒤 장터에 가서 우리나라 토종닭인 검은 닭을 사고 기르게 되었다. 주위에서 자주 보는 닭은 노란색인데 빼떼기는 검은 닭, 즉 오계라고 하는 토종닭이다. 지금은 동남아에서 많이 키우고 한국에는 거의 없어서 어렵게 구했다. 그런 노력이 『빼떼기』를 그리는 데 도움이 많이 되었다. 집을 지어주고 먹이를 주고 옷도 만들어서 입혀보기도 했다. 8년을 그렇게 살았으니 닭에 대해 모르는 게 없을 정도였다. 엄마 닭이 지닌 따스한 날개와 품에 병아리들이 파고들어가 안기며 노는 모습을 지켜보는 일은, 마치 부모가 자식을 품에 안아 키우는 것처럼 따스하고 감동적이었다.

Q. 『빼떼기』는 애지중지 기르던 닭을 피난 가기 전에 잡아먹는 것으로 끝을 맺는다. 반려동물을 기르는 아이들은 이 장면에 공감하기 어려워한다. 어떻게 해석하고 작업했는지 궁금하다.

귀하게 기르던 빼떼기를 잡아먹는 장면이 낯설 수도 있다. 빼떼기는 다른 닭과 달리 장애를 가진 아이처럼 약하지만 가족 모두에게 귀여움을 받고 마을 사람들이 함께 돌보는 존재다. 그림책이든 동화책이든 어린이책에서 주인공이 죽는 경우는 흔치 않다. 그러니 이러한 결말이 낯설고 충격적인 건 당연하다. 순진이네 가족은 피난을 떠나면서 몸만 빠져 나오기도 힘든데 강아지와 닭을 데리고 피난을 갈 수 없었을 것이다. 빼떼기는 다른 닭들과 달리 주둥이도 다리도 불에 타 온전하지 않다. 전쟁은 몸이 아픈 빼떼기뿐 아니라 모든 걸 집어삼킨다. 피난을 떠나며 빼떼기를 잡아먹는 장면은 우리가 평화로울 때에는 소중한 것을 지킬 수 있지만, 전쟁이 나면 무엇도 지킬 수 없다는 것을 이야기한다고 보았다. 전쟁은 어떤 생명도 보호받지 못할 만큼 폭력적이니까.

> **Q.** 작가 약력을 보면 극장 간판을 연구하며 그림을 그리던 아이였다는 이야기가 나온다. 버스에서 졸다가 스케치북을 놓고 내려 화가가 되었다는 부분이 흥미로웠다.

초등학교 5학년 때 담임 선생님이 큰 스케치북 한 권을 주고 그림을 그려 오라고 했다. 친구들 사이에서는 아톰도 그려 주고 황금박쥐도 그려 주는 아이로 통했지만 선생님이 특별한 관심을 표현한 적은 없었다. 스케치북과 물감을 받으니 실력을 인정받았다는 생각에 신이 났다. 며칠 동안 20장이나 되는 그림을 그렸다.

    그림이 담긴 스케치북을 들고 등교하는 날이었다. 나는 버스로 통학했는데 그때는 버스 운전석 옆으로 엔진이 들어 있는 공간이 살짝 튀어나와 있었다. 그날따라 그 위에 스케치북을 깔고 앉아 졸게 됐고, 정류장에 내려서야 버스에 스케치북을 두고 온 걸 알게 되었다. 수업을 마치고 차부에 갔지만 스케치북을 찾지 못했다. 선생님께 스케치북을 잃어버렸다고 말도 못 하고 끙끙 앓다가 그림을 다시 그려야겠다고 생각했다. 어머님 일을 도와드리고 용돈을 모아 선생님이 주신 것과 가장 비슷한 스케치북을 다시 사서 20장을 가득 채웠다. 선생님은 스케치북이 바뀐 줄 몰랐고 그림에 특별한 말도 덧붙이지 않았다.

그때 잃어버린 20장과 선생님께 돌려받지 않은 20장의 그림이 지금도 늘 궁금하다. 그 40장의 그림이 내 화가 인생의 씨앗이 아니었을까 싶다.

Q. 이곳에 오면서 김 화가가 참 아름다운 마을에 사는구나 생각했다. 보령시에서도 40분 정도 아름다운 호수를 끼고 달려온 산 아래 깊은 곳이다.

권정생 선생님 덕분에 왔다. 도시에 살 때 선생님 글에 그림을 그려달라는 의뢰를 받았는데, 서울에만 살아서 시골에 대한 이해가 부족했기 때문이다. 선생님 동화 대부분이 농촌 배경이라 그 전경을 가슴으로 이해하고 표현하기는 힘들었다. 송아지가 마당에서 뛰노는 모습이 어떤지는 알겠는데, 구체적이고 실감나게 가슴에 와닿지 않는 거다. 책에 나오는 풀 이름도 아는 게 거의 없었다. 그게 스트레스가 됐다. 진정성 있는 그림으로 표현하고 싶은 바람과 고민이 없었다면, 또 어린이책 작업을 하지 않았다면 아마 이런 벽지로 들어오지 않았을 거다.

이곳에서 경험한 일을 통해 그동안 내가 무슨 얘기를 하고 싶어 하는지 알 것 같았다. 텍스트에 매이지 않고 내가 하고 싶은 이야기를 내 방식으로 만들어보려고 한다.

김환영 작가와 인터뷰를 하며 우리는 '멋진 그림이 아니라 진실한 그림을 그리기 위해 수없이 패배했다'는 이야기를 계속 떠올렸다. 그가 생각하는 '멋진 그림'이 무엇인지 '패배감의 경험'이 무엇인지 어렴풋이 알 것 같았다.

김환영 작가는 그림을 그리거나 글을 쓸 때 몸으로 체득하지 않고, 가슴에 울림이 없는 작업을 부끄러워하는 사람이다. 기와집 천장 대들보와 서까래의 아름다움에 마음을 뺏겨, 버려지다시피 한 낡은 집을 사 10년째 고치며 산다. 마음이 흐르는 곳에서 만날 수 있는 따뜻하고 자연스러운 그의 모습처럼, 권정생 이야기와 함께 김환영 작가가 그린 작품이 오랫동안 아이들 마음을 어루만질 수 있었으면 좋겠다.

(정리 권미숙)

인터뷰 | 권정생과 함께한 그림 작가

"강아지똥을 대상화한 그림은 다 버렸어요"

화가 정승각

정승각 화가는 권정생이 세상에 내놓은 첫 번째 작품 「강아지똥」을 원작으로 한 그림책 『강아지똥』과 권정생의 마지막 그림책 『금강산 호랑이』에 그림을 그렸다. 따뜻하고 서정적인 그림책 『황소 아저씨』, 『오소리네 집 꽃밭』을 그린 화가도 정승각이다.

그는 그림책 『강아지똥』을 작업하며 비 맞는 강아지똥을 표현하기 위해 길가에 앉아 비를 맞았다고 한다. 작품 속 캐릭터와 공감하면서 그에 딱 맞는 표현을 찾기 위해서 전심전력을 다한 것이다. 남의 글에 그림을 그리는 것은 배우가 연기를 하는 것과 비슷할지도 모른다. 온몸과 마음으로 그 배역이 되어야만 남이 공감할 만한 연기를 할 수 있듯이, 화가도 작품 속 인물이 되어보아야만 그 캐릭터를 제대로 표현할 수 있는 것이다. 이런 마음으로 권정생 문학과 인연을 맺은 화가 정승각을 만나본다.

정승각 화가가 그린 권정생 작품

Q. 권정생 시집 시화 공모를 통해 권정생 작품과 인연을 맺었다고 들었다. 권정생 시에서 어떤 매력을 느꼈나?

1987년, 미대 4학년 때였다. 지역 공부방 활동을 하면서 어린이문화 활동가들을 알게 되었고, 덕분에 어린이도서연구회도 가입하게 됐다. 졸업할 즈음 활동가 한 분에게 갓 출판된 권정생 시집 『어머니 사시는 그 나라에는』을 받았다. 나로서는 처음 읽는 권정생 작가의 시였다. 나름대로 표현하자면, 외양간 냄새나 메주 띄우는 시골 내음이 훅 풍기는 듯했다. 특히 인상 깊은 시는 표제작인 「어머니 사시는 그 나라에는」이었다. 작가 자신에게 큰 영향을 미친 어머니에 대한 사랑과 그리움을 마치 이승에서 살아계신 모습 그대로 보고 있는 듯한 표현에서 절절함이 느껴졌다. 고난의 역사 속에서 억척스럽게 살아낸 우리의 어머니 모습을 한 올 한 올 바느질하듯 새겨놓은 시라고 생각했다. 그 시집 뒤표지에 재판본에 넣을 시화를 그려달라는 공모 내용이 실려 있었다. 시화를 그리기로 마음먹고 봄에 시골 외삼촌댁으로 내려갔다. 시에 나오는 '생명'들을 그리기 위해서라도 다른 방법이 없었다. 이른 아침부터 농사일을 도우면서 본 것들을 오후에 조금씩 그려나갔다.

Q. 「어머니 사시는 그 나라에는」의 시화는 목판화의 묵직한 화풍으로 그려졌다. 그 기법을 쓴 특별한 이유가 있었나?

서양화를 전공했는데, 졸업할 무렵에 서양화에 대한 회의가 많이 들었다. 제대로 서양화의 본질을 배운 것도 아닌 데다, '한국 미술'에 대해서는 거의 아무것도 모르는 상태였다. 대학에서 배운 그림 양식으로 시화를 바로 그리기는 쉽지 않았다. 권정생 시집에 담긴 한국 정서, 짧은 문장과 운율이 있는 시 문장의 특성과 어울리는 그림 형식을 찾아야 했다. 한국 출판 미술을 공부해보니, 우리나라 역사에서 출판 미술은 '세계 최초의 금속활자, 팔만대장경 목판' 정도만 언급될 뿐, 그 뿌리와 줄기를 찾기 어렵다는 느낌을 받았다. 고려 시대의 불교 시집 『어제비장전』, 조선 시대의 훈련 교범인 『무예도보통지』에 수준 높은 목판화가 있었다. 한국 고판화는 한지 바탕에 목판 선으로 이뤄진 단색

『황소 아저씨』에 사인을 하는 정승각 화가

판인데, 흰색과 먹선의 조화가 시와 잘 어울린다고 봤다. 그 양식을 더해 목판화로 제작하게 되었다.

> Q. 책 한 권에 그림을 그리기 위해서 치열하게 공부하고 자료 조사를 했다는 점이 인상적이다. 특히 요즘에는 보기 드문 노력이라고 생각한다.

열심히 궁리한 노력이 가닿았는지 공모에 당선되었다. 출판 미술 작가로 금방 활발하게 활동할 줄 알고 설렜는데, 시화가 들어간 판본은 글만 있는 초판이 다 팔려야 인쇄할 수 있다고 하더라. 이후에 포트폴리오를 만들어 무작정 여러 출판사 편집부를 찾아다녔고 어린이도서연구회에서 한국아동문학 공부를 계속 해나갔다. 그러다 동화 「강아지똥」으로 그림책을 만들고 싶다는 꿈을 갖게 됐다.

Q. 『강아지똥』과 인연을 맺은 이야기가 흥미롭다.
출판사로부터 의뢰받고 그린 게 아니라는 이야기가 있는데,
단편 동화가 베스트셀러 그림책으로 탄생하기까지 어떤 과정이 있었는지 궁금하다.

우연히 라디오에서 방송하는 동화 구연 대회를 들었다. 한 아이가 단편 동화 「강아지똥」을 구연하는데, 눈물이 찔끔 나오더라. 결국 그 아이가 최고상을 받았다. 며칠 뒤 한국어린이문학협의회가 '권정생 선생 초청 문학 강연회'를 열어 가게 되었다. 건강 사정으로 작가를 어렵게 모신 자리에 그 아이도 참석했는데 권정생 선생님 앞에서 「강아지똥」을 직접 들려주는 것이 아닌가! 권정생 선생님을 처음 뵌 날, 가슴이 쿵쾅거릴 만큼 뭉클한 이 '사건'을 겪으면서 그림책 『강아지똥』을 그려야겠다는 마음을 더욱 굳게 다지게 되었다. 그런데 90년대 초에는 단행본 그림책 출간이 쉽지 않았다. 전집 출판이나 몇 권을 묶는 세트 도서가 활발하게 출간되던 시기였다. 그림책 『강아지똥』 기획안을 들고 여러 출판사를 찾아갔지만 편집부, 영업부의 관점 차이도 많았고 결재되는 데 시간이 많이 걸리는가 하면 터무니없는 계약 조건을 내세우는 곳도 있었다. 그래서 우리나라 최초 어린이책 전문 서점인 초방책방에서 그림책 『까막나라에서 온 삽사리』 원화 전시를 열고 나름의 프레젠테이션을 열었다. 전시회에서 계약을 맺어 이듬해 그 그림책을 단행본으로 출간하게 되며 자신감을 얻었다. 그 뒤 지인의 공유 작

업실에서 당시 신생 출판사인 길벗어린이 편집자와 인연이 되어 『강아지똥』을 그리게 되었다.

Q. 우리나라 아동문학에서 의미 있는 발자취를 남긴 작가의 대표작을 그렸으니 기분이 남다를 것 같은데, 그림책 『강아지똥』은 화가 정승각에게 어떤 의미로 다가오나?

권정생 선생님이 원작 단편 「강아지똥」을 그림책에 어울리게 다듬어 보내준 원고를 읽고 그동안 그려놓은 원화를 다 버려야 했다. '강아지똥'을 그저 대상으로만 보고 그리려 했다는 걸 깨달았다. 그림 그리는 나와 그림의 대상인 똥으로 나눠져 있었던 거다. '내가 강아지똥이 되어야 해결할 수 있겠구나' 싶었다. 실제로 강아지가 눈 똥을 살펴보니 동글동글한 형태가 서로 결합되어 보였다. 그 형태가 작은 인형처럼 보여서 얼른 스케치를 했다. 그 그림을 보면서 찰흙으로 형태를 만들고 빛으로 비춰 입체감 있게 보이도록 한 뒤 그걸 보고 다시 그림을 그렸다. 강아지똥이 비를 맞는 장면을 그릴 때에는 비 오는 날 골목길에 쭈그려 앉아 비를 맞기도 했다. 옷이 젖고 추워질 때 작업실로 들어와서 물감 그릇을 보고 느낌으로 와닿는 색을 칠했다. 이전 같으면 창문을 열고 비를 보면서 그리려 했을 테고, 이 색 저 색 고민하며 골랐을 거다. 내가 대상 속으로 들어가거나 대상을 내 속으로 끌어안아야 한다는 걸 배운 셈이다. 한마디로 말하면 『강아지똥』은 사물을 보는 눈을 뜨게 해준 작품이다.

Q. 권정생은 '화가 정승각'에게 큰 영향을 준 작가였다고도 볼 수 있겠다. 또 어떤 영향들을 받았는지 궁금하다.

권정생 작품을 읽어보면 '몸 감각'으로 사물을 그려놓았다는 점을 알 수 있다. 장면이 눈에 선하게 들어오는 시각적인 글, 맛이 느껴지듯 쓴 미각적인 글, 소리말을 문장 속에 적절하게 넣은 청각적인 글, 온몸의 촉감을 살린 촉각적인 글, 내음이 나게 하는 후각적인 글이 적절하게 녹아 있다고 생각한다. 그래서 오감을 동원해 잘 보아야 좋은 생각, 연상, 상상이 일어나고, 그것들이 날아가기 전에 얼른 잡아채어 그리는 훈련을 할 수 있었다. 권 선생님한테 받은 영향은 그것 말고도 많다. 그는 직접 색종이를 오려 시화를 만들고 글을 써서 시집을 만들 정도로 솜씨가 좋았다. 글에 나온 사물의 생김새를 물으면, 직접 그려 설명을 곁들여 주곤 했다. 그림책 『강아지똥』도 소달구지 바퀴가 잘못되었다고 지적해서 다시 그려야 했다. 독자들이 보내오는 편지에서 그림에 대한 반응이 있으면 나에게도 알려주었고, '정 선생이 만족할 만큼 그리시라.' 하며 격려도 아끼지 않았다.

Q. 「오소리네 집 꽃밭」을 그리면서도 '오감'을 동원한 것 같다. 직접 밭을 갈았고 야생화가 핀 꽃밭을 보고 오소리 아줌마가 울타리 구멍으로 보는 모습을 재현하며 그렸다고.

『오소리네 집 꽃밭』 작업 초반에는 '꽃이 나오니까 예쁘게 그리면 된다'는 안일함이 있었다. 편집자, 디자이너, 출판사 대표와 교정지를 함께 보면서 부끄러움을 무릅쓰고 다시 그려보겠다고 했다. 아내를 설득해 충주로 겨울철 이사를 감행했다. 취재만으로 작품 정서를 온전히 담아내기는 어려웠고 계약금만 가지고 작업을 오랫동안 끌어가기에는 경제적으로 어려울 것 같았다. 충주에서 시골집을 고치고 마을 어르신들의 밭농사를 따라 지으면서 그림책 작업을 준비했다. 들꽃은 노지 재배를 하는 농부를 찾아가 꽃이 피는 자리에서 직접 스케치할 수 있었다. 오소리 부부 캐릭터는 동물원에 가서 그렸다. 아내에게 몸빼 바지를 입고 여러 동작을 해달라고 부탁해 그 모습을 보고 오소리 아줌마를 그리기도 했다. 나는 괭이를 든 오소리 아저씨가 되어 있었고, 아내는 앞집 할머니가 주신 몸빼 일옷을 입은 오소리 아줌마가 되어 있었다. 내가 작품 속으로 들어가지 않으면, 늘 정진하지 않으면 실패한다는 값진 경험을 준 책이다.

Q. 『황소 아저씨』에서도 추운 겨울밤 황소와 새앙쥐들이 함께 있는 외양간의 분위기가 생생하게 다가온다. 『오소리네 집 꽃밭』처럼 직접적인 경험을 녹여 그렸나?

농촌이라 하더라도 외양간 보기가 어렵고, 더구나 암소 말고 황소는 더욱 구경하기 쉽지 않았다. 민속촌도 가봤지만 그림책에 어울리는 장면을 얻지 못했다. 외양간과 황소를 기르는 농가를 찾아 나선 와중에 동네 가까운 곳에, 어릴 때 본 초가지붕 외양간이 있는 집을 알아냈다. 그 집 주인은 담장에도 이엉을 매어 얹을 정도로 부지런했다. 외양간에 소를 기르고 있진 않았지만 예스런 모습의 구유도 남아 있었다. 보리농사를 짓는 집에 가서 보리짚을 구한 뒤에, 나무로 작은 외양간을,

흙으로 황소아저씨 모형을 만들어 형태를 그렸다. 외양간을 둘러싼 겨울밤 찬 공기와 냄새를 표현하며 동시에 작은 새앙쥐와 황소아저씨 사이에 이뤄지는 따스한 온정을 강조하고 싶어 파란색과 흰색, 노란색을 대비하기도 했다.

Q. 권정생 선생님의 마지막 그림책 「금강산 호랑이」도 정승각 화가의 작품이다. 2000년에 작업을 처음 시작해서 2017년에 책이 나오기까지 꽤 오랜 시간 공들였는데, 일본 출판사에서 먼저 의뢰받았다는 이야기도 있더라.

옛이야기 「금강산 호랑이」는 일제 강점기에 손진태가 간행한 『조선민담집』에 「대호퇴치」로 소개한 뒤 이를 바탕으로 1942년 문학가 김소운에 의해 「금강산호랑이」로 발표된 걸로 안다. 일본에도 도모시비 오페레타 극단에서 〈금강산 호랑이 잡기〉를 오래 전부터 공연하는 등 비교적 잘 알려져 있다. 일본 후쿠인칸쇼텐 출판사가 각국 민담을 그 나라의 글 작가, 그림 작가에게 의뢰하는 기획을 하면서 한국 민담으로 「금강산 호랑이」를 선택했다. 권정생 선생님에게 글을, 나에게 그림을 맡아달라는 요청을 해온 것이다. 금강산은 겸재 정선 등 많은 사람들이 그린 풍경이라 부담스러웠고 이야기와 그림이 잘 어울리도록 해야 한다는 책임감도 상당했다. 숯가루를 아교에 갠 다음 아크릴 보조제를 섞어 나무젓가락으로 찍어가며 그렸다. 먹선 위에 옛 책을 조금씩 찢어 붙이기도 하고, 색 물감을 분사하는 섬세한 과정을 거쳤다. 권정생 선생님 살아 계실 때 책이 나왔으면 했는데, 결국 돌아가신 후 일본과 한국에서 차례로 나오게 되었다.

Q. 『금강산 호랑이』는 원작 옛이야기와 많은 부분이 달라졌다. 그림을 그리며 작가와 어떤 논의를 거쳤는지 궁금하다.

나는 그림 의뢰를 받고 『한국구비문학대계』에 나온 유사 민담을 전부 복사해 권정생 선생님께 보냈다. 권정생 선생님도 주인공 유복이가 조총으로 호랑이를 마구 죽여 복수하는 내용이 잔인하게 읽힐 여지가 많다고 보았다. 의로운 호랑이, 바보스런 호랑이, 은혜 갚은 호랑이 등 민담에 나오는 호랑이가 다양한데, 하필이면 사람 잡아먹는 호랑이 이야기를 의뢰했는지 아쉬워하시며 나름대로 동네 어르신들을 만나 이야기를 들어보겠다고 하더라. 시간이 얼마 흐른 뒤 선생님이 보낸 『금강산 호랑이』는 문제가 있는 부분을 모두 걷어냈다 할 만큼 새로웠다. 이를테면 금강산 들머리 산신 할머니가 유복이를 돕는 역할이 이야기 마무리 단계까지 등장하고, 호랑이 배 속 처녀도 수동적인 역할에 그치지 않고, 유복이를 깨우며 자기를 지키는 장도칼을 내어준 능동적인 역할로 바꿔놓았으니까.

Q. 그림책 『강아지똥』의 원작 단편 동화인 「강아지똥」에 들어갈 그림을 그린다고 들었다. 그림책과 어떤 부분이 달라지는지 궁금하다.

아시는 대로, 원작 동화 「강아지똥」은 1969년 『기독교교육』 동화 공모 당선작이다. 당시 공모 요강에는 원고 분량이 원고지 30매로 제한되어 있어서 권정생 선생님은 50매 원고를 줄여 35매를 제출했다고 한다. 이후 단편동화집에 이 작품이 실릴 때마다 조금씩 원고 매수가 더해지기도 했다. 똘배아동문학회의 이기영 연구자가 권정생 선생님에게 확인한 정본 「강아지똥」이 있는데, 이 버전으로 새롭게 그림책을 만들게 된 것이다. 기존 그림책과는 달리 등장인물의 내면에 더 초점을 맞추고 세월감이 있는 종이를 바탕으로 작업을 진행하는 중이다.

화가 정승각은 그림을 그리는 동안 작품 속의 캐릭터가 되었다. 강아지똥이 되어보았고, 오소리 아줌마와 오소리 아저씨가 되어보았고, 그 옛날 호랑이가 나오던 금강산으로 가서 유복이가 되어보았던 것이다. 어쩌면 그림책 작가 정승각은 권정생 문학과의 만남에서 태어났다고 해도 지나치지 않을 것이다. 그렇다면 이제 그는 어떤 길을 내디딜 것인가. 새롭게 내딛는 발걸음이 기대된다.

(정리 엄혜숙)

연보 | 권정생이 걸어온 길

1937년	일본 도쿄 시부야에서 태어났다.
1943년(7세)	거리 청소부였던 아버지가 쓰레기에서 가려내 팔려고 모은 헌책 더미에서 동화책을 골라 읽으며 스스로 글을 깨친다.
1944년(8세)	도쿄 시부야 혼마치(거주 지역)에 있는 초등학교에 들어가 8개월을 다닌다.
1945년(9세)	해방을 맞는다.
1946년(10세)	3월, 일본으로 건너간 지 8년 6개월 만에 귀국한다. 경상북도 청송 화목초등학교에 5개월 동안 다닌다.
1947년(11살)	아버지가 안동시 일직면 조탑리에 소작농으로 정착한다.
1948년(12살)	안동군 일직면 일직초등학교 1학년에 입학한다.
1950년(14살)	6.25전쟁이 일어나 3개월 동안 피난 생활을 한다.
1952년(16세)	조탑리에 있는 일직교회에 다니기 시작한다.
1953년(17세)	일직초등학교를 우수한 성적으로 졸업한다. 닭을 키워 팔아 중학교에 가려고 했지만 전염병으로 백 마리 넘는 암탉이 모두 죽는다. 안동 읍내 장터에 있는 고구마 가게에서 점원으로

	일한다. 휴전 후 공부할 길을 찾으러 부산으로 떠난다.
1955년(19세)	부산에 있는 재봉기 상회 점원으로 일한다. 둘도 없는 친구 오기훈이 자살한다.
1956년(20세)	폐결핵과 늑막염이 발병한다.
1957년(21세)	집을 떠난 지 5년 만에 어머니 손에 이끌려 돌아온다.
1958년(22세)	늑막염과 폐결핵, 신장결핵, 방광결핵까지 겹쳐 고통스러운 시간을 보낸다.
1963년(27세)	어머니의 극진한 간호로 병세가 호전되고 일직교회 교사로 임명된다.
1964년(28세)	어머니가 병환을 앓기 시작한 지 6개월 만에 세상을 떠난다.
1965년(29세)	집을 나와 3개월 동안 대구, 김천, 상주, 문경, 점촌, 예천, 등에서 유랑 걸식을 하다 집으로 돌아온다. 12월, 아버지가 세상을 떠난다.
1966년(30세)	6월, 콩팥을 들어내는 수술을 한다. 12월, 방광을 들어내 평생을 온전하지 않은 몸으로 살아가게 된다.
1967년(31세)	동생이 결혼하여 독립하자 이때부터 혼자 살기 시작한다.
1968년(32세)	일직교회 사찰 집사가 되어, 개구리와 생쥐가 드나들었다는 일직교회 문간방에서 종지기로 살아가기 시작한다.
1969년(33세)	월간 『기독교교육』 제1회 기독교 아동문학상 현상모집에 동화 「강아지똥」이 당선되어 상금 1만 원을 받는다. 단편 동화 「깜둥바가지 아줌마」가 『새벗』 8월호에 실린다.
1971년(35세)	동화 「아기양의 딸랑이」가 『매일신문』 신춘문예에 가작으로

당선된다.

1973년(37세) 동화 「무명저고리와 엄마」가 『조선일보』 신춘문예에 당선된다. 「무명저고리와 엄마」를 읽은 이오덕이 권정생을 방문하고 이때부터 권정생과 이오덕은 평생 우정을 이어간다.

1974년(38세) 첫 동화집 『강아지똥』(세종문화사)이 세상에 나온다.

1975년(39세) 단편 「금복이네 자두나무」로 제1회 한국아동문학상을 수상한다. 장편 『꽃님과 아기양들』(새벗)을 출간한다.

1976년(40세) 자신의 삶을 이야기한 「오물덩이처럼 딩굴면서」를 월간지 『새가정』 2월호부터 총 5회 연재한다.

1977년(41세) 다섯 작가의 작품이 담긴 동화집 『똘배가 보고 온 달나라』(창작과비평사)가 발간된다.

1978년(42세) 장편 소년소설 『초가삼간 우리집』을 『소년』에 1월부터 1980년 7월까지 2년 넘게 연재한다. 『초가삼간 우리집』은 나중에 『초가집이 있던 마을』(분도출판사)로 출간된다. 동화집 『사과나무밭 달님』(창작과비평)이 발간된다.

1979년(43세) 동화집 『까치 울던 날』(제오문화사)을 펴낸다. 늑막염이 악화되고 신장도 더 나빠져 가톨릭 안동교구 소속인 정호경 신부의 도움을 받아 연화결핵 요양원에 6개월 동안 입원한다.

1981년(45세) 김영동 목사가 있는 울진 꽃거리교회 청년회지에 『몽실 언니』 연재를 시작한다.

1982년(46세) 『몽실 언니』를 잡지 『새가정』으로 옮겨 1월호부터 1984년 3월호까지 연재한다.

1983년(47세) 마을 청년들과 함께 지은, 빌뱅이 언덕 아래 다섯 평 작은 흙집으로 이사한다.

1984년(48세) 최완택 목사가 시무하는 민들레교회 주보 『민들레교회 이야기』에 동화 『도토리예배당 종지기 아저씨』를 연재한다. 동화집 『하느님의 눈물』(인간사)을 출간한다. 이 책은 1991년 산하출판사에서 재출간된다. 장편 소년소설 『몽실 언니』(창작과비평)도 1984년에 출간된다.

1985년(49세) 동화집 『달맞이산 너머로 날아간 고등어』(위승희 그림, 햇빛출판사), 『도토리 예배당 종지기 아저씨』(분도출판사), 소년소설 『초가집이 있던 마을』(분도출판사), 동화집 『벙어리 동찬이』(웅진출판사. 1991년 『짱구네 고추밭 소동』으로 개정)를 펴낸다.

1986년(50세) 자전적 이야기인 『오물덩이처럼 딩굴면서』(이철지 엮음, 종로서적)를 출간한다. 소년소설 「점득이네」를 이현주 목사가 발행하는 팸플릿 『공존』에 11월부터 다음 해 2월까지 싣는다.

1987년(51세) 『공존』에 게재하던 「점득이네」를 불교 잡지 『해인』으로 옮겨 1987년 3월부터 1989년 1월호까지 연재한다.

1988년(52세) 시집 『어머니 사시는 그 나라에는』(지식산업사), 동화집 『바닷가 아이들』(창작과비평사)이 출간된다. 전국적인 대학생 단체인 '전국대학생대표자협의회'가 판문점에서 남북학생회담을 열겠다고 선언하지만 당시 권력을 잡고 있던 군부 세력이 이를 허가하지 않자 신문에 기고문을 실어 대학생들의 입장을 옹호하기도 한다.

1989년(53세)　민들레교회 주보『민들레교회 이야기』에 「권정생의 구전동요」를 1990년까지 총 29회 연재한다. 『새가정』 7, 8월호부터 1991년 12월까지 「하느님이 옆집에 살고 있네요」를 연재한다.

1990년(54세)　『몽실 언니』가 MBC에서 36부작 주말 드라마로 방영된다. 장편 소년소설『점득이네』(창작과비평)가 출간된다.

1991년(55세)　장편 동화『하느님이 우리옆집에 살고 있네요』(산하출판사), 장편 동화『팔푼돌이네 삼 형제』(현암사)를 발간한다.

1992년(56세)　선집『무명저고리와 엄마』가 일본 소진사에서 번역된다.

1993년(57세)　그림책『훨훨 날아간다』(김용철 그림, 국민서관), 『눈이 되고 발이 되고』(백명식 그림, 국민서관)를 펴낸다.

1994년(58세)　3월부터 자전적 장편소설『한티재 하늘』을 「민들레 교회이야기」에 1996년 3월까지 연재한다. 장편 동화『하느님이 우리옆집에 살고 있네요』(산하출판사)를 출간한다.

1996년(60세)　그림책『강아지똥』(정승각 그림, 길벗어린이), 산문집『우리들의 하느님』(녹색평론사), 인물 이야기인『내가 살던 고향은』(지식산업사)이 발행된다.

1997년(61세)　그림책『오소리네 꽃밭』(길벗어린이)을 펴낸다.

1998년(62세)　소설『한티재 하늘』(지식산업사. 전2권), 동화집『깜둥바가지 아줌마』(우리교육)를 출간한다.

1999년(63세)　동화집『먹구렁이 기차』(우리교육), 장편 동화『밥데기 죽데기』(바오로딸)를 출간한다.

2000년(64세)　동화집『아기소나무와 권정생 동화나라』(웅진출판), 『또야 너구리가 기운바지를 입었어요』(우리교육)를 출간한다. 『몽실 언니』가 일본에서 재일 조선인 번역가 '변기자'의 손을 거쳐 출간된다. 그림책 『강아지똥』도 일본에서 출간된다. 후에 『강아지똥』은 대만(2005년 출간), 스위스(2006년 출간), 중국(2011년 출간) 등 다양한 나라로 판권이 수출된다.

2001년(65세) 『비나리 달이네 집』(김동성 그림, 낮은산), 그림책 『황소 아저씨』(정승각 그림, 길벗어린이), 『아기너구리네 봄맞이』(송진헌 그림, 길벗어린이)가 발간된다. 일본에서 『오소리네 꽃밭』이 발행된다.

2002년(66세) 장편 동화 『슬픈 나막신』(우리교육)이 출간된다. 1975년에 출간한 『꽃님과 아기양들』을 제목과 등장인물 이름을 바꿔 재발간한다.

2003년(67세) 권정생과 이오덕이 주고받은 편지 모음 『살구꽃 봉오리를 보니 눈물이 납니다』(한길사)가 출간되었으나 권정생의 허락을 받지 않았다는 점이 밝혀져 곧바로 판매가 중지되었다. 그림책 『훨훨 날아간다』 개정판인 『훨훨 간다』(김용철 그림, 국민서관), 동화집 『또야와 세발자전거』(박요한 그림, 효리원), 『두 번 다시 만날 수 없는 동무들』(햇빛출판사)이 출간된다. 『또야 너구리가 기운 바지를 입었어요』는 프랑스에서, 그림책 『황소 아저씨』는 일본에서 발행된다.

2004년(68세) 장편 소년소설 『몽실 언니』가 연극으로 상영된다.

2005년(69세) 5월 10일 최완택 목사, 정호경 신부, 박연철 변호사에게 사후 인세 관리를 부탁하는 유언장을 작성한다. 글 모음집 『죽을 먹

	어도』(아리랑나라)를 출간한다. 그의 마지막 동화『랑랑별 때때롱』을 어린이 잡지『개똥이네 놀이터』창간호인 12월호부터 2007년 2월호까지 총 15회 연재한다.
2006년(70세)	그림책『길 아저씨 손 아저씨』(김용철 그림. 국민서관)를 출간한다.
2007년(71세)	5월17일 대구 가톨릭병원에서 영면한다. 그림책『곰이와 오푼돌이 아저씨』(이담 그림. 보리)는 그가 세상을 떠난 후 출간되었다.『몽실 언니』가 멕시코에서 번역된다.
2008년	생전에 연재한 동화『랑랑별 때때롱』(정승희 그림. 보리)이 출간되었다. 이 해에 그림책『꼬부랑 할머니』(강우근 그림. 한울림어린이)와『엄마 까투리』(김세현 그림. 낮은산)가 출간되었다.

- 연보는『권정생의 삶과 문학』(원종찬 엮음. 창비. 2008)과『아름다운 사람 권정생』(이충렬 지음. 산처럼. 2018)을 참고했다.
- 나이는 한국을 기준으로 표기했다.

교사를 위한 작품별 권장 연령 안내

초등 전 학년

강냉이 | 25쪽
강아지똥 | 19쪽
밀짚잠자리 | 72쪽
오소리네 집 꽃밭 | 78쪽
용구 삼촌 | 133쪽
황소 아저씨 | 86쪽

초등 저학년

강아지와 염소 새끼 | 36쪽
다람쥐 동산 | 172쪽
닷 발 늘어져라 | 219쪽
또야 너구리가 기운 바지를 입었어요 | 226쪽
아기 늑대 세 남매 | 202쪽
엄마 까투리 | 98쪽
훨훨 간다 | 54쪽

초등 중학년

금강산 호랑이 | 60쪽
깜둥바가지 아줌마 | 119쪽
떠내려간 흙먼지 아이들 | 213쪽
먹구렁이 기차 | 165쪽
바닷가 아이들 | 158쪽
비나리 달이네 집 | 113쪽
산토끼 | 207쪽
수몰 지구에서 온 아이 | 152쪽
승규와 만규 형제 | 139쪽
중달이 아저씨네 | 145쪽
짱구네 고추밭 소동 | 183쪽

초등 고학년

곰이와 오푼돌이 아저씨 | 29쪽
똘배가 보고 온 달나라 | 66쪽
따리골댁 할머니 | 126쪽
빼떼기 | 42쪽
사과나무밭 달님 | 92쪽
새들은 날 수 있었습니다 | 188쪽
아름다운 까마귀 나라 | 195쪽
어머니 사시는 그 나라에는 | 104쪽
용원이네 아버지와 순난이네 아버지 | 177쪽
장군님과 농부 | 48쪽

출간 시기별 작품 목록

1937년	출생
1969년	「강아지똥」, 「깜둥바가지 아줌마」
1971년	「아기양의 딸랑이」
1973년	「무명저고리와 엄마」
1974년	동화집 『강아지똥』
1975년	「금복이네 자두나무」, 장편 동화 『꽃님과 아기 양들』
1977년	동화집 『똘배가 보고 온 달나라』
1978년	동화집 『사과나무밭 달님』(개정 1990년)	「똬리골댁 할머니」[126쪽] 수록
1979년	동화집 『까치 울던 날』
1984년	장편 소년소설 『몽실 언니』
	동화집 『하느님의 눈물』	「다람쥐 동산」[172쪽] 수록
1985년	동화집 『달맞이산 너머로 날아간 고등어』
	『도토리 예배당 종지기 아저씨』
	『벙어리 동찬이』
	소년소설 『초가집이 있던 마을』

1986년   산문집 『오물덩이처럼 딩굴면서』
1988년   시집 『어머니 사시는 그 나라에는』[104쪽]

동화집 『바닷가 아이들』(개정 2001년) | 「중달이 아저씨네」[145쪽], 「바닷가 아이들」[158쪽] 수록

1991년   장편 동화 『하느님이 우리 옆집에 살고 있네요』

『팔푼돌이네 삼 형제』

동화집 『짱구네 고추밭 소동』(『벙어리 동찬이』 개정) | 「승규와 만규 형제」[149쪽], 「용원이네 아버지와 순난이네 아버지」[177쪽], 「짱구네 고추밭 소동」[184쪽], 「새들은 날 수 있었습니다」[188쪽] 수록

1993년   그림책 『훨훨 날아간다』

『눈이 되고 발이 되고』

1994년   장편 동화 『하느님이 우리 옆집에 살고 있네요』
1996년   산문집 『우리들의 하느님』

인물 이야기 『내가 살던 고향은』

그림책 『강아지똥』(원작 동화 1969년)[19쪽]

1997년   그림책 『오소리네 집 꽃밭』[78쪽]
1998년   소설 『한티재 하늘』

동화집 『깜둥바가지 아줌마』 | 「깜둥바가지 아줌마」[119쪽], 「떠내려간 흙먼지 아이들」[213쪽] 수록

1999년   장편 동화 『밥데기 죽데기』

동화집 『먹구렁이 기차』(개정 2017년) | 「먹구렁이 기차」[165쪽], 「산토끼」[207쪽] 수록

2000년	동화집 『아기소나무와 권정생 동화나라』
	『또야 너구리가 기운 바지를 입었어요』	「또야 너구리가 기운 바지를 입었어요」^{226쪽} 수록
2001년	그림책 『아기 너구리네 봄맞이』
	『황소 아저씨』(원작 동화 1978년)^{86쪽}
	동화 『비나리 달이네 집』^{113쪽}
2002년	장편 동화 『슬픈 나막신』(『꽃님과 아기 양들』 재발간)
2003년	동화집 『또야와 세발자전거』,
	『두 번 다시 만날 수 없는 동무들』
	그림책 『훨훨 간다』(『훨훨 날아간다』 개정)^{54쪽}
2005년	글 모음집 『죽을 먹어도』
2006년	그림책 『길 아저씨 손 아저씨』
2007년	영면
	그림책 『곰이와 오푼돌이 아저씨』^{29쪽}
2008년	글 모음집 『밥 한 뎨기』
	그림책 『엄마 까투리』^{98쪽}
2009년	동화집 『닻 발 늘어져라』	「닻 발 늘어져라」^{219쪽} 수록
	『용구 삼촌』(개정 2018년)^{133쪽}
2010년	동화집 『아름다운 까마귀 나라』	「아름다운 까마귀 나라」^{195쪽} 수록
	『아기 늑대 세 남매』	「수몰 지구에서 온 아이」^{152쪽}, 「아기 늑대 세 남매」^{202쪽} 수록
2011년	『동시 삼베 치마』(1964년에 묶인 동시집)

2014년	그림책 『강아지와 염소 새끼』(원작 시 1953년경)^{36쪽}
2015년	그림책 『강냉이』(원작 시 1964년, 개정 2018년)^{25쪽}
	『똘배가 보고 온 달나라』(원작 동화 1977년)^{66쪽}
2017년	그림책 『빼떼기』(원작 동화 1988년)^{12쪽}
	『금강산 호랑이』^{60쪽}
	『사과나무밭 달님』(원작 동화 1978년)^{92쪽}
2018년	그림책 『장군님과 농부』(원작 동화 1988년)^{48쪽}
2019년	그림책 『밀짚잠자리』(원작 동화 1983년)^{72쪽}
	『만구 아저씨가 잃어버렸던 돈지갑』(원작 동화 1988년)
2020년	동시집 『산비둘기』
	그림책 『눈이 내리는 여름』(원작 동화 1970년)
	『이 땅의 꽃들아』(원작 시 1988년)
	『들국화 고갯길』(원작 동화 1978년)

교실에서 권정생 읽기
강아지똥 할아버지가 들려주는 더불어 사는 삶

ⓒ 조월례, 엄혜숙, 권미숙 2021

1판 1쇄 발행 2021년 1월 20일

지은이	조월례, 엄혜숙, 권미숙
사 진	권정생어린이문화재단 제공
펴낸이	한기호
책임편집	박혜리
편 집	여문주, 오선이
본부장	연용호
마케팅	윤수연
경영지원	김윤아
디자인	장원석
인 쇄	예림인쇄
펴낸곳	(주)학교도서관저널
	출판등록 제2009-000231호(2009년 10월 15일)
	04029 서울시 마포구 동교로 12안길 14(서교동) 삼성빌딩 A동 3층
	전화 02-322-9677　팩스 02-6918-0818
	전자우편 slj9677@gmail.com
	홈페이지 www.slj.co.kr

ISBN 978-89-6915-092-9 03800

책값은 뒤표지에 있습니다.
이 도서의 국립중앙도서관 출판예정도서목록(CIP)은 서지정보유통지원시스템 홈페이지(http://seoji.nl.go.kr)와 국가자료종합목록 구축시스템(http://kolis-net.nl.go.kr)에서 이용하실 수 있습니다.
(CIP제어번호 : CIP2020055128)